古典文獻研究輯刊

二七編

潘美月・杜潔祥 主編

第 17 冊

四古本《老子》異文研究（中）

朱懷清 著

國家圖書館出版品預行編目資料

四古本《老子》異文研究（中）／朱懷清 著 ── 初版 ── 新北市：
花木蘭文化事業有限公司，2018〔民 107〕
目 4+276 面；19×26 公分
（古典文獻研究輯刊 二七編；第 17 冊）
ISBN 978-986-485-575-9（精裝）
1. 老子 2. 研究考訂
011.08   107012295

ISBN-978-986-485-575-9

9 789864 855759

古典文獻研究輯刊
二七編　第十七冊   ISBN：978-986-485-575-9

四古本《老子》異文研究（中）

作　　者　朱懷清
主　　編　潘美月　杜潔祥
總 編 輯　杜潔祥
副總編輯　楊嘉樂
編　　輯　許郁翎、王筑　美術編輯　陳逸婷
出　　版　花木蘭文化事業有限公司
發 行 人　高小娟
聯絡地址　235 新北市中和區中安街七二號十三樓
　　　　　電話：02-2923-1455 ／傳眞：02-2923-1452
網　　址　http://www.huamulan.tw 信箱 hml 810518@gmail.com
印　　刷　普羅文化出版廣告事業
初　　版　2018 年 9 月
全書字數　445959 字
定　　價　二七編 24 冊（精裝）新台幣 46,000 元

四古本《老子》異文研究（中）

朱懷清　著

目

次

第二篇　《老子・道經》異文校讀 下

第十九章　還　淳

㡭（楚簡本）——絕（帛書甲乙、漢簡本、王弼本）

㚔（楚簡本）——辯

弃（楚簡本）——棄（帛書甲乙、漢簡本、王弼本）

楚簡本：㡭智弃㚔。（甲 1）

帛書甲：絕聲棄知。（126）

帛書乙：絕耶棄知。（59 下）

漢簡本（168）、**王弼本**（12-276）：**絕聖棄智。**

《郭店楚墓竹簡》註釋：㡭，讀作「絕」。字也寫作䜌。這是楚簡文字中的特殊寫法。《說文》古文「絕」字作𢇍，與簡文略同。〔註 1〕

㡭、「䜌」、「𢇍」當爲一字之異體。《說文‧糸部》：「繼，續也。从糸、𢇍。一曰反𢇍爲䜌。」段玉裁注：「『从糸、𢇍』者，謂以糹聯其絕也。」《說文‧糸部》：「絕，斷絲也。从糸，从刀，从卩。𢇍，古文絕。象不連體，絕二絲。」

曾侯乙墓竹簡多「𢇍」字〔註 2〕。《上博竹簡‧孔子詩論》第 27 簡：「北風不𢇍。」第 29 簡：「涉秦丌𢇍。「𢇍」即「絕」。《望山楚簡（二）》第 17 簡有「㡭純」二字，「㡭」爲會意字，以刀斷絲之義；㡭本有二厶被斷開之義，加「刀」其義不變。

〔註 1〕荊門市博物館：《郭店楚墓竹簡》，北京：文物出版社，1998 年 5 月，第 113 頁。

〔註 2〕滕壬生：《楚系簡帛文字編》，武漢：湖北教育出版社，2008 年 10 月，第 1079 頁。

　　《郭店楚墓竹簡》釋文支隸定爲「卞」，讀爲「辯」。裘按：當是「鞭」的古文，請看《望山楚簡》（中華書局，一九九五年）一一六頁注一六。「鞭」、「辯」音近，故可通用。後面《老子》丙第八號簡也有此字，分別讀爲「辨」和「辯」。《五行》三四號簡又有以此字爲聲旁的從言之字，馬王堆帛書《五行》與之相當之字爲「辯」。〔註3〕

　　《說文·革部》：「鞭，驅也。從革㑃聲。夋，古文鞭。」《類篇》：「鞭，古作夋。」故支當隸作「鞭」之古文「夋」。

　　鞭爲幫母元部字，辯爲並母元部字，聲母皆爲唇音，故音通可借。「支」爲「辯」之假借字。《郭店竹簡·老子丙》第8-9簡：「是以支將軍居左。」支借爲「偏」，偏爲滂母元部字，聲母亦爲唇音，與「鞭」音通可借。

　　《說文·華部》：「棄，捐也。從廾推華棄之，從㐬。㐬，逆子也。弃，古文棄。薫，籀文棄。」甲文、金文從薫，作「棄」；《中山王鼎》〔註4〕、及楚系文字從簡，作「弃」。〔註5〕

　　伓（楚簡本）──負（帛書甲）──倍（帛書乙、漢簡本、王弼本）
　　楚簡本：民利百伓。（甲1）
　　帛書甲：民利百負。（126）
　　帛書乙：而民利百倍。（59下）
　　漢簡本（168）、王弼本（12-276）：民利百倍。

　　伓，《集韻·脂韻》：「晡枚切，音桮（bei）。山名。」又「貧悲切。與伾同。」伓、負、倍皆爲並母之部字，故音同可借。

　　《馬王堆漢墓帛書·經法·四度》：「伓約則窘（窘），達刑則傷。」《馬王堆漢墓帛書·經·五正》：「反義伓宗，其法死亡以窮。」「伓」與「背」通，爲背叛之義。

〔註3〕荊門市博物館：《郭店楚墓竹簡》，北京：文物出版社，1998年5月，第111、113頁。

〔註4〕容庚編著，張振林、馬國權摹補：《金文編》，北京：中華書局，1985年7月，第1185頁。

〔註5〕滕壬生：《楚系簡帛文字編》，武漢：湖北教育出版社，2008年10月，第1079頁。

《禮記・明堂位》:「天子負斧依南鄉而立。」鄭玄註:「負之言倍(背)也。」《説文》釋「負」:「一曰受貸不償。」即有違背之義。

《説文・人部》:「倍,反也。从人音聲。」段玉裁注:「以反者覆也,覆之則有二面,故二之曰倍。」又《廣韻・海韻》:「倍,子本等也。」《正字通・人部》:「物財人事加等曰倍。」《書・呂刑》:「墨辟疑赦,其罰百鍰……劓辟疑赦,其罰惟倍。」孔傳:「倍百爲二百鍰。」

「伓」、「負」乃「倍」之假借。

攷(楚簡本)——巧(帛書甲乙、漢簡本、王弼本)

䟆(楚簡本)——盜(帛書甲乙、漢簡本、王弼本)

惻(楚簡本)——賊(帛書甲乙、漢簡本、王弼本)

楚簡本:㡭攷弃利,䟆惻亡又。(甲 1)

帛書甲乙:絕巧棄利,盜賊无有。(127,60 上)

漢簡本(169)、**王弼本**(12-276):**絕巧棄利,盜賊無有。**

攷(考)、巧皆從丂得聲,皆屬溪母幽部。攷、考應爲古今字,《玉篇・支部》:「攷,今作考。」王念孫《廣雅疏證》:「考與攷通。」朱駿聲《説文通訓定聲・孚部》:「攷,叚借爲巧。」《書・金縢》:「予仁若考,能多才多藝。」《史記・魯周公世家》作「巧」。《國語・越語下》:「上帝不考,時反是守。」王引之《述聞》:「考當讀爲巧,反猶變也。言上帝不尙機巧,惟當守時變也。《漢書・司馬遷傳》:『聖人不巧,時變是守。』師古注曰『無機巧之心,但順時也』是也。古字考與巧通。」「攷」爲「巧」之假借字。

《郭店楚墓竹簡》釋文「䟆」讀作「盜」。裘按:䟆,借爲「盜」。下三一號簡亦有此字。〔註 6〕

䟆、覜爲一字異體。䟆(覜)爲透母宵部字,盜爲定母宵部字,聲母皆爲舌尖中音,音通可借。《説文・見部》:「覜,諸侯三年大相聘曰頫。頫,視也。从見兆聲。」又《次部》:「盜,私利物也。从次,次欲皿者。」《正字通・皿部》:「盜,凡陰私自利者謂之盜。」「䟆(覜)」爲「盜」之假借字。

惻《郭店楚墓竹簡》釋文作「惻」讀作「賊」。

〔註 6〕荊門市博物館:《郭店楚墓竹簡》,北京:文物出版社,1998 年 5 月,第 111、113 頁。

　　「惻」之古文爲「悬」，**悬**當爲「悬」之省文。《說文·心部》：「惻，痛也。从心則聲。」《說文·戈部》：「賊，敗也。从戈則聲。」段玉裁注：「此云則聲。……以周公《誓》、《命》言，則用戈毀則，正合會意。」是惻（**悬**）、賊皆從「則」得聲；惻爲初母職部字，賊爲從母職部字，照二歸精，聲母皆爲齒頭音，故音通可借。**悬**爲「賊」之假借字。

　　悬（楚簡本）——偽
　　慮（楚簡本）——慮
　　楚簡本：訟悬弃慮。（甲1）
　　帛書甲乙（126，59下）、**漢簡本**（168）、**王弼本**（12-276）：**絕仁棄義。**
　　悬，當爲憍之異體，《字彙·心部》：「憍，諧也。」居偽切，音gui四聲。或爲「偽」字別體。心爲人身五臟六腑之君主之官，所以「心」與「人」無別，「忄」旁可替代「亻」旁，如第31章的「忝」和「依」。《說文·人部》：「偽，詐也。从人爲聲。」《書·周官》：「作偽，心勞日拙。」心勞則失去天眞自然之本性，所謂弄巧成拙也。《荀子·正名》：「情然而心爲之擇，謂之慮；心慮而能爲之動，謂之偽。慮積焉，能習焉，而後成，謂之偽。」「慮」、「偽」先後相續連言，「偽」乃心識（慮）通過官能所化。故當作「絕偽棄慮」。佛家云：三界唯心，萬法唯識。心識妄動，則幻化萬偽矣，與荀子所說一致。悬在楚系文字中多作「偽」。如《郭店竹簡·性自命出》第48簡：「凡人悬（偽）爲可惡也。」第64簡：「欲皆文而毋悬（偽）。」《上博竹簡（一）·性情論》第32簡：「人之不能以悬（偽）也。」〔註7〕故字當作「偽」。

　　悬字在楚系文字中也讀如「化」字。如《老子》帛書甲本第37章和與之相對應的楚簡本：「萬物將自悬，悬而欲作。」悬爲見母歌部字，化爲曉母歌部字，聲母皆爲舌面後音，故音通可借。《說文》：「化，教行也。从七从人，七亦聲。」《增韻》：「凡以道業誨人謂之教。躬行于上，風動于下，謂之化。」可以說，教行從心上開始作爲，故謂之化。也是有道理的。這樣的字的釋讀，須結合文本上下義以及眾多版本的參考來裁定。心上之爲，可謂之「偽」；心上之爲，亦可謂之「化」。萬物皆心所化；心化生的萬物皆幻，故偽。（詳見第37章）

_____

〔註7〕更多例證可參見滕壬生：《楚系簡帛文字編》，第932頁。

慮，《上博楚簡·緇衣》第 17 簡：「古（故）言則慮兀所冬（終）。」今本《禮記·緇衣》「慮」作「慮」。楚系文字中慮、「慮」中的「且」、「田」常混同〔註 8〕。故字當作「慮」。《說文·思部》：「慮，謀思也。從思虍聲。」《古今韻匯舉要·御韻》：「慮，思有所圖曰慮。」《詩·小雅·雨無正》：「昊天疾威，弗慮弗圖。」鄭玄箋：「慮、圖，皆謀也。」

季子（楚簡本）——畜茲（帛書甲）——孝茲（帛書乙）——孝茲（漢簡本）——孝慈（王弼本）
复（楚簡本）——復（帛書甲乙、王弼本）
楚簡本：民复季子。（甲 1）
帛書甲：民復畜茲。（126-127）
帛書乙：而民復孝茲。（59 下-60 上）
漢簡本：民復孝茲。（169）
王弼本：民復孝慈。（12-276）

崔仁義：季子，當訓為「孝慈」。但傳世本、帛書《老子》是對仁義而言，而竹簡《老子》則是對愍慮而言。所以「季子」應指小兒的精神狀態，與「比於赤子」相應。《玉篇·子部》：「季，小稱。」〔註9〕

裘錫圭認為「民復季子」與「復歸於嬰兒」義近。〔註10〕

《說文·子部》：「季，少稱也。從子，從稚省，稚亦聲。」《玉篇·子部》：「季，稚也。」絕慮偽，民反於赤子，文義前後一致。楚簡本「絕智棄辯」，帛書及通行本作「絕聖棄智」，「智辯」與「聖智」義可通，皆為用智之義。《說文·耳部》：「聖，通也。從耳呈聲。」李孝定《甲骨文字集釋》：「（甲骨文）象人上着大耳，從口，會意。聖之初誼為聽覺官能之敏銳，故引申訓『通』；聖賢之義，又其引申也。」此處「聖」訓其初義，不當訓為「聖人」，《風俗通》：「聖者，聲也。聞聲知情，故曰聖也。」《書·大禹謨》：「乃聖乃神，乃武乃文。」孔安國傳：「聖，無所不通。」《左傳·文公十八年》：「齊、聖、廣、

〔註 8〕 滕壬生：《楚系簡帛文字編》，武漢：湖北教育出版社，2008 年 10 月，第 898～899 頁。
〔註 9〕 崔仁義：《荊門郭店楚簡〈老子〉研究》，北京：科技出版社，1998 年，第 62 頁。
〔註10〕 裘錫圭：《糾正我在郭店〈老子〉簡釋讀中的一個錯誤》，《郭店楚簡國際學術研討會論文集》，第 29 頁。

淵、明、允、篤、誠，天下之民謂之八愷。」孔穎達疏：「聖者，通也。博達衆務，庶事盡通也。」此知識衆多而能通達之義，與「爲學者日益」義同，爲老子所不取。「絕聖」與「絕慮」、「絕巧」義亦相通，即《老子》第25章「塞其兌，閉其門，終身不勤」之義；終身不勞，則民利百倍矣。又第十章：「愛民活國，能無以智乎？」則明顯以「民」和「智」對舉。「斷絕去除通達智識的做法，人們會有百倍的好處。」「斷絕去除欺詐圖謀的行爲，人們復返於孩子般的天眞無邪。」第十章：「明白四達，能無以知乎？」也可以與聖、知聯繫起來，「斷絕去除人們向外攀援的感官所知，轉而熄滅內心的慾望煩惱，人們會有百倍的好處。」即斷除所知障和煩惱障。感官與外界的聯繫攀援獲取了智識，形成了所知障，慾望會引起思慮的圖謀和欺詐，進而形成煩惱障。

季爲見母質部，孝爲曉母幽部，畜爲曉母覺部，季與孝、畜的聲母爲牙喉音，發生部位相近，但韻母卻不能斷定互諧。子、茲爲精母之部，慈爲從母之部，聲母皆爲齒頭音，音通可借。從意義上來分析，我們知道，嬰孩是無憂無慮的，所以絕僞去慮，民反於赤子之心，字詞文義前後搭配一致。但是一個孝順、慈愛的人是無仁無義的嗎？是斷絕去除了仁、義的嗎？在第 38 章中有說到仁義：「上仁爲之而無以爲，上義爲之而有以爲。」並沒有否定仁義，只是因爲人們此時失去了忠信，才用禮來治之，「上禮爲之而莫之應也，則攘臂而扔之」，以達到撥亂反正，伸出手臂而引導他們，逐步地返回於道德。可能是收到上一章「大道廢，安有仁義」一句的影響，才有後人對本章的改動，以爲仁義是與大道相對立。恰恰相反，因爲大道廢棄了，才顯出仁義的可貴；六親的不和，才顯出孝慈的可貴；邦家的昏亂，才顯出貞臣的可貴。我們當然不能說因爲智慧的出現，才顯出欺詐的可貴，楚簡本恰好沒有「智慧出，有大僞」這一句，雖然帛書本和漢簡本以致傅奕本和傳世本都是驚人的一致，但近古必存眞，故此處和上一章當從楚簡本。

《說文·夊部》：「夏，行故道也。从夊，畗省聲。」《集韻·屋韻》：「夏，《說文》：『行故道也。』隸作复。」《說文·夊部》：「夊，行遲曳夊夊，象人兩脛有所躧也。」夊本有漫步踩踏行走之義，加「彳」部，《說文·彳部》：「小步也。象人脛三屬相連也。」《說文·彳部》：「復，往來也。从彳复聲。」段玉裁注：「《辵部》曰：返，還也。還，復也。皆訓往而仍來。」《爾雅·釋言》：「復，返也。」《小爾雅·廣言》：「復，還也。」《易·泰》：「無往不復。」复、復義同，復爲复之繁體。

　　叟（楚簡本）——文（帛書甲乙、漢簡本、王弼本）

　　或（楚簡本）——故（帛書甲乙、漢簡本、王弼本）

　　命（楚簡本）——令（帛書甲乙、漢簡本、王弼本）

　　或（楚簡本）——有（帛書甲乙、漢簡本、王弼本）

　　啚（楚簡本）——所（帛書甲乙、漢簡本、王弼本）

　　豆（楚簡本）——屬（帛書甲乙、漢簡本、王弼本）

　　楚簡本：三言以爲叟不足，或命之或啚豆。（甲 1-2）

　　帛書甲乙：此三言也，以爲文未足，故令之有所屬。（127，60 上）

　　漢簡本：此參言，以爲文未足，故令之有所屬。（169）

　　王弼本：此三者，以爲文不足，故令有所屬。（12-276）

　　袁國華釋叟即爲楚系文字「史」〔註11〕。

　　第 35 簡有「心叟燹曰弱」，此處叟字據《老子》通行本當釋爲「使」。且「史」、「事」、「吏」本爲一字，後分化。楚系文字叟多用作「使」，用作人名時，當作「史」；史、使音同可借（皆爲山母之部）。本簡中「史（叟）」對應於帛書及通行本的「文」，「文」、「史」意義上相通。《論語·雍也》：「質勝文則野，文勝質則史。」何晏《集解》引包咸語：「史者，文多而質少。」《禮記·聘禮》：「辭多則史，少則不達。」賈公彥疏：「按《周禮》，大史、內史皆掌策書。《尚書·金縢》云：『史乃策祝。』是策書祝辭。故辭多則爲文史。」《韓非子·難言》有曰：「捷敏辯給，繁於文采，則見以爲史。殊釋文學，以質信言，則見以爲鄙。」文、史皆爲「辭多」之義，相對於「質」則更多鋪排，即「繁於文采」之義。「史」過渡到「文」則是文字的時代表達習慣使然，「文」更符合當時的語境意義和用法。

　　《說文·戈部》：「或，邦也。从口从戈，以守一。一，地也。域，或又从土。」段玉裁注曰：「《邑部》曰：『邦者，國也。』蓋或、國在周時爲古今字，古文祇有或字，既乃復制國字。」

　　廖名春：「疑『或』、『故』音義有相近之處。如《禮記·月令》：『螻蟈鳴。』《易緯·通卦驗》作『螻蛄鳴。』『蟈』從『或』得音，『蛄』、『故』從『古』得音。『或』、『故』互用，與『蟈』、『蛄』互用同。」〔註12〕

〔註11〕 袁國華：《楚簡器物釋名》，《中國文字》新廿三期，第 92 頁。

〔註12〕 廖名春：《郭店楚簡老子校釋》，北京：清華大學出版社，2003 年 6 月，第 17 頁。

　　「或」為匣母職部字，「國」為見母職部字，「故」為見母魚部字，聲母皆為舌根音，職、魚旁對轉（注：高鴻縉《中國字例》：「國之初文，从口，一為地區之通象，合之為有疆界之地區之意為通象，故為象意而屬指事符；益之以戈聲，故為指事符加聲之形聲字。」故「或」、「國」應是「戈亦聲」，韻當為歌部，「歌」、「魚」通轉），故或、國、故音通可借。「故」從「攴」，有擊打之義，「或」從「戈」，也是用於擊打，故其義有相近相通之處。

　　《說文・口部》：「命，使也。从口从令。」本句「故令之有所屬」之「令」有「使」義，故楚簡本在此處使用的是本字。《廣雅・釋詁一》：「令，使也。」甲骨文、金文「命」、「令」字同形。林義光《文源》：「按：諸彝器令、命通用，蓋本同字。」命為明母耕部，令為來母耕部，為複輔音〔ml〕之證。「命」、「令」也為同源字，可互用。

　　第二個「或」，《廣雅・釋詁一》：「或，有也。」《書・五子之歌》：「有一於此，未或不亡。」「或」即「有」義。如《周易・比・初六》：「有孚」，《豫・上六》：「有渝」，《隨・初九》：「官有渝」，《姤・九五》：「有隕自天」，其中的「有」字，帛書《易》皆作「或」。又如《書・洪範》：「無有作好，遵王之道；無有作惡，遵王之路。」其「有」字，《呂氏春秋・貴公》、《韓非子・有度》皆引作「或」。《老子》帛書乙本第四章：「道沖而用之有弗盈也。」王弼等通行本「有」讀為「或」即其證。有為匣母之部，或為匣母職部，之、職對轉，故音通可借。

　　《郭店楚墓竹簡》釋文以「乎」為本字，裘錫圭認為「『唬』從口，虎聲，『虎』、『乎』音近，簡文多讀為『乎』，但在此當讀為『呼』。」〔註13〕

　　廖名春：「《說文・斤部》：『所，伐木聲也。從斤，戶聲。』『戶』、『乎』皆為魚母匣部，『戶』字與從『乎』得聲之『雽』字通用。《莊子・大宗師》『子桑戶』，《山木》篇作『子桑雽』是為證。『戶』字可與從『乎』得聲之字通用，『所』字自然也可與『乎』通用。『唬』簡文多讀為『乎』，自然也可與『所』通用。」〔註14〕

　　《說文・斤部》：「所，伐木聲也。從斤戶聲。《詩》曰：『伐木所所。』」朱駿聲《說文通訓定聲》：「毛本作『許許』。按：鋸聲也。」《漢書・疏廣傳》：

〔註13〕荊門市博物館：《郭店楚墓竹簡》，北京：文物出版社，1998年5月，第113頁。
〔註14〕廖名春：《郭店楚簡老子校釋》，北京：清華大學出版社，2003年6月，第18頁。

「問金餘尚有幾所。」顏師古注:「幾所,猶幾許也。」又《張良傳》:「父去里所復還。」顏師古註:「里所,猶里許也。」許、虎爲曉母魚部字,與「乎」(匣母魚部字,聲母皆爲舌根音)音同。「所」爲「啰」、「乎」之借。所爲山母魚部,照二歸精,前面也講到見組與精組的互諧。

《郭店楚墓竹簡》釋文「豆」讀爲「屬」。〔註15〕

豆爲定母侯部字,屬爲章母屋部字,照三歸定,聲母皆爲舌頭音,「屋」、「侯」對轉,故音同可借。

《說文·尾部》:「屬,連也。从尾蜀聲。」徐灝《注箋》:「屬之言續也。《繫傳》曰:『屬,相連續,若尾之在體,故從尾是也。』引申爲會合之義。」正因爲不足,故使其相連續,補其所不足。

「屬」又有「足」義。《廣韻·燭韻》:「屬,足也。」《左傳·昭公二十八年》:「及饋之畢,願以小人之腹,爲君子之心,屬厭而已。」杜預註:「屬,足也,言小人之腹飽,猶知厭足,君子之心亦宜然。」《漢書·溝洫志》:「河公許兮薪不屬。」《太平廣記》卷254引劉凱《通幽記》:「沐浴易衣,飲以糜粥,神氣屬。」

《老子》此段文字有破有立,「絕……棄……」是破,「有所屬(豎立):視素抱樸,少私寡欲」是立。有所不足,故有所補足(屬):作爲繁於文采之三言有不足之處,故令之有所補足(屬),故用「視素抱樸,少私寡欲」這樣的質樸之言來補足文的不足。如此則文質彬彬矣。其實老子的落腳點是:多說無益,還是使之歸於素樸。

　　視(楚簡本)——見(帛書甲乙、漢簡本、王弼本)
　　索(楚簡本)——素(帛書甲乙、漢簡本、王弼本)
　　保(楚簡本)——抱(帛書甲乙、漢簡本、王弼本)
　　叀(楚簡本)——樸(帛書甲乙、漢簡本、王弼本)
楚簡本:視索保叀。(甲2)
帛書甲:見素抱〔樸〕。(127)
帛書乙(60上)、漢簡本(169-170)、王弼本(12-276):見素抱樸。

〔註15〕荊門市博物館:《郭店楚墓竹簡》,北京:文物出版社,1998年5月,第111頁。

《說文‧見部》:「見，視也。从儿从目。」段玉裁注曰:「析言之，有視而不見者;渾言之，則視與見一也。」《說文‧見部》:「視，瞻也。从見示。䁙，古文視。眂，亦古文視。」

「見」也有「顯露」之義，《廣韻‧霰韻》:「見，露也。」《集韻‧霰韻》:「見，顯也。」《易‧乾》:「九二，見龍在田。」《漢書‧元帝紀》:「天見大異。」顏師古注:「見，顯示。」見、視義通可爲用。

索爲心母鐸部字，素爲心母魚部字，「魚」、「鐸」對轉，故索、素音通可借。《說文‧素部》:「素，白緻繒也。从糸㭱，取其澤也。」《小爾雅‧廣服》:「縞之麤者曰素。」《禮記‧雜記下》:「純以素，紃以五采。」孔穎達疏:「素，謂生帛。」《廣雅‧釋詁三》:「素，本也。」《淮南子‧俶眞》:「是故虛無者道之舍，平易者道之素。」高誘注:「素，性也。」《莊子‧天地》:「夫王德之人，素逝而恥通於事。」「索」爲「素」之假借字。

保爲幫母幽部字，抱爲並母幽部字，聲母皆爲唇音，音通可借。

抱，傅奕本作「褎」，《說文‧衣部》:「褎，褱也。从衣包聲。」段玉裁注曰:「《論語》:『子生三年然後免於父母之懷。』馬融釋以『懷抱』，即褱褎也。今字『抱』行而『褎』廢矣。」《莊子‧庚桑楚》:「全汝形，抱汝生，無使汝思慮營營。」俞樾:「《釋名‧釋姿容》曰:『抱，保也，相親保也。』是抱與保義通。抱汝生即保汝生。」此例只能說明「抱」爲「保」之借，「抱汝生」，可做養生解。《說文‧人部》:「保，養也。」但楚簡《老子》此意當作懷抱解，「樸」本爲原始的未經加工雕飾的東西，是本質、本性的東西，是無所謂養與不養的。此處的楚簡之「保」應爲「抱」之借。

𦩻，《郭店楚墓竹簡》註釋:「其下部從『臣』，與《說文》『僕』字古文從『臣』相合，故釋爲『僕』。」

𦩻爲《老子》第15章𦨶之形省。《說文‧丵部》:「僕，給事者。从人从丵，丵亦聲。䑑，古文从臣。」從臣與從人或同，𦩻當爲「僕」之異體。僕爲並母屋部字，樸爲滂母屋部字，聲母皆爲唇音，音通可借。《說文‧木部》:「樸，木素也。从木菐聲。」段玉裁注:「素，猶質也。以木爲質，未雕飾，如瓦器之坯然。」《禮記‧郊特牲》:「素車之乘，尊其樸也。」孔穎達疏:「祭天以素車之乘者，尊其樸素。」「僕」爲「樸」之借。

厶（楚簡本）——私（帛書甲乙、漢簡本、王弼本）

楚簡本：少厶募欲。（甲2）

帛書乙：少〔私〕而寡欲。（60上）

漢簡本：少私寡欲。（170）

王弼本：少私寡欲。（12-276）

《郭店楚墓竹簡》釋文：「厶」字寫法與六國古印文字相似。〔註16〕

《說文‧厶部》：「厶，姦衺也。韓非曰：『蒼頡作字，自營爲厶。』」段玉裁注曰：「公私字本如此，今字私行而厶廢矣。私者，禾名。」「自營爲厶，六書之指事也。」《玉篇‧厶部》：「厶，姦邪也。今爲私。」《韓非子‧五蠹》：「古者倉頡之作書也，自環者謂之厶，背厶謂之公。」

《說文‧禾部》：「私，禾也。从禾厶聲。北道名禾主人曰私主人。」段玉裁注：「蓋禾有名私者也。」《正字通‧禾部》：「私，對公而言謂之私。」《書‧周官》：「以公滅私，民其允懷。」孔穎達疏：「以公平之心滅己之私欲。」《左傳‧昭公五年》：「爲政者不賞私勞，不罰私怨。」

厶、私爲古今字。

本章整理：絕智棄辨，民利百倍；絕巧棄利，盜賊无有；絕僞棄慮，民復季子。此三言也，以爲文未足，故令之有所屬：見素抱樸，少私寡欲。

〔註16〕 荊門市博物館：《郭店楚墓竹簡》，北京：文物出版社，1998年5月，第114頁。

第二十章　異　俗

惪（楚簡本）──憂（帛書甲乙、漢簡本、王弼本）

楚簡本：𢼄學亡惪。（乙4）

帛書甲：〔絕學无〕憂。（128）

帛書乙：絕學无憂。（60上-60下）

漢簡本（171）、王弼本（12-276）：絕學無憂。

《郭店楚墓竹簡》釋文「惪」讀作「憂」。〔註1〕

《說文・夊部》：「憂，和之行也。从夊惪聲。《詩》曰：『布政憂憂。』」徐灝注箋：「許云『和之行』者，以字從夊也。凡言優游者，此字之本義。今專用爲憂愁字。」《說文・夊部》：「夊，行遲曳夊夊，象人兩脛有所躧也。」《精薀》：「夊，安行也。」朱駿聲《說文通訓定聲》：「經傳皆以憂爲之，而惪字廢矣。」《說文・心部》：「惪，愁也。从心从頁。」徐鍇曰：「惪形於顏面，故从頁。」如此，則惪、惪乃一字之異體，爲「憂」之本字，古今字也。

可（楚簡本）──訶（帛書甲）──呵（帛書乙）──何（漢簡本）──阿（王弼本）

楚簡本：唯與可。（乙4）

帛書甲：唯與訶。（128）

帛書乙：唯與呵。（60下）

漢簡本：唯與何。（171）

王弼本：唯之與阿。（12-276）

〔註1〕荊門市博物館：《郭店楚墓竹簡》，北京：文物出版社，1998年5月，第118頁。

《郭店楚墓竹簡》釋文「可」讀作「呵」。〔註2〕

「可」表示肯定之義，與「唯」之義一致。「可」應爲「呵」之借字，爲責怒之義，與「唯」義反。

潘靜觀《道德經妙門約》作「訶」。

劉師培：「『善』與『惡』相反，『唯』、『阿』二字義同，與『善』、『惡』匪一律。『阿』當作『訶』。《說文》：『訶，大言而怒也。』《廣雅・釋詁》：『訶，怒也。』『訶』，俗作『呵』。《漢書・食貨志》：『結而弗呵乎。』顏注：『責怒也。』蓋『唯』爲應詞，『訶』爲責怒之詞。人心之怒，必起於有所否，故老子因叶下文『何』韻，以『訶』代『否』。『唯之與阿』，猶言從之與違也。」〔註3〕

高明：「驗之帛書，今本『阿』字甲本作『訶』，乙本作『呵』。古文『言』、『口』二形符通用，故『訶』、『呵』同字。此爲劉說得一確證，『阿』字當爲『訶』之借字。」〔註4〕

《韻會小補》：「阿與呵通。」「阿」爲「呵」之借字。

可爲溪母歌部字，訶、呵皆爲曉母歌部字，何爲匣母歌部字，阿爲影母歌部字，聲母皆爲舌面後音，音通可借。孰爲正字，只能根據意義來判斷。《廣韻・哿韻》：「可，許可也。」又《歌韻》：「訶，責也。」《韓非子・內儲說下》：「王出而訶之曰：『誰溺於是？』」《玉篇・口部》：「呵，責也，與訶同。」《廣韻・歌韻》：「呵，責也，怒也。」《韓非子・外儲說左上》：「衛嗣公使人僞（過）關市，關市呵難之。」「阿」有阿諛、曲奉、迎合之義。《國語・周語上》：「大臣享其祿，弗諫而阿之。」韋昭注：「阿，隨也。」何與「訶、呵」通，《漢書・賈誼傳》：「故其在大譴大何之域者，聞譴何則白冠氂纓，盤水加劍，造請室而請辠耳。」顏師古註：「譴，責也。何，詰問也。」

根據文義，當與「唯」義相反，故字當從帛書本作「訶」或「呵」。

〔註2〕 荊門市博物館：《郭店楚墓竹簡》，北京：文物出版社，1998年5月，第118頁。

〔註3〕 劉師培：《老子斠補》，《劉申叔遺書》，南京：江蘇古籍出版社，1997年，第876～877頁。

〔註4〕 高明：《帛書老子校注》，北京：中華書局，1996年，第317頁。

可（楚簡本）——何（帛書甲乙、漢簡本、王弼本）

楚簡本：相去幾可？（乙4）

帛書甲（128）、漢簡本（171）：其相去幾何？

帛書乙：亓相去幾何？（60下）

王弼本：相去幾何？（12-276）

《郭店楚墓竹簡》釋文「可」讀作「何」。〔註5〕

可爲溪母歌部字，何爲匣母歌部字，聲母皆爲舌根音，故音通可借。

《墨子·明鬼下》：「自古以及今，生民以來者，亦有嘗見鬼神之物，聞鬼神之聲，則鬼神何謂無乎？若莫聞莫見，則鬼神可謂有乎？」何、可互文見義。《左傳·定公五年》：「國亡矣，死者若有知也，可以歆舊祀？」楊伯峻注：「可借爲何。」

《石鼓文》：「其魚隹可。」《風雅廣逸註》：「隹可讀作惟何，古省文也。」《石鼓文·汧沔》：「可以棄之，隹楊即柳。」「可」爲「何」之借。

㣋（楚簡本）——美（帛書甲乙、漢簡本、王弼本）

楚簡本：㣋與亞，相去可若？（乙4）

帛書甲（128）、漢簡本（171）：美與惡，其相去何若？

帛書乙：美與亞，其相去何若？（60下）

王弼本：善之與惡，相去若何？（12-276）

王弼注：「唯阿美惡，相去何若？」可見，王弼本與帛書等本同，「善」作「美」；「若何」作「何若」。

《郭店楚墓竹簡》釋文㣋讀作「美」。

《集韻·旨韻》：「媺，善也。通作美。」錢大昕《十駕齋養新錄》卷二：「媺，古美字。」《周禮·地官·大司徒》：「以本俗六安萬民。一曰媺宮室。」《師氏》：「掌以媺詔王。」鄭玄注：「告王以善道也。」賈公顏疏：「媺，美也。」《多官·考工記·輈人》：「軸有三理，一者以爲媺也。」鄭玄注：「三理，選材之道。媺者，其材欲美而無惡也。」宋陸游《吳氏書樓記》：「民殷俗媺，兵寢刑厝。」《六書統》：「媄，重文作媺。从女从敊。」㣋爲「微」字省形，微爲明母微部，美爲明母脂部，脂、微旁轉，故音通可借。古無輕唇音，故「微」讀作重唇音「美」。

〔註 5〕 荊門市博物館：《郭店楚墓竹簡》，北京：文物出版社，1998年5月，第118頁。

畏（楚簡本）──畏（帛書甲乙、漢簡本、王弼本）

楚簡本：人之所畏，亦不可以不畏人。（乙5）

帛書甲：人之所畏，亦不〔可以不畏人〕。（128-129）

帛書乙：人之所畏，亦不可以不畏人。（60下）

漢簡本：人之所畏，不可以不不畏人。（171-172）

王弼本：人之所畏，不可不畏。（12-276）

《郭店楚墓竹簡》釋文畏讀作畏。〔註6〕

畏，其他本眾皆作「畏」，《說文·由部》：「畏，惡也。從由，虎省。鬼頭而虎爪，可畏也。㽻，古文省。」畏當爲「禐」。《說文·鬼部》：「鬼，人所歸爲鬼。從人，象鬼頭。鬼陰气賊害，從厶。禐，古文從示。」鬼爲見母微部字，畏爲影母微部字，聲母皆爲舌面後音，故畏、鬼音通可借。「禐」乃「畏」之借。

高明：今本所言乃謂：人所懼怕的，不可不懼怕；帛書所言則謂：人所懼怕者，被懼怕者亦懼怕人。今本所言是正順式，帛書所言乃正反式。……驗之經義，前文云：「唯與呵，其相去幾何？美與惡，其相去何若？」「唯」與「呵」、「美」與「惡」皆正反相成，與帛書此文語例一律，足證誤在今本。此之謂爲國君者，不以無爲爲化，專賴威刑，民不堪威，反抗斯起，如七十四章云：「若民恒且不畏死，奈何以殺懼之也。」因民之反，爲君者或爲民殺，或爲民亡，史皆有徵，故老子云：「人之所畏，亦不可以不畏人。」〔註7〕

其實，這就是人們常說的「水可載舟，亦可覆舟。」此句當與前面的「唯與呵」相應，人（唯諾之人）之所畏（所畏的對象爲呵責之人），（呵責之人）亦不可以不畏人（唯諾之人）。換成前面的句式則爲：高低貴賤，又能相去多少呢！即唯與呵、美與惡、高低貴賤，都是人們的分別心所顯現出來的，是人們的學習導致的，故老子強調行不言之教，居無爲之事。人們所學的，在佛家看來，是一種所知障，所知障則導致煩惱障。故老子說「絕學無憂」。佛家所要破的所知、煩惱二障，也正是老子所要破的。其主旨連接上一章。正因爲如此，才有下面老子的感慨之言。

漢簡本句式與帛書本同，最後有一「人」字。「畏人」前衍一「不」字。

〔註6〕 荊門市博物館：《郭店楚墓竹簡》，北京：文物出版社，1998年5月，第118頁。

〔註7〕 高明：《帛書老子校注》，北京：中華書局，1996年，第317～318頁。

　　朢（帛書乙）──芒（漢簡本）──荒（王弼本）

　　才（帛書乙）──哉（漢簡本、王弼本）

帛書乙：朢呵，亓未央才！（60 下-61 上）

漢簡本：芒虖，未央哉！（172）

王弼本：荒兮，其未央哉！（12-276）

　　《說文·亾部》：「望，出亡在外，望其還也。从亡，朢省聲。」徐灝注箋：「竊謂望、朢實本一字。《玉篇》有（上亡下壬）字，蓋即古瞻望之望，從壬，亡聲。壬者，跂而望之之義也。」《玉篇·亡部》：「望，遠視也。」《詩·衛風·河廣》：「誰謂宋遠，跂而望之。」鄭玄箋：「跂足則可以望見之。」朢、芒為明母陽部字，荒為曉母陽部字（喉牙音聲母字與唇音聲母字相通，前多有例證。《集韻·唐韻》：「芒，歲在巳日大芒駱。通作荒。」《史記·曆書》：「祝犁大芒落四年。」裴駰集解：「芒，一作荒。」《集韻·蕩韻》：「荒，昏也。或作慌、怳、恍、荒。」《莊子·至樂》：「芒乎芴乎，而無從出乎！芴乎芒乎，而無有象乎！」陸德明《經典釋文》：「芒乎，李音荒，又乎晃切。」），望、芒、荒當皆從「亡」得聲，故音通可借。

　　朢，同「望」，「荒」為「望」之借字（見前面第 14 章）。遂州本作「莽」，景龍碑本作「忙」。

　　《說文·壬部》：「朢，月滿與日相朢，以朝君也。从月从臣从壬。壬，朝廷也。皇，古文朢省。」商承祚《古文考》：「象人登高舉目遠矚……從月，月遠朢而可見意也。《說文》誤以目為君臣之臣。」朱駿聲《說文通訓定聲》：「今皆以望為之。」

　　高明：「朢」字乃「望」之古體，今「望」行而「朢」廢。古「望」、「荒」、「忙」三字音同，可互為假用，在此「望」為本字。《釋名·釋姿容》：「望，茫也，遠視茫茫也。」在此為廣、遠之義。《廣雅·釋詁》：「央，盡也。」經文「其未央哉」，歎其無涯際也。此以「望呵，無涯際」，以引起下文「眾人熙熙，如饗大牢，而春登臺。」〔註8〕

　　才為從母之部字，哉為精母之部字，聲母皆為舌尖前音，音通可借。

　　《集韻》：「才，將來切，與哉同。」《集韻·咍韻》：「哉，《說文》：『言之間也。』古作才。」王筠《說文句讀》：「夏侯湛《兄弟誥》『惟正月才生魄』，

〔註 8〕　高明：《帛書老子校注》，北京：中華書局，1996 年，第 318～319 頁。

《尚書》作『哉』。因亦借爲語詞,《書》『往哉汝諧』,《張平子碑》『哉』作『才』;《列子》『遊于四方而不歸者何人哉』,殷敬順本『哉』作『才』。」

《爾雅・釋詁疏》:「哉者,古文作才。」因聲近,借爲「哉始」之「哉」。《書・伊訓》:「朕哉自亳。」《康誥》:「惟三月哉生魄。」《說文》:哉,𢦏聲;而𢦏,才聲。故「哉」、「才」音近而通。《易・小畜》:「尚德載。」于省吾《新證》:「載、在、才、哉,古通……金文『在』字『哉』字多叚『才』爲之,如『王在某』之在,叚『才』爲之者不勝枚舉。」

巸(帛書甲乙、漢簡本)——熙(王弼本)
鄉(帛書甲乙、漢簡本)——享(王弼本)
而(帛書甲乙、漢簡本)——如(王弼本)
春(帛書甲乙、王弼本)——萅(漢簡本)
帛書甲乙:衆人巸巸,若鄉於大牢,而春登臺。(129,61上)
漢簡本:衆人巸巸,若鄉大牢,而萅登臺。(172)
王弼本:衆人熙熙,如享太牢,如春登臺。(12-276)

桂馥《說文義證・臣部》:「巸,又通作熙。」「巸」爲「熙」之形省。揚雄《方言》:「巸,紛怡,喜也。湘潭之閒曰紛怡,或曰巸巳。」《類篇・巳部》:「巸,樂也。」《馬王堆漢墓帛書・經・行守》:「(言)之采,行之巸。」《廣韻・之韻》:「熙,和也。」《列子・力命》:「在家熙然有棄朕之心,在朝譆然有敖朕之色。」張湛注:「(熙,)《字林》云:歡笑也。」《說文・火部》:「熙,燥也。从火巸聲。」段玉裁注:「燥者,熙之本義。」王筠《句讀》:「言曬之使燥。」巸下爲火,故在嬉笑之中有躁動之義,此正是老子要表達的意思。

楊寬《古史新探》:「『鄉』和『饗』原本是一字……整個字像兩人相向對坐,共食一的情況。其本義應爲鄉人共食。」「鄉邑的稱『鄉』……實時取義於共食。」「是用來指自己那些共同飲食的氏族聚落的。」

「享」與「饗」通,《左傳・成十二年》:「享以訓恭儉,宴以示慈惠。」阮元校勘記:「賈公顏《禮記・燕禮》『享』作『饗』。」又「饗」與「鄉」通,《漢書・郊祀歌》:「闢流離,抑不祥。賓百寮,山河饗。」顏師古注曰:「合韻音鄉。」「鄉」也直接與「享」通,《墨子・尚賢中》:「以上事天,則天鄉其德。」孫詒讓《閒詁》:「鄉當讀爲享。《明鬼》下篇云:『帝享女明德。』」

《漢書·文帝紀》：「夫以朕之不德，而專鄉獨美其福，百姓不與焉。」《史記·孝文本紀》作「享」。三字後來常混用，鄉、享皆爲曉母陽部字，音義相通，故可通用。

「而」有「如」義。王引之《經傳釋詞》卷七：「而，猶若也。若與如古同聲，故而訓爲如，又訓爲若。」《詩·小雅·都人士》：「彼都人士，垂帶而厲。」鄭玄箋：「而，亦如也。」《易·明夷·象》：「君子以莅眾，用晦而明。」王弼注：「而，如也。」《新序·雜事三》：「白頭而新，傾蓋而故。」《漢書·鄒陽傳》作「白頭如新，傾蓋如故。」而爲日母之部，如爲日母魚部，之、魚旁轉，二字音通可借。

《說文·艸部》：「萅，推也。从艸从日，艸春時生也；屯聲。」段玉裁注：「日、艸、屯者，得時艸生也。屯字象艸木之初生，會意兼形聲。」邵英《群經正字》：「隸變作春，今經典因之。」《集韻·艸部》：「萅，隸作春。」桂馥《說文義證》：「推也者，《五經通義》：冬至，陽動于下，推陰而上之，故大寒于上……陰陽相推，使物精華。」

　　泊（帛書甲、王弼本）──博（帛書乙）──袙（漢簡本）
　　焉（帛書甲乙）──旖（漢簡本）──兮（王弼本）
　　佻（帛書甲、漢簡本）──姚（帛書乙）──兆（王弼本）
帛書甲：我泊焉未佻。（129）
帛書乙：我博焉未姚。（61上）
漢簡本：我袙旖未佻。（172）
王弼本：我獨泊兮其未兆。（12-276）

《玉篇·水部》：「泊，止舟也。」《篇海類編·地理類·水部》：「泊，舟附于岸曰泊。」又「泊，止息也。」《廣韻·鐸韻》：「泊，止也。」又引申爲心之止，爲淡泊、寧靜之義。《正字通·水部》：「泊，澹泊，恬靜無爲貌。」「袙」從「白」得聲，帛書《老子》乙本此字對應「魄」，魄爲滂母（又並母）鐸部字，白、泊爲並母鐸部字，博爲幫母鐸部字，聲母皆爲唇音，音通可借。「博」、「袙」爲「泊」之假借。

　　焉爲影母元部字，旖爲影母歌部字，兮爲匣母支部，聲母皆爲舌面後音，歌、元對轉，焉、旖音通可借。《廣韻・仙韻》：「焉，語助也。」《莊子・則陽》：「君爲政焉勿鹵莽，治民焉勿滅裂。」《史記・范雎蔡澤列傳》：「且以五帝之聖焉而死，三王之仁焉而死，五伯之賢焉而死，烏獲、任鄙之力焉而死，成荊、孟賁王慶忌、夏育之勇焉而死。」《說文・兮部》：「兮，語所稽也。從丂，八象气越亏也。」《廣韻・齊韻》：「兮，語助。」《詩・周南・葛覃》：「葛之覃兮，施于中谷。」旖乃焉之借，「焉」、「兮」義通可互用。

　　佻爲透母宵部字，垗、兆爲定母宵部字，聲母皆爲舌頭音，佻、垗皆從「兆」得聲，故佻、垗、兆音通可借。

　　兆，爲「顯示朕兆、跡象」之義。其義從龜灼占卜跡象而來。《說文・卜部》：「𠦭，灼龜坼也。從卜；兆，象形。」段玉裁注：「兆，古文𠦭省。」《國語・吳語》：「天占既兆，人事又見，我蔑卜筮矣。」韋昭注：「兆，見也。」《爾雅・釋言》：「兆，域也。」郭璞注：「謂塋界。」郝懿行疏：「兆者，垗之假借也。」《說文・土部》：「垗，畔也。爲四時界，祭其中。《周禮》曰：『垗五帝於四郊。』從土兆聲。」段玉裁注：「今《周禮》作兆。許作垗者，蓋故書、今書不同也。」王筠《句讀》：「《釋言》：『垗，域也。即垗之省也。』」

　　《說文・人部》：「佻，愉也。從人兆聲。《詩》曰：『視民不佻。』」段玉裁注：「愉愉者，和氣之薄發於色也。」《字彙補・人部》：「佻，始也。」《漢書・郊祀歌》：「佻正嘉吉弘以昌。」顏師古注引如淳曰：「佻讀曰肇。肇，始也。」從《老子》文義來看，「兆」爲本義，「佻」、「垗」爲「兆」之假借字。

　　王弼本多一「獨」字，似與眾人形成對比。下文帛書本、漢簡本皆有「獨」字以與眾人形成對比，而此句獨無「獨」字，當從之。王弼本或爲後人依前後文義改。

咳（帛書乙）──眩（漢簡本）──孩（王弼本）
帛書甲：若嬰〔兒未咳〕。（129-130）
帛書乙：若嬰兒未咳。（61上）
漢簡本：若嬰兒之未眩。（172-173）
王弼本：如嬰兒之未孩。（12-276）

《說文‧口部》:「咳,小兒笑也。从口亥聲。孩,古文咳从子。」故「咳」、「孩」爲古今字。《字彙補‧口部》:「咳,與孩同,小兒也。」《史記‧扁鵲倉公列傳》:「不能若是而欲生之,曾不可以告咳嬰之兒。」裴駰集解:「咳嬰,言嬰兒初知笑者。」《孟子‧盡心上》:「孩提之童,無不知愛其親者。」趙岐註:「孩提,二三歲之間在襁褓、知孩笑可提抱者也。」《集韻‧咍韻》:「眩,目大兒。柯開切,音該。」咳、孩爲匣母之部,該爲見母之部,咳、孩、眩聲母皆爲舌面後音,且皆從「亥」得聲,故音同可借。眩爲借字。

累(帛書甲)——纍(帛書乙)——絫(漢簡本)——儽(王弼本)
如(帛書甲)——佁(帛書乙)——台(漢簡本)——若(王弼本)
帛書甲:累呵,如〔无所歸〕。(130)
帛書乙:纍呵,佁无所歸。(61上)
漢簡本:絫旖,台無所歸。(173)
王弼本:儽儽兮,若無所歸。(12-276)

《說文‧糸部》:「纍,綴得理也。一曰大索也。」《禮記‧樂記》:「纍纍乎端如貫珠。」

《說文‧人部》:「儽,垂兒。从人纍聲。一曰嬾解。」《廣雅‧釋訓》:「儽儽,疲也。」《玉篇‧人部》:「儽,羸病貌。」《廣雅‧隊韻》:「儽,極困也。」儽、纍皆爲來母微部字,音同可借,《禮記‧玉藻》:「喪容纍纍。」鄭玄註:「纍纍,羸憊貌也。」《史記‧孔子世家》:「纍纍若喪家之狗。」(裴駰集解:纍纍然,不得志之貌也。)《孔子家語‧困誓》「纍」作「儽」:「儽然如喪家之狗。」

《說文‧厽部》:「絫,增也。从厽从糸。絫,十黍之重也。」段玉裁注:「增者,益也,凡增益謂之積累,絫之隸變作累。累行而絫廢。」絫、累爲古今字。《漢書‧吳王濞傳》:「脅肩絫足。」顏師古注:「絫,古累字。」

從老子本文全貌來看,應當以「儽」義爲確切,爲本字。本段中帛書甲乙本:「朢呵,其若无所止」,王弼本:「飂兮,若無止。」與此處的「儽儽兮,若無所歸」描述的意義相近。這裡只是形容「我」在外人眼裡的狀況,似儽、若儽,而非眞儽、實儽。

《說文·口部》：「台，說也。从口，已聲。」台為定母之部，與「似」音同，《說文》：「似，象也。从人，已聲。」又《人部》：「怡，癡兒。从人台聲，讀若騃。」似為邪母之母，「邪紐古歸定紐；怡為餘母之部，喻四歸定；如為日母魚部，若為日母鐸部，魚、鐸對轉，之、魚旁轉，故台、似、怡、如、若音通可借。台、怡為借字，如、若、似為同義詞，可互換。

餘（帛書甲、漢簡本、王弼本）──余（帛書乙）

獨（帛書甲、王弼本）──蜀（漢簡本）

帛書甲：〔眾人〕皆有餘，我獨遺。（130）

帛書乙：眾人皆又余。（61 上）

漢簡本：眾人皆有餘，而我蜀遺。（173）

王弼本：眾人皆有餘，而我獨若遺。（12-276）

帛書乙本奪「我獨遺」一句。

《說文·食部》：「餘，饒也。从食余聲。」《八部》：「余，語之舒也。从八，舍省聲。」「余」與「餘」同，如《周禮·地官》：「委人，凡其余聚以待頒賜。」鄭玄注：「余當為餘。餘謂縣都畜聚之物。」余、餘皆為餘母魚部字，《老子》此處「餘」為本字。

奚侗曰：「『遺』借作『匱』，不足之意。《禮記·祭義》『而窮老不遺』，釋文：『遺，本作匱』。是其證。」于省吾也認為：「『遺』應讀作『匱』，二字均諧『貴』聲，音近字通……《廣雅·釋詁》：『匱，加也。』王念孫謂『匱』當作『遺』，以『遺』有『加』義，『匱』無『加』義也。《禮記·樂記》『其財匱』，《釋文》：『匱，乏也。』『眾人皆有餘，而我獨若匱』，匱乏與『有餘』為對文。自來解者，皆讀『遺』如字，不得不以遺失為言矣。」二人以非《老子》版本文來篡改、強加於《老子》文本，殊不可取。

王弼注此句曰：「眾人無不有懷有志，盈溢胸心，故曰『皆有餘』也。我獨廓然無為無欲，若遺失之也。」

遺有「損」義，《說文·辵部》：「遺，亡也。从辵貴聲。」《廣韻·脂韻》：「遺，失也。」《六書故》：「遺，行有所亡失也。」《莊子·天地》：「黃帝遊乎赤水之北，登乎崑崙之丘而南望，還歸，遺其玄珠。」

此句與「為道日損，損之又損，以至於無為」所說的意思一致，表示要減少的意思，為動詞；而「匱」只是有「不足」義，沒有主動減少之義，為

形容詞，表示「乏」的現狀。哲學文本文字的意義必須析言之，而不能渾言之。「遺」不當作「匱」。況且，在沒有其他版本的支持下，不能以他書來擅自改動本文本。況且帛書甲本亦作「遺」。

揚雄《方言》卷十二：「一，屬也，南楚謂之獨。」郭璞注：「屬，猶獨耳。」《爾雅·釋山》：「獨者，蜀。」郭璞注：「屬，亦孤獨。」邢昺疏：「蟲之孤獨者名蜀，是以山之孤獨者名蜀。」獨爲定母屋部，屬爲禪母屋部，聲母皆爲舌頭音，音通可借，屬爲獨之借。

禺（帛書甲）──愚（帛書乙、漢簡本、王弼本）
惷惷（帛書甲）──湷湷（帛書乙）──屯屯（漢簡本）──沌沌（王弼本）
帛書甲：我禺人之心也，惷惷呵。（130）
帛書乙：我愚人之心也，湷湷呵。（61 上-61 下）
漢簡本：我愚人之心也，屯屯虖。（173）
王弼本：我愚人之心也哉，沌沌兮。（12-276）
《說文·心部》：「愚，戇也。从心从禺。禺，猴屬，獸之愚者。」既然禺爲獸中之愚者，則「禺」、「愚」義近可通用。《敦煌變文集·老子傳》：「母亦頑禺。」禺即「愚」義。禺、愚皆爲疑母侯部字，故音同可借。「禺」爲「愚」之借字。

惷，有「愚鈍」之義，《戰國策·魏策一》：「寡人惷愚，前計失之。」《淮南子·氾論》：「愚夫惷婦，皆能論之。」高誘注曰：「惷亦愚，無知之貌也。」或疑「惷」即「憃」字之誤寫，《說文》「憃」作「愚」解。《周禮·秋官·司刺》：「三赦曰憃愚。」其「憃」字，《漢書·刑法志》寫作「惷」字：「三赦：一曰幼弱，二曰老眊，三曰惷愚。」《禮記·哀公問》：「寡人憃愚冥頑。」因習誤已久，且「惷」爲「春」聲，「愚蠢」連用，形近之字「惷」即行矣。惷爲書母東部字。

《改併四聲篇海·水部》引《川篇》：「湷，槌水深聲也。智江切。」這種槌水發出的聲音爲「沌，沌……」的悶音，故可形容「愚人之心」的那種拙於言談的內在木訥之狀。

《集韻‧魂韻》:「忳,忳忳,愚也。」(他本有作「忳」,《集韻》:「忳,愚皃。」)《說文‧屮部》:「屯,難也。象艸木之初生。屯然而難。从屮貫一。一,地也。尾曲。《易》曰:「屯,剛柔始交而難生。」春,古作「萅」,《說文‧艸部》:「萅,推也。从艸从日,艸春時生也;屯聲。」故從春之字亦從屯聲。惷、春為昌母文部字,忳為禪母文部字,屯為定母文部字,聲母皆為舌頭音,音通可借。

「漷」從水,「惷」《說文》釋為「亂也」。故二字與「忳」字音同義近,可通用。而「忳」在古文中經常與「混」或「渾」連用,或言水之混濁貌,或言人之渾沌無知無識之狀,或言太極之初、元氣未判之時的宇宙原始狀況。字當從「忳」,惷、漷、屯皆為借字。

　　鬻（帛書甲乙）──猷（漢簡本）──俗（王弼本）
　　腎（帛書甲）──閔（帛書乙）──昏（王弼本）
　　閔（帛書甲）──聞（帛書乙）──昏（漢簡本）──悶（王弼本）
　　蔡（帛書甲）──察（帛書乙、王弼本）──計（漢簡本）

帛書甲:鬻〔人昭昭,我獨若〕腎呵。鬻人蔡蔡,我獨閔閔呵。(130-131)
帛書乙:鬻人昭昭,我獨若閔呵。鬻人察察,我獨聞聞呵。(61 下)
漢簡本:猷人昭昭,我蜀若昏;猷人計計,我獨昏昏。(173-174)
王弼本:俗人昭昭,我獨昏昏。俗人察察,我獨悶悶。(12-276)

　　鬻,有「賣弄、誇耀」之義,《韓非子‧三守》:「鬻寵擅權。」《論衡‧自紀》:「不鬻智以干祿。」《後漢書‧郅惲傳》:「昔伊尹自鬻輔商,立功全人。」李賢注:「鬻,自衒賣也。」鬻人,指賣弄誇耀之人。《釋名‧釋言語》:「俗,欲也,俗人所欲也。」《荀子‧解蔽》:「由俗謂之,道盡嗛矣。」楊倞注:「俗,當為欲。」《荀子‧王制》:「天下不一,諸侯俗反,則天王非其人也。」于省吾《新證》:「俗,通欲。」有慾望之人皆喜賣弄誇耀,此正對應於「昭昭」之義,《詩‧魯頌‧泮水》:「其馬蹻蹻,其音昭昭。」「昭昭」有「張揚、顯明」之義。《荀子‧儒效》:「不學問,無正義,以富利為隆,是俗人也。」《後漢書‧張衡傳》:「常從容淡靜,不好交接俗人。」從容淡靜與賣弄誇耀正形成對比。

　　俗為邪母屋部字,鬻為餘母覺部字,猷為餘母幽部字,欲為餘母屋部字。「邪紐古歸定紐」,「喻四歸定」,故四字聲母皆為舌頭音,「覺」、「屋」旁轉,

幽、覺對轉，幽、屋旁對轉，且俗、欲皆從「谷」得聲。四字音通。「鸒」、「猷」乃「俗」之借。

胃、閔、閩皆從「門」得聲，爲明母文部字，昏爲曉母文部字，前面已分析过，喉牙音與唇音可互諧。《說文》：「昏……一曰民聲。」又《集韻·悃韻》：「悶，《說文》：『懣也。』或作悗。」《晏子春秋·內篇》：「吳越受令，荊楚悗憂。」王念孫《讀書雜志》：「悗者，悶之借字也。」《呂氏春秋·本生》：「上爲天子而不驕，下爲匹夫而不惛。」高誘注：「惛，讀憂悶之悶，義亦然也。」民、惛爲明紐眞部字，「眞」、「文」旁轉，故胃、閔、昏音通可借。

閔，從心口，門聲，同「悶」。有「昏悶」之義，《戰國策·楚策一》：「瘨而殫悶旄不知人。」悶，或作悗，亦作悗。《說文·心部》：「悗，不憭也。從心昏聲。」閔、悶（悗）、悗音義皆同，與「昏」音同義近，心亂則爲「悗」，故可通用。「閔」、「悶」爲一字異體。

第十八章：「邦家昏亂」，「昏」在帛書乙本中對應閔。此章中，閔既對應「昏」，又對應「悶」。如此則上句的「胃」、「閔」、「昏」與下句的「閔」、「閩」、「悶」音聲應一致，都是形容「我」的昏悶愚鈍之狀。昭昭、察察義同，昏昏、悶悶義同，音亦通。

《說文·肉部》：「胃，小蟲也。從肉口聲。一曰空也。」胃，從肖門聲，與「閩」「從虫門聲」一樣，音義應當相通。「胃」當爲「昏」之借；「閩」當爲「悶」之借。

《說文·艸部》：「蔡，艸也。從艸祭聲。」又《宀部》：「察，覆也。從宀、祭。」徐鉉曰：「祭祀必天質明。明，察也。故從祭。」段玉裁注：「從宀者，取覆而審之，從祭爲聲，亦去祭必詳察之意。」《廣韻·釋言》：「計，校也。」《孫臏兵法·威王問》：「料敵計險，必察遠近……將之道也。」故計有考校、考察之義，與「察」義同。蔡、察皆從「祭」得聲。蔡爲清母月部，察爲初母月部，照二歸精，聲母皆爲齒頭音，故音通可借。

忽（帛書甲）——沕（帛書乙）——没（漢簡本）——澹（王弼本）
海（帛書甲、王弼本）——晦（漢簡本）
朢（帛書甲乙）——芒（漢簡本）——飂（王弼本）

帛書甲：惚呵，其若〔海〕；朢呵，其若无所止。(131)

帛書乙：沕呵，亓若海；朢呵，若无所止。(61 下)

漢簡本：沒檹，其如晦；芒檹，其無所止。(174)

王弼本：澹兮，其若海。飂兮，若無止。(12-276)

《字彙補·心部》：「惚，與忽同。見《說文長箋》。」

惚、忽當爲一字之異體。沕、沒爲明母物部字，惚（忽）爲曉母物部字，唇音與喉牙可互諧，沕、忽皆從「勿」得聲，故音通可借。澹爲定母談部字。

朢、芒皆爲明母陽部，音同可借。飂爲來母幽部字，與明母組成複輔音〔ml〕。傅奕本作「飄」，爲滂母宵部，聲母與朢、芒通，韻母與宵、幽旁轉。音或可通。

傳世本《老子》中此處差異很大，但帛書版本出來以後，這些問題也迎刃而解了。其相同之處在於「其若海」，「若无所止」，王弼本和帛書本同。那些描寫性的詞，眾本字雖不同，其表述的意義卻一樣。「忽（沕）」、「朢」與「惚」、「恍」一致，在第 14 章做過詳細分析。帛書研究組釋「朢」爲「恍」。蔣錫昌云：「『惚恍』或作『忽恍』，或作『芴芒』，或作『惚怳』，雙聲疊字，皆可通用。蓋雙聲疊字，以聲爲主，苟聲相近，即可通假。」

《廣韻·物韻》：「沕，沕穆，微也。」《集韻·勿韻》：「沕，沕穆，深微皃。」《史記·屈原賈生列傳》：「沕穆無窮兮，胡可勝言！」司馬貞《索隱》：「沕穆，深微之貌。」即象大海一樣遼闊深遠無窮盡。

澹，《說文·水部》：「水搖也。」其意義指向與「若海」意象一致，即像大海一樣涌搖晃蕩而無有窮盡；飂，《說文·風部》：「高風也。」其意義指向與風的特徵「若無止」同。其義爲：「我像那大海的水波一樣動盪不定；我像那空中的風一樣若飛若揚無所繫止。」這是王弼本所表達的《老子》之義，王弼注：「無所繫縶。」王本所用字「澹」、「飂」或有所據，但其義與帛書本所用「忽」、「恍」之詞義有差別。《老子》本義在形容「我」就像「恍惚」一詞所描述的那種境界，捉摸不定，似有似無，「深不可識」。「忽」與「忽荒」連用義同，有空曠無著落、不分明之意。賈誼《服鳥賦》：「寥廓忽荒兮，與道翱翔。」《淮南子·原道》：「忽兮怳兮，不可爲象兮。」高誘注：「忽，怳，無形貌也。」其描述的與空曠的大海意境相似，與「道」在得道之人上的表現相符合，道也本來就像恍兮惚兮的那種狀態，意即「像空曠無邊際的大海一樣搖盪恍惚無有窮盡，像高空中的風一樣若飛若揚無所繫止」，老子在本章

就是在描述自己那種混混沌沌、昏昏悶悶的無形之貌。故亦可作「忽」（本字作「惚」)。「朢」與「忽」相對連用，借作「恍」（前已有例證說明)，恍、忽之義通，故可從帛書本作「恍」。

海、晦皆爲曉母之部，從眾古本來看，晦爲海之借字。想爾注本與漢簡本同，作「晦」。晦有昏暗之義，《說文・日部》:「晦，月盡也。从日每聲。」段玉裁注：「引申爲凡光盡之稱。」《詩・鄭風・風雨》:「風雨如晦，雞鳴不已。」毛傳：「晦，昏也。」又《詩・周頌・酌》:「遵養時晦。」毛傳：「晦，昧也。」《楚辭・九歌・山鬼》:「雲容容兮而在下，杳冥冥兮羌晝晦。」王逸注：「晦，暗也。」《釋名》:「海，晦也。」主承穢濁水，黑如晦也。《說文・水部》:「沒，沈也。从水从叟。」引申爲隱消失不見之義。芒有昏暗、模糊不清之義，通「茫」，《莊子・盜跖》:「目芒然無見，色若死灰。」引申爲昏昧無知之義，《莊子・齊物論》:「人之生也，固若是芒乎？其我獨芒，而人亦有不芒者乎？」成玄英疏：「芒，闇昧也。」《廣韻・唐韻》:「茫，滄茫。」《漢書・司馬相如傳》:「於是諸大夫茫然喪其所懷來，失厥所以進。」茫有昏暗、迷蒙、模糊不清之義。文義爲：我昏昧不明就像隱沒一樣，我茫然無措就像沒有止息之所。也可翻譯爲：我像大海一樣幽暗不明，又像飄風一樣茫茫然無止息之所。義更接近《老子》原意。

閔（帛書乙）——抏（漢簡本）——頑（王弼本）
以（帛書甲乙、漢簡本）——似（王弼本）
悝（帛書甲）——鄙（帛書乙、漢簡本、王弼本）
帛書甲：〔眾人皆有以，我獨頑〕以悝。(131-132)
帛書乙：眾人皆有以，我獨閔以鄙。(61 下-62 上)
漢簡本：眾人皆有以，而我獨抏以鄙。(174-175)
王弼本：眾人皆有以，而我獨頑似鄙。(12-276)

閔從門元聲，抏、頑皆從「元」得聲。《五音集韻・緩韻》:「閔，所以出鏈也。通作管。古滿切。」《廣韻・桓韻》:「抏，挫也。」抏與頑通，《荀子・王霸》:「齊桓公閨門之內，懸樂奢泰，游抏之脩。」楊倞注：「抏與頑同。」閔爲見母元部，抏、頑皆爲疑母元部，聲母皆爲舌面後音，音通可借。

《說文・頁部》：「頑，梱頭也。从頁元聲。」慧琳《一切經音義》卷二十五引《倉頡篇》：「頑，鈍也。」《廣雅・釋詁一》：「頑，愚也。」《書・堯典》：「父頑，母囂。」孔傳：「心不則德義之經爲頑。」

閿、抏爲「頑」之假借。

「眾人皆有以」，王弼注曰：「以，用也。皆欲有所施用也。」「而我獨頑似鄙」，王注曰：「無所欲爲，悶悶昏昏，若無所識，故曰『頑且鄙』也。」可見，通行本「似」王本原本作「且」。朱駿聲《說文通訓定聲・頤部》：「似，叚借爲以。」俞樾云：「按『似』當讀爲『以』，古『以』、『似』通用。……『而我獨頑以鄙』六字爲句。『頑以鄙』猶言『頑且鄙』。」似爲邪母之部字，以爲餘母之部字，「邪紐古歸定紐」，「喻四歸定」，聲母皆爲舌頭音，故音通可借。

頑、鄙爲形容詞並列，中間的「以」當爲連接副詞，表示並列關係，相當於「與「、「而」、「且」。王引之《經傳釋詞》卷一曰：「以，猶而也。」《詩・大雅・皇矣》：「予懷明德，不大聲以色，不長夏以革。」馬瑞辰《通釋》：「『以』、『與』古通用，『聲以色』猶『聲與色』也，『夏以革』猶『夏與革』也。」

悝（溪之）、俚（來之）皆從「里」得聲，可組成複輔音〔k‘l〕，故音通可借，「悝」爲「俚之借。《字彙・人部》：「俚，鄙俗也。」《漢書・司馬遷傳贊》：「質而不俚。」顏師古注引劉德曰：「俚，鄙也。」《玉篇・邑部》：「鄙，鄙陋。」《左傳・莊公十年》：「肉食者鄙，未能遠謀。」《韓非子・五蠹》：「鄙諺曰：『長袖善舞，多錢善賈。』」《正字通・邑部》：「鄙，人物樸野者皆曰鄙。」《莊子・胠篋》：「焚符破璽，而民樸鄙。」故俚、鄙義同可互用。

本章整理：絕學無憂。唯與呵，其相去幾何！美與惡，其相去何若！人之所畏，亦不可以不畏人。望兮，其未央哉！眾人熙熙，若享於太牢，而春登臺，我泊焉未兆，若嬰兒未孩。儽兮，似無所歸。眾人皆有餘，而我獨遺。我愚人之心也，沌沌兮。俗人昭昭，我獨若昏兮；俗人察察，我獨悶悶兮。惚兮，其若海，恍兮，其若無所止。眾人皆有以，我獨頑以鄙。我欲獨異於人，而貴食母。

第二十一章　虛　心

唯（帛書甲乙、漢簡本）──惟（王弼本）

𡂡（帛書甲乙）──汒（漢簡本）──恍（王弼本）

帛書甲：孔德之容，唯道是從。道之物，唯𡂡唯忽。（132）

帛書乙：孔德之容，唯道是從。道之物，唯𡂡唯沕。（62上）

漢簡本：孔德之容，唯道是從。道之物，唯汒唯沒。（176）

王弼本：孔德之容，惟道是從。道之爲物，惟恍惟惚。（12-277）

唯、惟、維三字可通用。《廣雅・釋詁三》：「唯，獨也。」王引之《經傳釋詞》卷三：「惟，獨也。常語也。或作唯、維。」《書・說命上》：「惟恐德弗類，茲故弗言。」《易・序卦》：「盈天地之間者唯萬物。」《詩・小雅・谷風》：「將恐將懼，維予與女。」

唯、惟、維皆爲餘母微部字，故音同可借。

汒與茫通，《六書故・地理三》：「茫，淼茫無際也……亦作汒。」《莊子・天地》：「藘也，汒若於夫子之所言矣。」成玄英疏：「汒，無所見也。」王先謙《莊子集解》：「汒若，猶茫然。」又《秋水》：「今吾聞莊子之言，汒焉異之。」「汒」從「亡」得聲，汒、望（𡂡）爲明母陽部字，恍爲曉母陽部字，脣音與喉牙音可相通。汒、恍皆有模糊不清之義，𡂡爲借字。

老子曰：「道可道也，非恒道也。」說的是道是不可以用人類語言來描述的。如果要描述的話必須假借物象來說明，所以才假設爲「道之爲物」，即是說如果把「道」作爲一個物象、作爲一種存在來看的話，這是老子開

始言說不可言說的「道」之本體的狀況，祂就是那種令人不可捉摸的恍惚的狀態，莊子說「夫道，有情有信」，雖然避開了道爲物象的尷尬，但感覺描述得太突兀了一點，不能向人們準確傳遞「道爲何種東西」這樣一個信息。而帛書甲乙本的「道之物」說的是「道這個物象啊……」，則把道直接等同於物象，則又不符合老子描述道的習慣方式，也令人容易誤解老子所說的道就是一種物象。凡是物象的東西都是可以用語言來描述的，這個就不是說的是道之本體，而是說的是萬物萬象了。「道之爲物」向人們傳遞并暗示的是，道是一種存在，「唯恍唯忽」則又說道不是一種物象的存在，祂只是仿佛中有象，仿佛中有物，並不是眞的有象有物。在深遠的寂滅中，祂有情，爲眞，有信。

　　瀴（帛書甲）——幼（帛書乙）——幽（漢簡本）——窈（王弼本）
　　鳴（帛書甲）——冥（帛書乙、漢簡本、王弼本）
　　帛書甲：瀴呵鳴呵。（133）
　　帛書乙：幼呵冥呵。（62 下）
　　漢簡本：幽旖冥旖。（177）
　　王弼本：窈兮冥兮。（12-277）
　　《說文·穴部》：「窈，深遠也。从穴幼聲。」王弼注曰：「窈冥，深遠之歎，深遠不可得而見。」引申爲幽靜、昏暗之義。《淮南子·道應》：「可以明，可以窈。」高誘註：「窈，讀如幽。」
　　《漢書·元帝紀贊》：「窮極幼眇。」幼眇爲精微之義。《司馬相如·長門賦》：「聲幼妙而復揚」。幼、窈皆爲影母幽部，窈，從幼得聲，音同可借，「幼」爲「窈」之假借。
　　瀴，或從幽，幽亦聲，漢簡本、傅奕本、范應元本此處正作「幽」字。
　　《說文·丝部》：「幽，隱也。从山，中丝，丝亦聲。」引申爲有「深遠」之義，《玉篇·丝部》：「幽，深遠也。」《易·繫辭上》：「无有遠近幽深。」孔穎達疏：「言易之告人，无問遠之與近，及幽邃深遠之處，皆告之也。」《詩·小雅·斯干》：「幽幽南山。」毛傳：「幽幽，深遠也。」《詩·小雅·伐木》：「出自幽谷，遷于喬木。」毛傳：「幽，深。」瀴、幽、幼、窈皆爲影母幽部。故「窈」與「瀴」音義皆同可通用。窈冥、幽冥、恍惚、混沌都是道家專有名詞，皆有深遠渺茫，難以捉摸之貌，用來描寫道之體狀。《淮南子·說山》：「視

之無形，聽之無聲，謂之幽冥。幽冥者，所以喻道而非道也。」《鶡冠子‧能天》：「觀乎孰莫，聽乎無罔，極乎無係，論乎窈冥，湛不亂紛，故能絕塵埃而立乎太清。」郭璞《山海經圖贊‧神二女》：「游化五江，恍惚窈冥。」《韓非子‧忠孝》：「世之所謂烈士者……爲恬淡之學，而理恍惚之言。臣以爲恬淡，無用之教也；恍惚，無法之言也。」班固《白虎通‧天地》：「混沌相連，視之不見，聽之不聞，然後剖判。」《雲笈七纖》：「《太始經》云『昔二義未分之時，號曰洪源。溟涬濛鴻，如雞子狀，名曰混沌。』」

鳴、冥皆爲明母耕部，故音同可借。《說文‧冥部》：「冥，幽也。从日从六，冖聲。日數十。十六日而月始虧幽也。」《爾雅‧釋言》：「冥，幼也。」郭璞註：「幼稚者，冥昧也。」《詩‧小雅‧斯干》：「噲噲其冥。」「鳴」乃「冥」之假借字。

請（帛書甲乙、漢簡本）──精（王弼本）
吔（帛書甲）──呵（帛書乙）──旖（漢簡本）──兮（王弼本）
帛書甲：中有請吔。（133）
帛書乙：亓中有請呵。（62下）
漢簡本：其中有請旖。（177）
王弼本：其中有精。（12-277）

請爲清母耕部，情爲從母耕部，精爲精母耕部，聲母皆爲舌尖前音。故音通可借。

高明：按「請」、「情」、「精」三字皆從「青」得聲，音同互假。從經義分析，與其依舊讀假「請」、「情」二字爲「精」，不若假「請」、「精」爲「情」義勝。再如，「請」字亦可讀「情」，古「請」、「情」同源字。古文「言」與「心」二形符可任作，從「言」之字亦可從「心」，反之亦如是。如「德」字從「心」，亦可從「言」作「德」；「警」字從「言」，亦可從「心」作「憼」；「訓」字從「言」，亦可從「心」作「訓」等等，字例甚多。再如，《詩經‧大雅‧大明》「天難忱思」之「忱」，《韓詩》作「訦」，讀作「天難訦思」；《說文‧言部》：「諆，从言亨聲。」又謂「或从心」作「悖」；「謝，或從言朔。愬，或從朔心。」就以「請」、「情」二字爲例，荀子《成相篇》「聽之經，明其請」，楊倞注：「『請』當爲『情』。」《史記‧禮書》「情文俱盡」，徐廣曰：

「古『情』字或假借作『請』，諸子中多有此比。」以上諸例皆可說明，讀「『請』字爲精，莫若讀『請』字爲『情』更爲貼切。」〔註1〕

此說不可謂不辨，說「請」當爲「情」尚可，然說「精」當爲「情」卻無一例。莊子固然說過「夫道，有情有信」，然亦說過「至道之精，窈窈冥冥。」（《莊子·在宥》）一般諸子之文字假借尚可定奪，然老莊之言微妙，須達其實證境界才可通曉其義，豈可以凡塵之輩臆測乎。且其他眾版本皆作「精」，無有例外。故審而愼之，毋忘改。

然可保留帛書「請」的假借字「情」，「情」其實說的是其中有那麼一種情狀存在，但又不是一種實質性的存在，故不能作「精」。袘眞實不虛，卻不是任何語言和任何一種有形之物能夠表達和比況的，有任何實指皆違背了老子之義。從這一點上來看，「情」字要優於「精」字，因爲「精」的實指意味更強一些。

《五音篇海》：「呬，音也。又音陀。」《龍龕手鑑·口部》：「呬，也、陁、誕三音。」呬爲餘母歌部，旖爲影母歌部，兮爲匣母支部，餘母可與舌、齒、牙喉音互諧，李方桂、周祖謨有論說。呬、旖音通可借

「呬」亦爲語辭，與「呵」、「兮」義同，故可通用。

順（帛書甲乙）——說（漢簡本）——閱（王弼本）

佁（帛書甲）——父（帛書乙、漢簡本）——甫（王弼本）

然（帛書甲乙、漢簡本）——狀（王弼本）

帛書甲：以順眾佁？吾何以知眾佁之然？以此。（134）

帛書乙：以順眾父。吾何以知眾父之然也？以此。（63上）

漢簡本：以說眾父。吾何以知眾父之然哉？以此（178）

王弼本：以閱眾甫。吾何以智眾甫之狀哉？以此（12-277）

順，《說文·頁部》：「順，理也。從頁從巛。」《玉篇》、《廣韻》：「順，從也。」《釋名·釋言語》：「順，循也，循其理也。」《易經·說卦》：「昔者聖人之作易也，將以順性命之理。」《詩·大雅·皇矣》：「不識不知，順帝之則。」

〔註1〕 高明：《帛書老子校注》，北京：中華書局，1996年，第331～332頁。

《正韻》：「閱，歷也。」《漢書‧文帝紀》：「閱天下之義理多矣。」裴駰集解：「如淳曰：『閱，猶言多所更歷也。』」《漢書‧孔光傳》：「旬歲間閱三相，議者皆以爲不及光。」顏師古注：「閱，猶歷也。」

《說文‧言部》：「說，釋也。从言兌。一曰談說。失爇切。又，弋雪切」徐鍇《繫傳》爲：「从言，兌聲。」說、閱皆爲餘母月部，且從「兌」得聲，音同可借。「說」當爲「閱」之假借。順爲船母文部字，喻四歸定，與「閱」、「說」之聲母皆爲舌頭音，上古音通。

歷經某事物的過程和順從某事物的過程都有與某事物同在並行之義，「順」和「閱」在此文本中意義表達一致，故可通用。其義爲：道自始自終都與萬物同在，萬物雖有差別，但萬物所包含的特質：「眞」、「情」、「信」卻是一樣，要了解萬物的初始發生之狀，就通過其特質去理解。這是道的恒順眾生萬物。

《說文‧用部》：「甫，男子美稱也。从用、父，父亦聲。」段玉裁注：「甫，以男子始冠之偁，引申爲始也。」《玉篇‧用部》：「甫，始也。」《釋名‧釋親屬》：「父，甫也，始生已也。」父爲並母魚部、甫爲幫母魚部，聲母皆爲唇音，音義皆通可互用。

王弼注：「眾甫，物之始也，以無名閱萬物始也。」「以無形始物，不繫成物，萬物以始以成，而不知所以然。」這與王弼注第一章同：「言道以無形無名始成萬物，萬物以始以成而不知所以然。」《莊子‧天地》：「有族有祖，可以爲眾父，而不可以爲眾父父。」所謂「眾父父」，則要上推到人之初，亦或物之初了。原始要終，爲老子之本義。《易‧繫辭下》：「《易》之爲書也，原始要終以爲質也。」又《繫辭上》：「原始反終，故知死生之說。」古者以爲易、道同源，此或爲一證耳。

爲「父」加「人」旁，義不變，爲「父」之異體。

又，《說文‧又部》：「父，矩也。家長率教者。从又舉杖。」可解釋爲規矩之義，道規劃萬物、規矩萬物，也是萬物的原始，「以順眾父」可解釋爲「以通達、循順萬物的規矩、規律、道理」，或「以循順、通達萬物的原始狀態」。兩意皆可通。王弼本父、甫分得較清楚，「甫」爲「始」意；「父」當爲「規矩」之意，第 42 章：「我將以爲教父。」教父或學父，當爲教學的規矩之意。故此處字當從王弼本作「甫」。

《玉篇‧火部》：「然，如是也。」《詩‧大雅‧皇矣》：「帝謂文王，無染畔援，無然歆羨。」鄭玄箋：「无如是拔扈……无如是貪羨。」《禮記‧學記》：「夫然，故安其學而親其師，樂其友而信其道。」孔穎達疏：「然，如此也。」

《說文‧犬部》：「狀，犬形也。从犬爿聲。」段玉裁注：「引申爲形狀。」

狀與然雖形近，但義也相近，「狀」、「然」此章中都有「情形」之義，即王弼所說的「所以然」。

也、哉，皆可表示疑問或反問語氣，《詩‧邶風‧旄丘》：「叔兮伯兮，和多日也？」《詩‧王風‧君子于役》：「不知其期，曷至哉？」

竹帛本及傅奕本皆作「自今及古」，傳世本則作「自古及今」，或表達方式使然，其義則同。

本章整理：孔德之容，唯道是從。道之爲物，唯恍唯惚。惚兮恍兮，其中有象兮；惚兮恍兮，其中有物兮；窈兮冥兮，其中有精兮。其精甚眞，其中有信。自古及今，其名不去，以順眾甫。吾何以知眾甫之然也？以此。

第二十二章 苦 恩

炊（帛書甲乙、漢簡本）——企（王弼本）

帛書甲乙（，63 上）、漢簡本（185）：炊者不立。

王弼本：企者不立。（12-277）

　　帛書小組釋「炊」爲「吹」，并謂：「古導引術之一動作。」〔註1〕雖爲導引一動作，也屬於舒緩平衡的動作，當爲穩如泰山，不可能不立的。高明以爲當從今本作「企」，謂：「『炊』字古爲昌紐歌部，『企』字屬溪紐支部，聲紐相通，『支』、『歌』爲旁對轉，故『炊』、『企』二字古音同通假。」〔註2〕《廣韻》韻部皆在三等止攝。「西漢時期歌、支兩部的讀音是很接近的，很像是併爲一部。但是歌部字可以跟魚部字押韻，而支部字絕不跟魚部字押韻，足見歌、支兩部還不能就作爲一部看待。所以我們把它分爲兩部。」（羅常培、周祖謨《漢魏晉南北朝韻部演變研究》，第 26 頁）雖然結論是歌、支不能併爲一部，但既然音近，則可相通，故「炊」或當爲「企」之借。今贛方言中，宜黃、奉新倒是有昌母如吹（昌母歌部）讀作 qi。

　　或爲義通。企，慧琳《音義》引《說文》爲「舉踵而望也」。今《說文》釋爲「舉踵也」，段玉裁注曰：「從人止，取人延竦之意。」而「炊」有上升之義，農村日常生活中燒火做飯，其炊煙也是裊裊上升之形而無有穩立之態。《集韻·眞韻》：「炊，炊累，動升也。」《莊子·在宥》：「從容無爲而萬物炊累焉。」陸德明《經典釋文》引司馬彪曰：「炊累，猶動升也。」炊，與「企」義有相通之處而借。

〔註1〕 馬王堆漢墓帛書整理小組編：《馬王堆漢墓帛書〈老子〉》，北京：文物出版社，1976 年 3 月，第 32 頁。

〔註2〕 高明：《帛書老子校注》，北京：中華書局，1996 年，第 335 頁。

視（帛書甲乙、漢簡本）——是（王弼本）

章（帛書甲乙、漢簡本）——彰（王弼本）

帛書甲：自視不章。（134）

帛書乙（63 上）、**漢簡本**（185）：自視者不章。

王弼本：自是者不彰。（12-277）

本章以「企者不立」爲喻，下文爲彰顯人之德行，故「視」、「見」不是感官上的目視、眼見。通行本第 72 章有「是以聖人自知而不自見也」，也是從人的行爲德行上來要求自己的。《說文》：「視，瞻也。从見、示。眡，古文視。眂，亦古文視」《釋名·釋姿容》：「視，是也，察其是非也。」《論語·爲政》：「視其所以，觀其所由。」《國語·周語》：「司空視塗，司寇詰姦。」徐元誥集解：「視，猶察也。」自查是非者，無法看出自己的問題所在。

《說文·是部》：「是，直也。从日正。昰，籀文是从古文正。」段玉裁注：「以日爲正則曰是。從日、正，會意。天下之物莫正於日也。」引申之則有事物的是非法則之義。《爾雅·釋言》：「是，則也。」郭璞注：「是，事可法則。」事有可法則者，則可以此判斷是非。視爲禪母脂部，是爲禪母支部，支脂通轉，「視」爲「是」之借。

「自是」爲「自以爲法則、標準」之義；下文「見」有「顯露」之義。所謂「自知而不自見」意爲「有自知之明而不應有自我顯示之態。」自見強調的是外在的行爲，說的是自我顯露著，自以爲懂得一切，往往自己並不明了某事；而「自是」說的是內在的態度、思想、意見，有自逞己見爲是非的標準之義，是從內心裏自認爲正確，往往并不能彰顯真理。劉一明《通關文·任性關》於此兩句釋爲：「教人順情理而行事，不可任性固執也。」自是、自見皆違背了感官運用所遵循的情理，故無法認清事物的真相，猶如眼睛無法看到眼睛一樣。

「章」、「彰」皆爲章母陽部，音同可借，皆有顯著之義，《易·姤·象》：「天地相遇，品物咸章也。」「彰」主要是指明德而言。《廣雅·釋詁四》：「彰，明也。」《洪武正韻·陽韻》：「彰，著也。」《書·湯誓》：「克寬克仁，彰信兆民。」孔安國傳：「言湯寬仁之德，明信於天下。」《論衡·書解》：「德彌彰者人彌明。」

伐（帛書甲乙、王弼本）──發（漢簡本）

帛書甲乙：自伐者无功，自矜者不長。（135，63 上）

漢簡本：自發者無功，矜者不長。（185）

王弼本：自伐者無功，自矜者不長。（12-277）

伐爲並母月部，發爲幫母月部，聲母皆爲唇音，故音通可借，發乃伐之借。與其它版本比較，漢簡本「矜」前奪一「自」字，或者「矜」本有自大、自負之義，下一章漢簡本、帛書本「矜」前皆無「自」字，可爲證。

發於伐通，作名詞，有功績之義，《管子‧四時》：「求有功發勞力者而舉之。」戴望《管子校正》：「發、伐，古同聲通用。」又作動詞，有夸耀之義，《逸周書‧官人》：「好臨人以色，高人以氣，賢人以言，防其所不足，發其所能。」

《左傳‧莊二十八年》：「且旌君伐。」杜預注：「旌，章也；伐，功也。」《漢書‧高帝紀上》：「（懷王）非有功伐，何以得專主約！」顏師古注：「積功曰伐。」《資治通鑒‧晉穆帝永和元年》：「今戎事方興，勳伐既多，官未可減。」胡三省注：「王功曰勳，積功曰伐。」這些例子也說明，古代之功法是與戰事連在一起的。伐即攻打之義，自己攻打自己當然無功可言。按，既然功爲伐義，自以爲有功，則無功；《老子》「上德不德，是以有德；下德不失德，是以無德」，說的就是此意，自以爲有德，則會失去德，則無德。《老子》此章的意義也在於此。《莊子‧山木》云：「昔吾聞之大成之人曰：『自伐者無功。』功成者墮，名成者虧。」功成名遂，則必須身退，保持謙虛之德，是一種不德之德，否則，自是自滿，則德不在，德不在，則不能長久。

伐，也有誇耀、自美之義，《玉篇‧人部》：「伐，自矜曰伐。」《左傳‧襄公十三年》：「小人伐其技以馮君子。」杜預注：「自稱其能爲伐。」前面兩句「自見」、「自視」字面義相同，此處「自伐」、「自矜」義亦可相同。

所謂「矜」者，有「自大、自滿，自賢、自能、自負」之義也。《正字通‧矛部》：「矜，驕矜自負貌。」《書‧大禹謨》：「汝惟不矜，天下莫與汝爭能；汝惟不伐，天下莫與汝爭功。」「滿招損，謙受益。」《公羊傳‧僖公九年》：「矜之者何？猶曰莫若我也。」《管子‧法法》：「彼矜者滿也，細之屬也。」「矜」之反義是爲「謙」，謙則不爭，「夫唯不爭，故莫能與之爭。」（通行本《老子》第 22 章）

粽（帛書甲乙）──斜（漢簡本）──餘（王弼本）

贅（帛書甲乙、王弼本）──叕（漢簡本）

欲（帛書甲乙、漢簡本）──道（王弼本）

帛書甲：曰粽食贅行，物或惡之，故有欲者〔弗〕居。（135）

帛書乙：曰粽食贅行，物或亞之，故有欲者弗居。（63下）

漢簡本：斜食叕行，物或惡之，故有欲者弗居。（185-186）

王弼本：曰餘食贅行，物或惡之，故有道者不處。（12-277）

粽，從米余聲；餘，《說文·食部》：「饒也。从食余聲。」「米」爲「食」之類。故「粽」、「餘」音義皆同，或爲一字異體，可通用。《說文·斗部》：「斜，杼也。从斗余聲，讀若茶。」斜爲邪母魚部，餘爲餘母魚部，「邪紐古歸定紐」，「喻四歸定」，故音通可借，且粽、餘、斜皆從「余」得聲，故三字音同可借，字當從「餘」。

所謂「餘食」者，乃「食之餘」也，食之餘則爲殘羹冷炙，殘渣余孽，故曰「惡之」。《玉篇·食部》：「餘，殘也。」《左傳·成公二年》：「請收合餘燼，背城借一。」

贅爲章母月部，叕爲端母月部，古無舌上音，聲母皆爲舌頭音，故贅、叕音同可借，叕乃贅之借。

所謂「贅行」者，乃「形之贅」也，爲連綴在身體上多餘之部份，故亦曰「惡之」。《釋名·釋疾病》：「贅，屬也。橫生一肉，屬著體也。」《莊子·大宗師》：「彼以生爲附贅縣疣。」柳宗元《天說》曰：「人之血氣敗逆壅底，爲癰、瘍、疣、贅、瘻、痔。」

王弼於此注曰：「其唯於道而論之，若郤至之行，盛饌之餘也。本雖美，更可薉也。本雖有功而自伐之，故爲肬贅也。」唐李約《道德眞經新注》：「如食之殘，如形之剩肉也。」宋林希逸《道德眞經口義》：「食之餘棄，形之贅疣，人比惡之。」明焦竑《老子翼》：「贅，疣贅也。『行』當作『形』，古字通也。『食餘』，人必惡之，『形贅』，人必醜之。」「行」乃「形」之音假。潘靜觀《道德經妙門約》作「形」：「其在道也，曰餘食贅形。」

高明認爲「欲」當爲「裕」之借。《方言》卷三：「裕，道也。東齊曰『裕』，或曰『猷』。」《廣雅》卷四：「裕，道也。」王引之《經義述聞》卷四曰：「《周書·康誥》『遠乃猷裕』，即遠乃道也。《君奭》曰『告君乃猷裕』，與此同。」

〔註3〕又《書‧康誥》：「汝亦罔不克敬典，乃由裕民。惟文王之敬民，乃裕民。」
孫星衍注疏：「言汝亦無不敬法，乃以道導民。」周秉鈞《易解》曰：「猷裕，
教導也。《方言》：『裕、猷，道也。』」欲、裕為餘母屋部，道為定母幽部，
喻四歸定，屋、幽旁對轉，音通可借，欲乃道之借。

　　本章整理：企者不立。自見者不明，自是者不彰，自伐者無功，自矜者
不長。其在道也，曰餘食贅形，物或惡之，故有道者弗居。

〔註 3〕 高明：《帛書老子校注》，北京：中華書局，1996 年，第 338 頁。

第二十三章　虛　無

金（帛書甲）──全（帛書乙、漢簡本、王弼本）

枉（帛書甲、漢簡本、王弼本）──汪（帛書乙）

定（帛書甲）──正（帛書乙、漢簡本）──直（王弼本）

帛書甲：曲則金，枉則定。（136）

帛書乙：曲則全，汪則正。（63下）

漢簡本：曲則全，枉則正。（179）

王弼本：曲則全，枉則直。（12-277）

「金」因與「全」形近而誤寫。全，《說文・入部》：「仝，完也。從入從工。全，篆文全從玉，純玉曰全。𠓎，古文全。」《正字通・入部》：「全，保也。」《孫子・謀攻》：「凡用兵之法，全國爲上，破國次之。」

汪、枉皆爲影母陽部字，故音同可借。《說文・木部》：「枉，衺曲也。從木㞷聲。」「汪」乃「枉」之音假。

《說文・宀部》：「定，安也。從宀從正。」古文「定」作「𡇀」。朱駿聲《說文通訓定聲》：「正亦聲。」《字彙補・宀部》：「定，靜也，正也，凝也，決也。」《書・堯典》：「以閏月定四時成歲。」「定」，《史記・五帝本紀》作「正」：「以閏月正四時。」定爲定母耕部字，正爲章母耕部字，聲母皆爲舌頭音。故定、正音義皆通可借。

《說文・正部》：「正，是也。從止，一以止。凡正之屬皆從正。㱏，古文正從二。二，古上字。𤴓，古文正從一足。足者亦止也。」徐鍇《說文繫傳》：

「守一以止也。」饒炯《部首訂》:「『正』下云『是也』。『是』下說『直也』,義即相當無偏之謂……《書》云:『無偏無黨,王道蕩蕩;無黨無偏,王道平平;無反無側,王道正直。』亦是意也。」郝懿行《爾雅義疏・釋詁下》:「《考工記・韗人》注:『正,直也。』《文選・東京賦》注:『正,中也。』中、直爲『是』之義。」《書・說命上》:「惟木從繩則正,后從諫則聖。」直爲定母職部字,職、耕旁對轉,故直與正、定音通可借。

朱謙之:「『曲則全』,即《莊子・天下篇》所述『老聃之道,人皆求福,己獨曲全』也。《書・洪範》『木曰曲直』,此亦以木爲喻。曲者,《莊子・逍遙遊》所謂『卷曲而不中規矩』,《人世間》所謂『拳曲而不可以爲棟樑』也。蓋『直木先伐,甘井先竭』,『吾行却曲,無傷我足』,此即『曲則全』之義。『枉則正』,『枉』,《說文》:『衺曲也。从木皇聲。』《廣雅・釋詁一》:『桎,詘也。』即詰詘之義,實爲屈。『正』,諸本作『直』,『枉』、『直』對文,『枉則直』者,大直若屈也。《論語》:「舉直錯諸枉。」《淮南子・本經》:「矯枉以爲直。」碑文作『正』,『正』亦『直』也。《鬼谷子・謀篇》:『正者,直也。』《廣雅釋詁一》:『直,正也。』《易・文言傳》:『直,其正也。』『直』、『正』可互訓。」〔註1〕

　　洼（帛書甲乙、漢簡本）──窪（王弼本）
　　敝（帛書甲、漢簡本、王弼本）──襖（帛書乙）
帛書甲（136）、漢簡本（179）:洼則盈,敝則新。
帛書乙:洼則盈,襖則新。（63下）
王弼本:窪則盈,敝則新。（12-277）

「窪」爲影母魚部字,「洼」爲影母支部字,支、魚旁轉,故二字音通可借。《廣雅・釋詁一》:「窪,下也。」《龍龕手鑑・穴部》:「窪,凹也。」

洼也指底凹的地方。《說文・水部》:「洼,深池也。从水圭聲。」揚雄《方言》:「洼,洿也。自關而東,或曰洼,或曰氾。」《集韻・佳韻》:「洼,曲也。」《莊子・齊物論》:「似洼者,似汙者。」陸德明《經典釋文》:「司馬云:(似洼,)若洼曲。」

〔註1〕　朱謙之:《老子校釋》,北京:中華書局,1984,第91〜92頁。

《說文‧㡀部》:「敝,帗也。一曰敗衣。从攴从㡀,㡀亦聲。」徐灝注箋:「因其敗而攴治之也。」李孝定《甲骨文字集釋》按語:「㡀象敗巾之形……契文正從攴、從㡀。會意。」從「敝」義來看,「敝」即為襒,襒從衣,㡀本象敗巾之形,更加「衣」以重疊之,與「敝」本義無別。

惑(帛書甲乙、王弼本)──或(漢簡本)
帛書甲乙(136,63下-64上)、王弼本(12-277):少則得,多則惑。
漢簡本:少則得,多則或。(179)

想爾注本與漢簡本同作「或」,其他本作「惑」。或、惑皆為匣母職部,音同可借。《說文》「或」本位邦國之義,徐鉉注:「或,今俗作胡國切,以為疑惑不定之意。」《廣韻‧德韻》:「或,不定也,疑也。」《玉篇‧戈部》:「或,有疑也。」《廣韻‧德韻》:「或,疑也。」《左傳‧宣公三年》:「天或啓之,必將為君。」《易‧乾》:「或躍在淵。」朱熹《本義》:「疑而未定之辭。」《孟子‧告子上》:「無或乎王之不智也。」《戰國策‧魏策三》:「臣甚或之,」《史記‧魏世家》「或」作「惑」。《墨子‧明鬼下》:「請惑聞之見之。」孫詒讓《墨子閒詁》:「惑,與或通。」多聞則更加疑惑,此亦「多聞數窮」之義。

執(帛書甲乙、漢簡本)──抱(王弼本)
牧(帛書甲乙、漢簡本)──式(王弼本)
帛書甲:是以聲人執一以為天下牧。(136)
帛書乙:是以即人執一以為天下牧。(64上)
漢簡本:是以聖人執一以為天下牧。(179-180)
王弼本:是以聖人抱一為天下式。(12-277)

「抱」與「執」都有「持、守」之義,故可通用。《廣韻‧緝韻》:「執,持也。」「守也。」《書‧大禹謨》:「允執厥中。」《禮記‧曲禮上》:「坐必安執爾顏。」鄭玄注:「執,猶守也。」又《廣韻‧皓韻》:「抱,持也。」

王弼注曰:「一,少之極也。『式』猶『則』也。」《說文‧一部》:「一,惟初太始,道立于一,造分天地,化成萬物。」應該是「一立於道」,一為心,而且是無分別之心的心,此心靜而無動即為一,心動則有分別為二,分別心向外攀援則為三,萬物由此而生。河上公注曰:「抱,守法式也。聖人守一乃知萬事,故能為天下法式也。」《文子‧符言》:「老子曰:『執一無為,因天

地與之變化。』」《管子・心術》:「君子執一而不失,能君萬物。」又《內業》:「化不易氣,變不易智,惟執一之君子能爲此乎?」《荀子・堯問》:「執一無失,行微無怠」,「執一如天地」。《韓非子・揚權》:「故聖人執一以靜,使名自命,令事自定。」《呂氏春秋・有度》:「執一而萬物治,而使人不能執一者,物感之也。」執一最初、最直接的目的,如韓非所說,在於靜,靜才能定。不能執一,就不能靜,也就不能入定,其原因在於爲外物所感,外物感人心,心則不寧,心不寧當然就不能入靜、入定了。此與《大學》所說一律,所謂執一,就在於知止,「知止而後有定,定而後能靜,靜而後能安,安而後能慮,慮而後能得。」此與佛家所說的戒、定、慧三學一律。所謂執一也就是持戒,「攝心爲戒,因戒生定,因定生慧。」持戒而後能定,定才能得慧。當然,三家執一的形式有別,道家從心齋、坐忘入手,佛家從持戒、禪定入手,而儒家從明明德、親民、止於至善入手。此所謂殊途而同歸,同歸於道者也。

「牧」也有「法度」之義,此意與「式」同。《逸周書・周祝解》:「時之行也,順至無逆,爲天下者用大略;火之燀也,固走上,爲天下者用牧;水之流也,固走下,不善固有桴。」孔晁注:「牧爲法也。」所謂「爲天下者用牧」,即「以之作爲天下的法度」,此與老子此章所說的「以爲天下牧」義一樣。《說文・工部》:「式,法也。」《詩・大雅・下武》:「成王之孚,下土之式。」毛傳:「式,法也。」鄭玄箋:「王道尙信,則天下以爲法,勤行之。」

「牧」與「式」義同,可通用。

竹帛本和傅奕本皆作「以爲」,王弼本「爲」前省「以」字,「以爲」,義爲「以之爲」,承前省。

幾(帛書乙、漢簡本)──豈(王弼本)
語(帛書甲乙、漢簡本)──言(王弼本)
帛書甲:〔幾〕語才!(137)
帛書乙:幾語才!(64下)
漢簡本:幾語邪!(181)
王弼本:豈虛言哉!(12-277)

「幾」爲羣母微部字,「豈」爲溪母微部字,聲母皆爲舌面後音,音通可借。朱駿聲《說文通訓定聲・孚部》:「幾,與用豈同。」《左傳・昭公十六年》:

「幾爲之笑而不陵我。」《荀子·榮辱》:「幾直夫芻豢稻粱之縣糟糠爾哉!」「幾不甚善矣哉?」楊倞注:「幾,亦讀爲豈。」《史記·黥布列傳》:「人相我當刑而王,幾是乎?」裴駰《集解》引徐廣曰:「幾,一作豈。」「豈」爲反詰之詞,可釋爲「難道⋯⋯?」之義。《詩·鄭風·褰裳》:「子不我思,豈無他人?」

「幾」乃「豈」之假借字。

《說文·言部》:「語,論也。从言吾聲。」《詩·大雅·公劉》:「于時言言,于時語語。」毛傳:「直言曰言,論難曰語。」《說文·言部》:「言,直言曰言,論難曰語。从口辛聲。凡言之屬皆从言。」《廣韻·元韻》:「言,言語也。」語、言義同可互用。王弼本多一「虛」字,「難道只是說說而已嗎?」語義已足。其實,語爲疑母魚部,言爲疑母元部,魚、元通轉,語、言音通可借。

帛書甲:不〔自〕視,故明;不自見,故章;不自伐,故有功;弗矜,故能長。夫唯不爭,故莫能與之爭。(136-137)

帛書乙:不自視,故章;不自見也,故明;不自伐,故有功;弗矜,故能長。夫唯不爭,故莫能與之爭。(64上-64下)

漢簡本:不自見,故明;不自視,故章;不自發,故有功;弗矜,故長。夫唯無爭,故天下莫能與之爭。(180-181)

王弼本:不自見,故明;不自是,故章;不自伐,故有功;不自矜,故長。夫唯不爭,故天下莫能與之爭。(12-277)

帛書甲本「視」與「明」對,「見」與「章」對,它本皆爲「視」與「章」對,「見」與「明」對,考之第22章,帛書甲本顛倒,當從眾本。

帛書本和想爾注本皆無「天下」二字,眾本皆有,或後人所加。《書·大禹謨》:「汝惟不矜,天下莫與汝爭能;汝惟不伐,天下莫與汝爭功。」主語「汝」與「天下」相對,《老子》此文沒有主語的互見,故當從帛書本,於此處亦可見漢簡本是一個綜合本。《大禹謨》後出,人或以爲僞書,當別論。

本章整理:曲則全,枉則正,窪則盈,敝則新,少則得,多則惑。是以聖人執一以爲天下牧。不自見,故明;不自是,故彰;不自伐,故有功;弗矜,故能長。夫唯不爭,故莫能與之爭。古之所謂曲全者,豈語哉?誠全歸之。

第二十四章　益　謙

飄（帛書甲、王弼本）──蘮（帛書乙）──剽（漢簡本）

夂（帛書甲乙）──終（漢簡本、王弼本）

暴（帛書甲乙）──趣（漢簡本）──驟（王弼本）

帛書甲：**飄**風不夂朝，暴雨不夂日。（138）

帛書乙：**蘮**風不夂朝，暴雨不夂日。（64 下-65 上）

漢簡本：故**剽**風不終朝，**趣**雨不終日。（182）

王弼本：故**飄**風不終朝，**驟**雨不終日。（12-277）

　　蘮，從艸刀臾聲，音當讀作「剽」，剽、飄皆爲滂母宵部字，音同可借。《說文·風部》：「飄，回風也。从風票聲。」《詩·小雅·何人斯》：「彼何人斯，其爲飄風，胡不自北，胡不自南。」毛傳：「飄風，暴起之風。」「**蘮**」、「**剽**」爲「飄」之假借字。

　　《說文·夂部》：「夂，四時盡也。从仌从夂。夂，古文終字。奐，古文夂从日。」《釋名·釋天》：「夂，終也，物終成也。」《漢書·律曆志》：「夂，終也。」《卜辭通纂·別錄之二（東京帝國大學教室所藏甲骨第三片）》：「夂日雨。」郭沫若《考釋》：「『夂日雨』讀爲『終日雨』。」郭沫若《金文叢考》：「（金文中）夂字多見，但均用爲終。」《馬王堆漢墓帛書·老子乙本卷前古佚書·稱》：「誥誥作事，毋從我夂日。」其中「夂」當讀爲「終」。早期用「夂」表示「終」義，後「終」行而「夂」則專用作多天之「夂」。「夂」當爲「終」之初文。夂爲端母多部，終爲章母多部，聲母上古爲舌頭音，音通可借。

　　《廣雅‧釋詁二》:「暴,猝也。」《詩‧邶風‧终风》:「終風且暴。」毛傳:「暴,疾也。」疏:「大風暴起也。」《說文‧走部》:「趨,走也。从走芻聲。」朱駿聲《說文通訓定聲》:「疾趨曰走。」《廣雅‧釋詁一》:「趨,疾也。」《莊子‧徐无鬼》:「王命相者趨射之。」陸德明《經典釋文》:「趨射,音促,急也。」《說文‧馬部》:「驟,馬疾步也。」《詩‧小雅‧鹿鳴之什》:「載驟駸駸。」陸德明《經典釋文》:「驟,《字林》云:『馬疾行也。』」引申爲凡疾速曰驟。河上公注曰:「希言者,是愛言也,愛言者,自然之道。飄風,疾風也;驟雨,暴雨也。言疾風不能長,暴雨不能久也。」又,趨爲清母屋部,驟爲崇母侯部,照二歸精,聲母皆爲齒頭音,屋、侯對轉,音通可借。「暴」、「趨」、「驟」義同可通用。

　　本段前,「希言自然」後,漢簡本、王弼本、傅奕本有「故」字,帛書本及其他傳世本等無。天地無言而自然,故應有「故」,但無「故」也能看出前後的相連關係。

　　而(帛書乙)──尚(王弼本)
　　有(又)(帛書乙)──而(漢簡本、王弼本)
　　兄(帛書乙、漢簡本)──況(王弼本)
　　帛書甲:孰爲此?天地〔而弗能久,又況〕於人乎!(138-139)
　　帛書乙:孰爲此?天地而弗能久,有兄於人乎!(65上)
　　漢簡本:孰爲此?天地弗能久,而兄於人虖?(182)
　　王弼本:孰爲此者?天地。天地尚不能久,而況於人乎!(12-277)

　　「而」,表示程度遞進關係,《孟子‧萬章下》:「千乘之君,求與之友而不可得也,而況可召與?」前一「而」可換作「尚」,後一「而」可換作「又」,其義不變,又與有通(見第 4 章解)。《莊子‧天道》:「夫天地至神,而有尊卑先後之序,而況人道乎?」與前例同。《淮南子‧人間》:「夫一覽而弗忍,又何況於人乎?」「而」可換作尚,「又何」可換作「而」,「又何況」亦可簡爲「又況」,此例句與此處帛書乙此處之句句式一律。而爲日母之部,尚爲禪母陽部,之、陽旁對轉,音或通可借。

　　《說文‧水部》:「況,寒水也。从水兄聲。」古況與兄通,《廣雅‧釋親》:「兄,況也。」清王應奎《柳南續筆‧呼兄爲況》:「宜興人呼兄爲況,卻亦

有本。……何遜贈江長史別詩云：『況事兼年德。』況事，猶兄事也。」翟灝
《通俗編‧稱謂》：「古書況字多通作兄……今俗呼兄爲況，其來夐矣。」《集
韻‧漾韻》：「況，一曰益也。古作兄。」《詩‧大雅‧召旻》：「職兄斯引。」
陸德明《經典釋文》：「兄，音況。」《墨子‧非攻下》：「王兄自縱也。」孫詒
讓《閒詁》：「兄，與況同，益也。」

兄、況皆爲曉母陽部字，況從兄得聲，故音同可借。「兄」爲「況」之借。

帛書本、漢簡本在自設問「孰爲此？」之後無應答，傅奕本及通行本答
爲「天地」。第三十二章亦曰：「天地相合，以雨甘露。」本文「飄風不終朝，
暴雨不終日」這一現象，即使從現在科學的角度來講，也是由天地的溫度、
濕度變化影響形成，故應該從通行本和傅奕本，有「天地」二字。帛書本或
在「天地」二字後有重文符號，或被遺漏。本文之義在於通過自然現象來作
比，落腳點在於人事。傅奕本作「孰爲此者？天地也。」文從字順，「……者，……
也」句式，可從之。

德（帛書甲乙、王弼本）——得（漢簡本）
者（帛書甲）——失（帛書乙、王弼本）
帛書甲：德者同於德，者者同於失。（139）
帛書乙（65 上）、王弼本（12-277）：德者同於德，失者同於失。
漢簡本：得者同於德，失者同於失。（183）
帛書甲第一個「者」字當爲「失」，抄寫之誤。

德、得皆爲端母職部字，音同可借。《說文‧彳部》：「得，行有所得也。
從彳尋聲。尋，古文省彳。」得與德通，《易‧剝》：「君子得輿，民所載也。」
陸德明《經典釋文》：「京作『德輿』，董作『德車』。」《荀子‧解蔽》：「宋
子蔽於欲而不知得。」俞越《諸子平議》：「古得、德字通用。」得爲德之
借。

帛書甲：故從事而道者同於道，德者同於德，者者同於失。同於德〔者〕，
道亦德之；同於〔失〕者，道亦失之。（139-140）
帛書乙：故從事而道者同於道，德者同於德，失者同於失。同於德者，
道亦德之；同於失者，道亦失之。（65 上-65 下）

漢簡本：故從事而道者同於道，得者同於德，失者同於失。故同於道者，道亦得之；同於失者，道亦失之。信不足，安有不信。（183-184）

王弼本：故從事於道者，道者同於道，德者同於德，失者同於失。同於道者，道亦樂得之；同於德者，德亦樂得之；同於失者，失亦樂失之。信不足，焉有不信焉。（12-277）

本段文字當從帛書本，通行本「失者同於失」後面的整段，句義難以明了，頗有不通和矛盾之處。俞樾云：「按下『道者』二字衍文也，本作『從事於道者同於道』，其下『德者』、『失者』蒙上『從事』之文而省，猶云『從事於道者同於道，從事於德者同於德，從事於失者同於失』也。《淮南子·道應訓篇》引《老子》曰『從事於道者同於道』，可證古本不疊『道者』二字。王弼注曰：『故從事於道者，以無為為居，不言為教，緜緜若存，而物得其真，於道同體，故曰同於道。』是王氏所據本正作『故從事於道者同於道』。」王弼注曰：「言隨其所行，故同而應之。」正解帛書此經文之義。漢簡本及傳世本最後一句有「信不足，焉有不信焉。」第十七章有此句，按帛書本及文義，此當為錯簡重出。

特別是帛書本後一句，表現了道隨順萬物的特點。

本章整理：希言自然。飄風不終朝，暴雨不終日。孰為此者？天地也。天地尚不能久，又況於人乎！故從事而道者同於道，德者同於德，失者同於失。同於德者，道亦德之；同於失者，道亦失之。

第二十五章　象　元

　　牗（楚簡本）──物（帛書甲乙、漢簡本、王弼本）

　　蟲（楚簡本）──昆（帛書甲乙）──綸（漢簡本）──混（王弼本）

楚簡本：又牗蟲城。（甲 21）

帛書甲乙：有物昆成。（140，65 下）

漢簡本：有物綸成。（187）

王弼本：有物混成。（12-277）

　　《郭店楚墓竹簡》註釋：「牗，從『爿』『百（首）』聲，疑讀作『道』。帛書本作『物』，即指『道』。」〔註1〕

　　裘錫圭教授運用文義的前後一致的關係指出了這種釋讀的矛盾之處：「『百』與『首』為一字之異體。……此章下文有『吾（簡無此字）不（簡作『未』）知其名，字之曰道』之語，首句如說『有道混成』，文章就不通了。郭店簡《五行》篇三十六號簡也有牗字，《郭店》一五三頁注四七說：『牗，帛書本作「裝」，解說部份作莊。牗從爿聲，與莊可通。』此言甚是。見於《老子》甲二一的牗，無疑也應分析為從『百』（首）『爿』聲，依文義當讀為『狀』。『狀』也是從『爿』聲的。《老子》第十四章形容『道』的時候，有『是謂無狀之狀，無物之象，是謂惚恍』之語。『有狀混成』的『狀』就是『無狀之狀』的『狀』。此字作『狀』比作『物』合理。」〔註2〕

〔註 1〕　荊門市博物館：《郭店楚墓竹簡》，北京：文物出版社，1998 年 5 月，第 112、
　　　　 116 頁。
〔註 2〕　裘錫圭：《郭店〈老子〉簡初探》，《道家文化研究》17 輯，第 45～46 頁。

《韓非子‧解老》：「人希見生象也，而得死象之骨，案其圖以想其生也，故諸人之所以意想者，皆謂之『象』也。今道雖不可得聞見，聖人執其見功以處見其形，故曰：『無狀之狀，無物之象。』」

無論是「狀」、「象」還是「物」，都是指一種存在，《老子》第二十一章有「惚兮恍兮，其中有象；恍兮惚兮，其中有物」。「狀」、「象」、「物」三者可通用，在描述沒有名詞可形容的「道」時，可以暫時用來作爲「道」的一種指稱。

《郭店楚墓竹簡》以「蟲」爲「蚰」字之誤，認爲「『蚰』即昆蟲之『昆』本字，可讀爲『混』。」〔註3〕

蚰、昆皆爲見母文部字，混爲匣母文部字，聲母皆爲舌面後音，音通可借。綸爲來母文部字，出土上古文獻來母多與見、匣相通的情況，或爲複輔音〔kl〕〔gl〕存在的依據，另外，綸也爲見母元部字，文、元旁轉，故蚰、昆、綸、混音通可借。

《說文‧蚰部》：「蚰，蟲之總名也。从二虫。讀若昆。」段玉裁注：「蟲之總名稱蚰，凡經傳言昆蟲即蚰蟲也。」《康熙字典》：「《長箋》：二虫與林、屾、所、誩同義，有昆弟之象。古人造字有取於象形者，則從二虫同體作蚰。虫蚰蟲三部，若無可分體者。詳略爾。」睡虎地秦墓竹簡《秦律‧田律》：「旱（旱）及暴雨、水潦、螽蚰、羣它物傷稼者，亦輒言其頃數。」漢許沖《上〈說文解字〉書》：「而天地鬼神、山川艸木、鳥獸蚰蟲、雜物奇怪、王制禮儀、世間人事，莫不畢載。」

無論是二蟲還是三蟲，在人眼裡看來，皆爲相同之狀，故「有昆弟之象」；且不易區分，故混而同之。因而，昆不僅有「混」義，而且有「眾」義，《禮記‧禮運》：「故無水旱昆蟲之災。」《大戴禮記‧夏小正》：「昆小蟲，抵蚳。昆者，眾也。」《漢書‧成帝紀》：「君道得，則草木昆蟲咸得其所。」顏師古注：「昆，終也。昆蟲，言眾蟲也。」所謂「眾蟲」，爲混蟲也。「昆」也同「混」，《太玄‧昆》：「昆於市井，文車同軌。」「昆於黑，不知白。」《詩‧小雅‧采薇序》：「西有昆夷之患。」陸德明《經典釋文》：「昆，本又作混，古門反。」「混夷」是指我國古代西北部少數民族名。《集韻‧魂韻》：「混，混夷，西戎名。或作緄，通作昆。」《詩‧大雅‧緜》：「混夷駾矣，維其喙矣。」陸德明《經典釋文》：「混音昆。」

〔註3〕 荊門市博物館：《郭店楚墓竹簡》，北京：文物出版社，1998 年 5 月，第 112、116 頁。

蚰、昆音義皆通，蚰、蟲爲一體異形。「混」從「昆」得聲，聲母皆爲舌根音，聲韻皆同。「蚰」、「昆」、「綸」乃「混」之借。

敹（楚簡本）——繡（帛書甲）——蕭（帛書乙）——肅（漢簡本）——寂（王弼本）

繆（楚簡本）——繆（帛書甲）——漻（帛書乙）——覺（漢簡本）——寥（王弼本）

楚簡本：敹繆。（甲 21）
帛書甲：繡何繆何。（140）
帛書乙：蕭呵漻呵。（65 下）
漢簡本：肅覺。（187）
王弼本：寂兮寥兮。（12-277）

老子經常會使用一些雙字，用以描寫道體、求道之人或與道有關的人事現象，比如「渾沌」、「淳樸」、「恍惚」、「寂寥」，兩字皆是意義相同，或反復，或互文見義。楚簡本此處的「敹繆」、「肅覺」對應於通行本的「寂寥」，兩詞的意義也應當一樣。帛書甲本作「繡繆」，乙本作「蕭漻」。我們先來分析繆字。《郭店楚墓竹簡》讀繆爲「穆」。段玉裁《說文解字注‧禾部》：「穆，凡經傳所用穆字皆叚穆爲㣎，㣎者細文也。凡言穆穆、於穆、昭穆，皆取幽微之義。」《楚辭‧九章‧悲回風》：「穆眇眇之無垠兮，莽芒芒之無儀。」洪興祖補注：「穆，深遠貌、《淮南子‧原道》：「穆忞隱閔，純德獨存。」高誘注：「穆忞隱閔，皆無形之類也。」

繆，與穆同。《禮記‧大傳》：「序以昭繆。」繆，讀如穆。《公羊傳‧隱公三年》：「葬宋繆公。」陸德明《經典釋文》：「繆，左氏作穆。」《史記‧魯周公世家》：「武王有疾，不豫，羣臣懼，太公、召公乃繆卜。」裴駰《集解》引徐廣曰：「古書穆字多作繆。」又《集韻》：「繆，憐蕭切，音聊。繆繆，絲貌。」可見，「繆」與「穆」通。且「繆」從「糸」，繆也從「糸」，其音義皆同。朱駿聲《說文通訓定聲‧孚部》：「繆，叚借爲穆。」《荀子‧王制》：「分未定也，則有昭繆。」楊倞注：「繆讀爲穆。父昭子穆。」《禮記‧大傳》：「序以昭繆，別之以禮義。」鄭玄注：「繆，讀爲穆。」繆（穆）爲明母覺部字、繆爲明母幽部字，幽、覺對轉，故音同可借。

《說文》：「漻，清深也。从水翏聲。」《莊子·天地》：「夫道，淵乎其居也，漻乎其清也。」成玄英疏：「至理深玄，譬猶淵海，漻然清潔。」「漻」與「寥」通。《韓非子·原道》：「寂乎其無位而處，漻乎莫得其所。」顧廣圻《識誤》：「漻讀爲寥，正字作廫，《說文》云：空虛也。」司馬相如《上林賦》：「悠遠長懷，寂漻無聲。」《漢書·禮樂志》：「函蒙祉福常若期，寂漻上天知厥時。」顏師古注引應劭曰：「言天雖寂漻高遠，而知我饗薦之時也。」寂漻，義爲空廓高遠的樣子。

《玉篇·宀部》：「寥，空也，寂也，廓也。」段玉裁《說文解字注·广部》：「廫，此今之寥字。」河上公注：「寥，空無形。」《廣韻·蕭韻》：「寥，寂寥也。」

「繆」，與「漻」、「寥」一樣皆可爲來母幽部字，且皆從「翏」得聲，故音同可借。覺爲見母覺部（或幽部）字，來、見互諧見上綸與昆、混互諧例，或爲複輔音〔gl〕之依據。

可見，繆（穆）、繆、漻、寥、覺，音義皆通可互用。那麼，作爲與此對應的「敓」、「繡」、「蕭」、「肅」、「寂」，也應該一樣，音義通而可借。

敓爲定母月部字，繡、蕭爲心母幽部字，肅爲心母覺部字，寂爲從母覺部字，舌尖中音和舌尖前音（齒音）聲極近，在諧聲字中，心母與定母相通，或爲複輔音〔st〕之依據，如修（心母幽部）與條（定母幽部）。月、覺旁對轉，故敓與肅、繡、蕭、寂音通可借。

段玉裁《說文解字注·艸部》：「蕭，古音在三部，音修，亦與肅音同通用……蕭牆、蕭斧皆訓肅。」《說文·聿部》：「肅，持事振敬也。从聿在𣶒上，戰戰兢兢也。㣿，古文肅从心从卩。」

《詩·豳風·七月》：「九月肅霜。」毛傳：「肅，縮也，霜降而收縮萬物。」《禮記·月令》：「季春行冬令，則寒氣時發，草木皆肅。」描寫的就是秋天萬物蕭條的樣子，其情其景有寂靜高遠的意思。宋玉《九辨》：「蕭瑟兮草木搖落而變衰。」蕭條，寂寥的樣子。《釋名》：「簫，肅也，其音肅肅然而清也。」。肅也有清、靜之意，《黃帝內經·素問·五常政大論》：「其化成，其氣削，其政肅，其令銳切。」王冰注：「肅，清也，靜也。」《世說新語·品藻》：「門庭肅寂。」可見肅也有寂義。《玉篇·宀部》：「寂，無聲也。」

「敓」、「繡」、「蕭」、「肅」爲「寂」之假借字。

何爲匣母歌部，呵爲曉母歌部，兮爲匣母之部，歌、支旁對轉，三字音通可借，呵、兮義通，何爲呵、兮之借。

《文子‧精誠》：「夫道者，藏精於內，靜漠恬淡，悅穆胸中，廓然無形，寂然無聲。」默希子注曰：「言聖人懷天心，施德養道，內韞精神，外無人物，都無兆眹，豈有形聲。」所謂的「悅穆胸中」，指的是精神內蘊，心中寂寥之意。如果解釋爲愉悅和樂，則有悖於此文之旨。但「悅」有「和」義，取「沖淡平和」之意，也頗符合道家寂寥之旨。《廣韻‧釋詁三》：「和，順也，諧也，不堅不柔也。」《老子》第 42 章：「萬物負陰而抱陽，沖氣以爲和。」《書‧堯典》：「協和萬邦。」又《舜典》：「律和聲。」《易‧乾‧象》：「保合太和乃利貞。」《禮記‧中庸》：「發而皆中節，謂之和。」

敆繆，應爲「悅穆」，或爲「於穆」，有幽微之義。「敆」應爲「悅」之借。

蜀（楚簡本）——獨（帛書甲乙、漢簡本、王弼本）
亥（楚簡本）——玹（帛書乙）——「狡」（漢簡本）——改（王弼本）
楚簡本：蜀立不亥。（甲 21）
帛書甲：獨立〔而不改〕。（140）
帛書乙：獨立而不玹。（65 下）
漢簡本：獨立而不狡。（187）
王弼本：獨立而不改。（12-277）

《爾雅‧釋山》：「獨者，蜀。」郭璞注：「蜀亦孤獨。」邢昺疏：「蟲之孤獨者名蜀，是以山之孤獨者亦名曰蜀也。」揚雄《方言》卷十二：「一，蜀也。南楚謂之獨。」郭璞注：「蜀，猶獨耳。」獨爲定母屋部，蜀爲禪母屋部，聲母皆爲舌頭音，音通可借，「蜀」爲「獨」之借。

亥爲匣母之部字，改爲見母之部字，聲母皆爲舌面後音，玹、「狡」從「亥」得聲，與「亥」音通。「亥」與「改」皆爲舌根音，一爲送氣，一爲不送氣，韻母相同，故音近可通用。《說文‧攴部》：「改，更也。从攴、己。」王弼注曰：「『寂寥』，無形體也；無物匹之，故曰『獨立』也；返化終始，不失其常，故曰『不改』也。」嚴復云：「不生滅，無增減。萬物皆對待，而此獨立；萬物皆遷流，而此不改。」嚴解可謂深得老子之義。「亥」、「玹」、「狡」皆爲「改」之假借。

　　《玉篇・亥部》「亥，依也。」「不亥」，即「不依附」之義。道體雖獨立，不受萬物之所束縛，卻須通過萬物顯現，通過萬物表現道的存在，即莊子所說，道無所不在，甚至在屎溺之中。沒有萬物的彰顯，道也存在，只是處於寂滅之中；萬物是「道」的彰顯，大千世界只是「道」的一個倒影而已。

　　通行本接下來有「周行而不忘」一句，而楚簡本和帛書本則無。許抗生說：「這一差異可能是今本對『道』的理解有誤而造成的。其實從『道』本身來說是不能作『周行』的，這是因為『道』既是至大無外，又是至小無內的，不可能在空間中作『周行』的，『道』瀰漫於整個空間內。所以簡本和帛書本皆無『周行而不殆』句。」〔註4〕

　　高明認為：「帛書甲、乙本『獨立而不改』一句，今本作『獨立而不改，周行而不殆』，對文成偶。類似的問題，如前文帛書甲、乙本『企者不立』一句，今本作『企者不立，跨者不行』，對文成偶。今本二十三章『希言自然』一句，奚侗、馬敘倫據此故疑原亦為對語，今有脫漏。帛書甲、乙本『企者不立』、『希言自然』、『獨立而不改』皆為獨句，而今本多為駢體偶文。如果問，帛書甲、乙本為何同將此諸文下句脫掉，如此巧合一致，甚難思議。其實不難理解。駢體偶文，乃六朝盛行文體。論之帛書足以說明，類似這種偶體對文，非老子原有，皆六朝人增入。」〔註5〕

　　而傅奕本和漢簡本有此句，傅奕本同傳世本。漢簡本作「偏行而不殆」，偏，當為「徧」的假借字，遍也。《墨子・非儒》：「遠施周偏。」孫詒讓《墨子閒詁》：「偏，與徧同。」《說文・彳部》：「徧，帀也。」又《帀部》：「帀，周也。從反之而帀也。」朱駿聲《說文通訓定聲》：「徧，字亦作遍。」《玉篇・彳部》：「徧，周帀也。」故此文與「周行而不殆」義同。《老子》文確有六朝人痕跡，但亦不可一概而論。「徧行」與莊子的「道在屎溺」義通，為無所不在之義。

　　天下（楚簡本、王弼本）——天地（帛書甲乙、漢簡本）
　　楚簡本（甲21）、王弼本（12-277）：可以為天下母。
　　帛書甲乙（141，65下-66上）、漢簡本（187）：可以為天地母。

〔註4〕許抗生：《初讀郭店竹簡〈老子〉》，《郭店楚簡研究》，《中國哲學》第20輯，97頁。
〔註5〕高明：《帛書老子校注》，北京：中華書局，1996年，第349頁。

《道德眞經集注》引王弼注：「故可以爲天地母也。」可見，王弼本或爲「天地」字，與帛書本同。傅奕本作「天下」。

裘錫圭：我們也不能因爲郭簡早於帛書本，就認爲《老子》原本一定作「天下」……在郭簡的時代，《老子》已有不少異文。郭簡完全有可能誤用與原本不符的異文。〔註6〕天可以指銀河系以外的宇宙，地可以指自然界和社會界等地球上所有的存在，而天下僅指太陽系之內的地球或四海之內的範圍，較狹窄。故當從「天地」。

未（楚簡本、帛書甲乙）——不（漢簡本、王弼本）
孳（楚簡本）——字（帛書甲乙、漢簡本、王弼本）
楚簡本：未智亓名，孳之曰道。（甲21）
帛書甲：吾未知其名，字之曰道。（141）
帛書乙：吾未知其名也，字之曰道。（66上）
漢簡本：吾不智其名，其字曰道。（187-188）
王弼本：吾不知其名，字之曰道。（12-277）

《字彙‧木部》：「未，已之對也。」《玉篇》：「未，猶不也。」《書‧秦誓》：「惟古之謀人，則曰未就予忌。」《史記‧范雎蔡澤列傳》：「人固不易知，知人亦未易也。」未爲明母物部，不爲幫母之部，之、物通轉，故音義通可互用。

孳從絲、才。才、字爲從母之部字，絲爲心母之部字，子爲精母之部字，聲母皆爲舌尖前音。故「孳」與「字」音通；「才」與「子」音通。孳當爲「孳」字。孳，古文孳。《說文‧子部》：「孳，汲汲生也。从子茲聲。䎩，籀文孳从絲。」《書‧堯典》：「鳥獸孳尾。」乳化曰孳，交接曰尾。《說文‧子部》：「字，乳也。从子在宀下，子亦聲。」段玉裁注：「人及鳥生子曰乳。」《廣韻‧釋詁一》：「字，生也。」《山海經‧中山經》：「服之不字。」郭璞注：「字，生也。」故「孳」與「字」義同。

《康熙字典》：「字者，孳也，六義相生無窮也。黃帝臣沮誦倉頡，體卦畫，摹鳥跡，引伸觸類，文字之形始立。《周禮‧春官‧外史》：『周禮春官掌達書名于四方。』註：古曰名，今曰字。疏：滋益而多，故更稱曰字。」《說

〔註6〕裘錫圭：《郭店〈老子〉簡初探》，《道家文化研究》17輯，第46頁。

文·才部》:「才,艸木之初也。从丨上貫一,將生枝葉。」《說文·子部》:「子,
十一月,陽气動,萬物滋。」「才」之初文爲草木之初生,「子」爲萬物之滋
生。可見「才」與「子」義同。其初文義可通用,故「㝟」與「㝋」音義應皆
同,可通用。

㝵(楚簡本)——強(帛書甲乙、漢簡本、王弼本)
楚簡本:虗㝵爲之名曰大。(甲 21-22)
帛書甲乙:吾強爲之名曰大。(141,66 上)
漢簡本:吾強爲之名曰大。(188)
王弼本:強爲之名曰大。(12-278)
《郭店楚墓竹簡》:「虗,從『虍』聲,讀作『吾』,在本批簡文中屢見。信
陽楚簡『虗(吾)聞周公』之『吾』也作此形。」㝵隸定爲勥,讀爲強。[註7]
㝵、「勥」當爲一字之異體。《說文·力部》:「勥,迫也。从力強聲。勥,
古文从彊。」段玉裁注曰:「勥與彊義別。彊者,有力;勥者,以力相迫也。
凡云勉勥者,當用此字。今則用強、彊,而勥、勥廢矣。」如此,則勥、強
爲古今字。

噬(楚簡本)——𥱼(帛書甲乙)——懕(漢簡本)——逝(王弼本)
連(楚簡本)——遠(帛書甲乙、漢簡本、王弼本)
楚簡本:大曰噬,噬曰連,連曰反。(甲 22)
帛書甲:〔大〕曰𥱼,𥱼曰〔遠,遠曰反〕。(141)
帛書乙:大曰𥱼,𥱼曰遠,遠曰反。(66 上)
漢簡本:大曰懕,懕曰遠,遠曰反。(188)
王弼本:大曰逝,逝曰遠,遠曰反。(12-278)
《郭店楚墓竹簡》註釋:「噬,待考。」[註8]
李零認爲上博竹簡《周易》睽卦的「噬」字與此字形同,郭店楚簡此字
仍當讀爲「逝」[註9]

[註 7] 荊門市博物館:《郭店楚墓竹簡》,北京:文物出版社,1998 年 5 月,第 116 頁。
[註 8] 荊門市博物館:《郭店楚墓竹簡》,北京:文物出版社,1998 年 5 月,第 116 頁。
[註 9] 李零:《讀上博楚簡〈周易〉》,《中國歷史文物》2006 年第 4 期。

𥎊或可直接讀爲澨、筮〔註10〕。

《郭店竹簡·語叢四》第 18-20 號簡有此字𥎊：「善事其上者，若齒之事舌，而終弗𥎊。善（事其君）者，若兩輪之相轉，而終不相敗。善使其民者，若四時，一遣一來，而民弗害也。」此處「𥎊」當釋爲「吞噬」之「噬」。《說文·口部》：「噬，啗也。喙也。从口筮聲。」《方言》卷十二：「噬，食也。」「若齒之事舌，而終弗噬。」即齒舌不相吞噬。

曾侯乙編鐘 C.65 下 1.1 有「□商」、「□宮」、「□徵」、「□羽」，即指音樂上的泛音。宋陳暘《琴聲經緯·各種琴聲》：「左微按弦，右手擊弦，泠泠然輕清，是泛音也。」曾侯乙編鐘多如此之音。曾侯乙編鐘當釋爲「筮商」、「筮宮」、「筮徵」、「筮羽」，筮即逝，指音樂上的泛音，古或作爲「逝音」，即主音後的衍音或延續之音。

《說文·辵部》：「逝，往也。从辵折聲。」《增韻》：「逝，行也，去也。」

「筮」，或爲「邋」之借字，《廣雅·釋詁一》：「邋，遠也。」雷浚《說文外編·辵部》：「邋字，古本作逝、作噬。後省併二字爲一字，遂成邋。」

《方言》卷六：「伆、邋，離也。楚謂之越，或謂之遠，吳越曰伆。」郭璞注：「遠謂乖離也。」

逝、噬、筮、邋皆爲禪母月部字，音同可借。「筮」乃「逝」之借。

懘，《集韻·祭韻》：「懘，音敗不和也。亦作憏。」爲昌母月部字，與禪母皆爲舌面前音（上古皆爲舌頭音），故懘與逝、噬、筮、邋音同。《說文·心部》：「懘，高也。一曰極也。」與逝、遠義同。《詩·邶風·谷風》：「毋逝我梁。」阜陽漢簡《詩》S034 作「毋懘我〔梁〕」；《二子乘舟》：「汎汎其逝。」S050 作「苞=其懘」。

《說文·辵部》：「遠，遼也。从辵，袁聲。遟，古文遠。」又《衣部》：「袁，長衣皃。从衣，叀省聲。」故𡔝當與「遠」爲一字之異體。

「曰」在此文中作介詞，義爲「於是」、「爰」、「則」。《書·益稷》：「夔曰戛擊鳴球、搏拊琴瑟以詠。」孫星衍疏：「此『曰』當訓『爰』也。《釋詁》又云：『曰，於也。』曹大家注《幽通賦》云：『爰，於是也。』」《管子·任法》：「重愛曰失德，重惡曰失威。」

〔註10〕劉信芳：《楚帛書通假彙釋》，北京：高等教育出版社，2011 年，第 334 頁。

「遠日反。」獨傅奕本作「返」，可從之。《說文·辵部》：「返，還也。從辵從反，反亦聲。《商書》曰：『祖甲返。』仮，《春秋傳》返從彳。」《廣雅·釋詁二》：「返，歸也。」《古今韻匯舉要·阮韻》：「返，還也，通作反。」《說文·又部》：「反，覆也。從又，厂反形。反，古文。」朱駿聲《說文通訓定聲》：「反，謂覆其掌。」《孟子·公孫丑上》：「以齊王，由反手也。」趙岐注：「孟子言以齊國之大，而行王道，其易若反手耳。」

囷（楚簡本）──國（帛書甲乙）──或（漢簡本）──域（王弼本）
楚簡本：囷中又四大。（甲 22）
帛書甲乙：國中有四大。（142，66 下）
漢簡本：或中有四大。（189）
王弼本：域中有四大。（12-278）
　　裘錫圭：囷，《郭店》誤釋「國」，我在校讀此書原稿時失校。此字亦見雲夢秦簡，是「圃」字異體。「有」與「域」古音相近可通。「囷」從「有」聲，亦可與「域」相通。簡文之「囷」，與帛書的「國」一樣，似皆應從今本讀爲「域」。〔註11〕

　　《說文·口部》：「囿，苑有垣也。從口有聲。一曰禽獸曰囿。圃，籀文囿。」可見，「囿」的範圍明顯要小於「域」，或僅指狩獵之範圍。又《說文·戈部》：「或，邦也。從口從戈，以守一。一，地也。域，或又從土。」「域」或爲邦中之土及封邑，故其初始之字表示的範圍也不是很大。囷從右得聲，右爲匣母之部字，囿、或、域爲匣母職部字，國爲見母職部字，聲母皆爲舌根音，「之」、「職」對轉，故五字音通可借。

　　囷、囿爲國、或、域之借。

　　關於四大中的「王」字，有「王」與「人」之爭。這可能源於對「王」的不同的理解而造成的，一般的以爲「王」即國王、君主，但其還有另外一層意思，即《說文》所說「天下所歸往也」，即能爲天下所歸往之人才是王，即有德者居之，即《老子》第七十八章所說的：「受邦之垢，是謂社稷之主；受邦之不祥，是謂天下王。」這種王並不僅僅指在位之王，他還需要有聖人之德、聖人之資才能稱王。《說文》引董仲舒曰：「古之造文者，三畫而連其

〔註11〕裘錫圭：《郭店〈老子〉簡初探》，《道家文化研究》第 17 輯，第 49 頁。

中謂之王。三者，天、地、人也，而參通之者王也。」又云：「孔子曰：『一貫三爲王。』」四大之一用「王」比用「人」要準確，它能體現出歸往之義。

安（楚簡本）──而（帛書甲乙、漢簡本、王弼本）
安（楚簡本）──焉（帛書甲乙、漢簡本、王弼本）
尻（楚簡本）──居（帛書甲乙、漢簡本、王弼本）
楚簡本：安王尻一安。（甲 22）
帛書甲乙（142，66 下）、**漢簡本**（189）：而王居一焉。
王弼本：而王居其一焉。（12-278）

第一個「安」，猶「而」。《集韻·登韻》：「而，安也。」《易·屯卦》：「宜建侯而不寧。」陸德明《釋文》：「鄭讀『而』曰『能』，『能』猶『安』也。」安與而通。

第二個「安」，猶「焉」。《玉篇·烏部》：「焉，安也，疑也。」《廣雅·釋詁一》：「焉，安也。」《正字通》：「安之於焉，猶何之於曷，音別義通。」《詩·衛風》：「焉得諼草，言樹之背。」

安、焉皆爲影母元部字，故音義同可互用。

裘錫圭：楚簡實用此字爲「處」。包山楚簡第三十二號簡以「居尻名族」連言可證，今本作「居」者與帛書合，作「處」者與簡本合。〔註12〕

《說文·几部》：「尻，處也。從尸得几而止。《孝經》曰：『仲尼尻。』尻，謂閒居如此。」段玉裁注曰：「凡尸得几謂之尻。尸即人也。引申之爲凡尻処之字。既又以蹲居之字代尻，別製踞爲蹲居字，乃致居行而尻廢矣。」《楚辭·天問》：「崑崙縣圃，其尻安在？」洪興祖補注曰：「尻與居同。」《晉書·胡母謙傳》：「尻背東壁。」《玉篇·几部》：「尻，與居同。」尻、居當爲古今字。

瀍（楚簡本、漢簡本）──法（帛書甲乙、王弼本）
狀（楚簡本）──然（帛書甲乙、漢簡本、王弼本）
楚簡本：人瀍堎，堎瀍天，天法道，道瀍自狀。（甲 22-23）
帛書甲：人法地，〔地〕法〔天，天〕法〔道，道〕法〔自然〕。（142）

〔註12〕裘錫圭：《郭店〈老子〉簡初探》，《道家文化研究》第 17 輯，第 49 頁。

帛書乙（66下）、王弼本（12-278）：人法地，地法天，天法道，道法自然。

漢簡本：**人灋地，地灋天，天法道，道灋自然。**（189）

《說文·廌部》：「灋，刑也。平之如水，从水；廌，所以觸不直者；去之，从去。法，今文省。佥，古文。」《周禮·天官·太宰》：「以八灋治官府。」《玉篇·水部》：「法，法令也。灋，古文。」又《廌部》：「灋，則也。今作法。」《字彙·水部》：「法，則效也。」《墨子·辭過》：「爲宮室若此，故左右皆法象之。」

肰、然皆爲日母元部字，音通可借。

《說文·肉部》：「肰，犬肉也。从犬肉。讀若然。胹，古文肰。脈，亦古文肰。」《玉篇·肉部》：「肰，然字從此。」《正字通·肉部》：「肰，《正偽》借爲語助。俗用然。」《說文·火部》：「然，燒也。从火肰聲。」從肰之古文脈來看，肰與然或爲同源字，王筠《釋例》：「肰之古文脈，《玉篇》不收，恐即是火部『然』，誤迻於此，從犬從火故同。」因同源異體，故可通用。《玉篇·火部》：「然，如是也。」《禮記·學記》：「故君子之於學也，藏焉，修焉，息焉，遊焉。夫然，故安其學而親其師，樂其友而信其道。」孔穎達疏：「然，如此也。」《集韻·至韻》：「自，己也。」自己、本身、本來之義。自然，猶本身如此、本來如此。也就是佛家所說的「本來面目」，「所謂如來者，無所從來，亦無所去，是名如來。」

本章整理：有物混成，先天地生，寂兮廖兮，獨立而不改，周行而不殆，可以爲天地母。吾未知其名也，字之曰道，吾强爲之名曰大。大曰逝，逝曰遠，遠曰反。道大，天大，地大，王亦大。域中有四大，而王居一焉。人法地，地法天，天法道，道法自然。

第二十六章　重　德

巠（帛書甲）——輕（帛書乙、漢簡本、王弼本）

清（帛書甲）——靜（帛書乙、漢簡本、王弼本）

趮（帛書甲乙、漢簡本）——躁（王弼本）

帛書甲：〔重〕爲巠根，清爲趮君。（142-143）

帛書乙：重爲輕根，靜爲趮君。（66下）

漢簡本：重爲輕根，靜爲趮君。（190）

王弼本：重爲輕根，靜爲躁君。（12-278）

　　《說文・車部》：「輕，輕車也。从車巠聲。」郭沫若《金文叢考》：「余意巠蓋經之初字也。觀其字形⋯⋯均象織機之縱線形。從糸作之經，字之稍後起者也。」不只「經」如此，其他從「巠」之字也當如此，爲「巠」聲。「輕」爲溪母耕部字，「巠」爲見母耕部字，聲母皆爲舌面後音，音通可借。「巠」爲「輕」之音借。

　　清爲清母耕部字，靜爲從母耕部字，聲母皆爲舌尖前音，「清」、「靜」皆從「青」得聲，故音通可借。清有靜義，《禮記・孔子閒居》：「清明在躬，氣志如神。」孔穎達疏：「清謂清淨。」靜也有清義，《詩・大雅・既醉》：「籩豆靜嘉。」鄭玄箋：「潔清而美。」陸德明《經典釋文》：「清，如字。」《史記・五帝本紀》：「以汝爲秩宗，夙夜維敬，直哉維靜絜。」張守節《正義》：「靜，清也。」故「清」、「靜」可通用。

　　趮、躁皆爲精母宵部字，音同可借。

《說文·走部》：「趮，疾也。从走喿聲。」段玉裁注曰：「趮，今字作躁。」《五經文字》：「趮，同躁。」《管子·心術》：「搖者不定，趮者不靜。」

《釋名》：「躁，燥也。物燥乃動而飛揚也。」《禮記·月令》：「君子齋戒，處必掩身毋躁。」慧琳《一切經音義》卷七引《字彙》云：「躁，急性也。」《篇海類編·身體類·足部》：「躁，不安靜也。」《論語·季氏》：「言未及之而言，謂之躁。」《廣韻·號韻》：「躁，動也。」《六書故·人九》：「躁，异動輕擾也。」《廣雅·釋詁一》：「躁，疾也。」《黃帝內經·素問·奇病論》：「人迎躁盛，喘息氣逆。」王冰注：「躁，速也。」

「躁」之動、疾義，與「趮」同。「躁」從「足」與從「走」義同，故「趮」、「躁」音義皆同，爲異體字。

君子（帛書甲乙、漢簡本）──聖人（王弼本）
眾（帛書甲）──夂（帛書乙、漢簡本）──終（王弼本）
蘁（帛書甲）──遠（帛書乙、漢簡本）──離（王弼本）
甾（帛書甲乙）──輜（漢簡本、王弼本）
帛書甲：是以君子眾日行，不離其甾重。（143）
帛書乙：是以君子夂日行，不遠亓甾重。（66下-67上）
漢簡本：是以君子夂日行，而不遠其輜重。（190）
王弼本：是以聖人終日行，不離輜重。（12-278）

君子應爲有修養的人或求道者，聖人表達的對象太過狹窄，如此則沒有幾人了。高明曰：「帛書『君子』二字王本作『聖人』。但是，景龍、易玄諸碑本，敦煌寫本，傅、范古本，司馬、蘇轍等宋本皆作『君子』，《韓非子·喻老篇》引此文亦作『君子』。今由帛書甲、乙本證之，作『君子』者是。」

河上公本雖作『聖人』，但其注卻爲『君子』，注曰：「輜，靜也。君子終日行道，不離其靜重。」除了作「聖人」外，在注解中也有作「人君」解釋的，如嚴遵《指歸》：「言君好輕躁，如樹之根本而搖動。根搖動，則枝木枯而槁矣。人主不靜，則百姓搖蕩，宗廟傾危，則失其國君之位也。」王弼在注中也是指人君：「失君爲失君位也。」「聖人」或指「人主」。依帛書本及眾本當爲「君子」；「輜重」當爲比喻。

《韓非子·喻老》曰：「制在己曰重，不離位曰靜。重則能使輕，靜則能使躁。故曰『重爲輕根，靜爲躁君』；故曰『君子終日行，不離輜重』也。」

王弼注曰：「凡物，輕不能載物，小不能鎮大。不行者使行，不動者使動。是以重必爲輕根，靜必爲躁君也。以重爲本，故不離。」

「眾」、「終」皆爲章母冬部字，音同可借。「冬」爲端母冬部字，與「終」聲母皆爲舌頭音，音通可借，眾、冬爲終之借。

字當作「終」，《易·乾》：「君子終日乾乾，夕惕若，厲，无咎。」

「䕤」、「離」皆爲來母歌部字，音同可借。《廣雅·釋詁二》：「離，去也。」《廣韻·寘韻》：「離，去也。」《書·胤征》：「沉亂于酒，畔宮離次。」孔穎達疏：「離其所居位次。」《國語·周語下》：「言爽曰反其信，聽淫曰離其名。」韋昭注：「離，失也。」《廣韻·支韻》：「離，近曰離，遠曰別。」此析言之，渾言之則離、遠義無別。《易·乾·文言》：「進退无恒，非離羣也。」《廣韻·願韻》：「遠，離也。」《論語·顏淵》：「舜有天下，選於眾，舉皋陶，不仁者遠矣。湯有天下，選於眾，舉伊尹，不仁者遠矣。」皇侃疏引蔡謨云：「何謂不仁者遠？遠，去也。」

「遠」與「離」義同而互用，文義無別。

「甾」、「輜」皆爲莊母之部字，音同可借。「甾」爲「輜」之借。

《說文》：「輜，軿車，前衣車後，所謂庳車也。」《釋名·釋車》：「輜車，載輜重臥息其中之車也。輜，厠也。所載衣物雜厠其中也。輜、軿之形同，有邸曰輜，無邸曰軿。」畢沅《疏證》：「《宋書·禮志》引《字林》曰：『軿車有衣蔽無後轅，其有後轅者謂之輜。』」《漢書·韓安國傳》：「擊輜重。」顏師古注曰：「輜謂衣車，重謂載重，故行者之資總曰輜重。」指外出或打仗等出行時所攜帶的物質和載重，比喻君子行道時要時刻保持穩重和清淨。定靜中遇到榮華可視之景象時，要保持超然的態度，不爲此景象所迷惑。此爲內景，遇到如此之外景則要保持平和的心態，不爲榮華富貴所動搖和牽引。此乃君子修身與修心也，也是道家所講的身國同構，大到君主的邦國之治，小到身體內的身國之治，都是一體一性的，即莊子所說的「天與人，一也。」道家所講的天人合一，並不是一個抽象的概念，而是一種可具體實行的修行實踐。《老子》此處講的意義就在於身國同構。身與國、天下，身與榮、辱，身與名、利（貨），皆爲老子反復談到，告誡人們權衡利弊。

　　與河上公本一樣，《老子想爾注》走的也是身國同構的路線，其注曰：「天子，王公也，雖有榮觀，爲人所尊，務當重清淨，奉行道戒也。」也是告誡國主奉行清淨無爲的治國理念。在修身中，《顏氏家訓・名實》曰：「立名者，修身慎行，懼榮觀之不顯，非所以讓名也。」只有從這樣的立意來理解《老子》，才能從不同版本中的不同詞句裏跳出來裁奪，不至於出現「公說公有理，婆說婆有據」的似是而非的現象。所以下句的「榮觀」、「環官」之義，當以王弼本的「榮觀」爲本字，吳澄云：「雖有榮華之境，可以遊觀。」蔣錫昌有云：「此言道中雖有榮華之境，可供遊觀，然彼仍安隨輜重之旁，超然物外，而不爲所動也。」〔註1〕蔣錫昌先生所言的「道中雖有榮華之境」當是指身路途中的身外之境。對待此境的態度，應該是理解《老子》本章的靈魂之所在。

　　　唯（帛書甲、漢簡本）──雖（帛書乙、王弼本）
　　　環（帛書甲乙）──榮（漢簡本、王弼本）
　　　官（帛書甲乙）──館（漢簡本）──觀（王弼本）
　　帛書甲：唯有環官。（143）
　　帛書乙：雖有環官。（67 上）
　　漢簡本：唯有榮館。（190）
　　王弼本：雖有榮觀。（12-278）

　　「雖」與「唯」皆從「唯」得聲，「雖」爲心母微部字，「唯」爲餘母微部字，喻四歸定，前面說過，聲母齒頭音、舌頭音可互諧，故音通可借。

　　王引之《經傳釋詞》卷八：「唯，《玉篇》『雖，詞兩設也。』常語也，字或作唯。」楊樹達《詞全》卷八：「唯，推拓連詞，與雖字用同。」《荀子・性惡》：「今以仁義法正爲固無可知可有之理耶，然則唯禹不知仁義法正，不能仁義法正也。」楊倞註：「唯，讀爲雖。」《史記・汲黯列傳》：「弘、湯深心疾黯，唯天子亦不說也。」意爲「雖然（既使）天子也不滿（汲黯）」。

　　朱駿聲《說文通訓定聲・鼎部》：「榮，叚借爲營。」《晏子春秋・內篇問上》：「不爲行以揚聲，不掩欲以榮君。」吳則虞《集釋》引王引之語曰：「榮讀爲營。營，惑也。」《韓非子・內儲說下》：「乃遺之屈產之乘，垂棘之璧，女樂二八，以榮其意而亂其政。」榮即營，迷惑也。《說文・木部》：「榮，……

從木，熒省聲。」又《宮部》：「營，……從宮，熒省聲。」故營、熒二字音通。熒、熒皆爲匣母耕部字，環爲匣母元部字，「耕」、「元」旁對轉。熒、營、環三字音通可借。朱珔《說文叚借義證》：「環爲營之假借。」《荀子‧臣道》：「朋黨比周，以環主圖私爲務，是篡臣者也。」王念孫《讀書雜志》：「環讀爲營。營，惑也，爲營惑其主也。營與環古同聲而通用。」《韓非子‧人主》：「其當途之臣得勢擅事以環其私。」王先愼《集釋》：「環讀爲營。」《韓非子‧五蠹》：「自環者謂之私。」《說文》引文爲「自營爲私」。《說文‧玉部》：「環，璧也。肉好若一謂之環。」《釋名‧釋言語》：「熒，猶熒也。熒熒，照明皃，言其光潤者也。」《黃帝內經‧素問‧五藏生成論》：「此藏所生之外榮也。」王冰注：「榮，美色也。」榮、還皆有色澤美好之義。

由上諸例說可知，「營」與「榮」、「環」音義皆近可通用。其實，從意義上來看，「榮觀」、「環官」皆可作「營觀」，爲「營惑之觀」，即「熒惑耳目的繁華境觀」。

《說文‧見部》：「觀，諦視也。從見雚聲。籠，古文觀從囧。」觀、館、官皆爲見母元部字，音同可借。「館」、「官」爲「觀」之假借。

從人們的理解角度看，「榮觀」要比「營觀」其表達的意思呈現在人們頭腦中更爲直接和明白。「榮觀」與「燕處」對比更爲明顯，「榮觀」爲紛亂繁華之景觀，「燕處」爲悠然閒居之境況。字詞的運用，要更符合當時人們的理解和接受，這是文字在發展過程中，所出現的必然規律。

焦竑曰：「榮觀，紛華之觀也。《公羊傳》曰：『常事曰視，非常曰觀。』處上聲，燕處猶燕居，超然高出而無繫者也。」

昭（帛書乙）──超（漢簡本、王弼本）
若（帛書甲乙、漢簡本）──然（王弼本）
帛書甲：燕處〔則昭〕若。（143-144）
帛書乙：燕處則昭若。（67 上）
漢簡本：燕處則超若。（1901-191）
王弼本：燕處超然。（12-278）

昭爲章母宵部字，超爲透母宵部字，聲母皆爲舌頭，昭、超皆從「召」得聲，音通可借。「昭」爲「超」之借。揚雄《方言》：「超，遠也。」超然，高遠、離塵脫俗之貌。

　　若、然可作語助詞，位於形容詞之後，爲「……貌」、「……的樣子」，在此意義上可通用。《史記·司馬相如列傳》：「於是二子愀然改容，超若自失。」超若，爲悵然貌。王引之《經傳釋詞》卷七：「若猶然也。《易·乾》九三曰：『夕惕若，厲。』《離》六五曰：『出涕沱若，戚嗟若。』……《詩·氓》曰：『其葉沃若』，《皇皇者華》曰：『六轡沃若』，並與『然』同義。」若爲日母鐸部，然爲日母元部，鐸、元通轉，故若、然意義皆通可互用。

　　若（帛書甲乙）——奈（漢簡本、王弼本）
　　王（帛書甲乙、漢簡本）——主（王弼本）
　　帛書甲：若何萬乘之王而以身巠於天下？（144）
　　帛書乙：若何萬乘之王而以身輕於天下？（67 上）
　　漢簡本：奈何萬乘之王而以身輕於天下？（191）
　　王弼本：奈何萬乘之主而以身輕天下？（12-278）
　　王引之《經傳釋詞》卷七：「若，猶奈，凡經言『若何』、『若之何』者皆是。」
　　《左傳·僖公十五年》：「寇深矣，若之何？」楊樹達《詞詮》：「奈，外動詞。如也，若也。恒與疑問副詞『何』連用。」奈何、若何、如何義同，作「怎麼，爲何」講，《書·召誥》：「曷其奈何弗敬。」「曷其」、「奈何」義同，疊用加強語氣，反問語氣，作「怎麼能」、「爲何」解。《國語·晉語二》：「吾君老矣，國家多難，伯氏不出，奈吾君何？」若爲日母鐸部，奈爲泥母月部，聲母皆爲舌頭音，鐸、月通轉，故若、奈音義皆通可互用。

　　《說文·王部》：「王，天下所歸往也。董仲舒曰：『古之造文者，三畫而連其中謂之王。三者，天、地、人也，而參通之者王也。』孔子曰：『一貫三爲王。』舌，古文王。」《爾雅·釋詁》：「王，君也。」《六書故·疑》：「王，有天下曰王。帝與王一也。周衰，列國皆僭號自王。秦有天下，遂自尊爲皇帝。漢有天下，因秦制稱帝，封同姓爲王，名始亂矣。」《書·洪範》：「天子作民父母，以爲天下王。」秦以前的諸侯於自己境內亦稱王。王國維《古諸侯稱王說》：「世疑文王受命稱王，不知諸侯於境內稱王，與稱君稱公無異。」
　　《廣雅·釋詁一》：「主，君也。」《書·仲虺之命》：「惟天生民有欲，無主乃亂。」孔傳：「民無君主，則恣情欲，必致禍亂。」董仲舒《對賢良策》：

「行高而恩厚，知明而意美。愛民而好士，可謂誼主矣。」《呂氏春秋·貴當》：「朝臣多賢，左右多忠，如此者，國日安，主日尊，天下日服，此所謂吉主也。」

「王」與「主」皆可釋爲「君」，實義同而可互。

高明：「以身輕於天下」，「於」猶「爲」也，說見《經傳釋詞》卷一。即輕以身爲天下。則同第十三章「貴以身爲天下」、「愛以身爲天下」之反誼。王弼注：「無物可以易其身，故曰貴也；無物可以損其身，故曰愛也。」此可以謂：無物可以賤其身，故曰輕也。即以身爲天下最輕最賤。萬乘之王以身爲天下最輕最賤，則縱欲自殘，身不能治。身者人之本也，傷身失本，身且不保，焉能寄重託民。萬乘之王縱欲身輕，急功好事，必親離勢危，喪國亡身。〔註2〕

「於」在此有比較之義。《禮記·檀弓下》：「苛政猛於虎也。」

本章整理：重爲輕根，靜爲躁君。是以君子終日行，不離其輜重。雖有榮觀，燕處則超然。奈何萬乘之王而以身輕於天下。輕則失本，躁則失君。

〔註 2〕高明：《帛書老子校注》，北京：中華書局，1996 年，第 361 頁。

第二十七章　巧　用

勶（帛書甲、漢簡本）──達（帛書乙）──轍（王弼本）

適（帛書甲乙、漢簡本）──讁（王弼本）

帛書甲：善行者無**勶**迹，〔善〕言者無瑕適。（144-145）

帛書乙：善行者無達迹，善言者無瑕適。（67下）

漢簡本：善行者無**勶**迹，善言者無瑕適。（192

王弼本：善行無**輒**迹，善言無瑕讁。（12-278）

《說文·力部》：「勶，發也。从力从徹，徹亦聲。」《正譌》：「徹，通也。古文作勶。」《字彙·力部》：「勶，古徹字。」《說文·攴部》：「徹，通也。从彳从攴从育。」《國語·周語》：「若本固而功成，施徧而民阜，乃可以長保民矣，其何不徹？」韋昭注：「徹，達也。」《廣韻》：「徹，達也。」《玉篇》：「達，通也。」徹（勶）與達義同。

《爾雅·釋訓》：「不徹不道也。」郭璞注：「徹，亦道也。」郝懿行《義疏》：「徹者，通也，達也。通、達皆道路之名，故曰『徹亦道也』。徹之言轍，有軌轍可循。《釋文》：『徹，直列反。』則讀如轍。」《說文新附·車部》：「轍，車迹也。从車，徹省聲。本通用徹，後人所加。」朱駿聲《說文通訓定聲·履部》：「徹，字亦作轍。」《六書故·工事三》：「轍，兩輪所輾迹也。」《左傳·莊公十年》：「吾視其轍亂，望其旗靡，故逐之。」

轍為端母月部字，徹為透母月部字，聲母皆為舌面前音，故音通可借。達為定母月部字，與轍皆為舌頭音，音亦通可借。「勶（徹）」為「轍」之借。

-235-

揚雄《方言》:「讁,過也。南楚以南,凡相非議人謂之讁。」郭註:「讁,音謫,謂罪過也。亦音適,罪罰也。」朱駿聲《說文通訓定聲·解部》:「適,叚借爲讁。」《集韻·麥韻》:「讁,《說文》:『罰也。』或作謫,亦省。」睡虎地秦墓竹簡《秦律·司空》:「百姓有母及同生爲隸妾,非適罪也,而欲爲冗邊五歲。」《詩·商頌·殷武》:「勿予禍適。」毛傳:「適,過也。」朱熹《詩集傳》:「適、讁通。」王引之《經義述聞》:「讁與適通。……言不施譴責也。」《漢書·武帝紀》:「發天下七科讁出朔方。」《史記·大宛傳》作「七科適」。《孟子·離婁上》:「人不足與適也。」趙岐注:「適,過也。……不足過責也。」適、讁(謫)皆爲章母錫部字,故音通可借。「適」爲「讁(謫)」之借。

檮(帛書甲乙、漢簡本)——籌(王弼本)
筭(帛書甲)——筊(帛書乙)——筴(漢簡本)——策(王弼本)
帛書甲:善數者不以檮筭。(145)
帛書乙:善數者不以檮筊。(67下)
漢簡本:善數者不用檮筴。(192)
王弼本:善數不用籌策。(12-278)
《說文·木部》:「檮,斷木也。」《竹部》:「籌,壺矢也。从竹壽聲。」徐鍇《說文繫傳·竹部》:「籌,人以之算數也。」斷木也可作一塊塊的木片解,可用作數數。「檮」、「籌」皆爲定母幽部字,音同可借。「檮」爲「籌」之借。

《廣韻·麥韻》:「策,籌也。」段玉裁注曰:「策猶籌,籌猶筭。」《集韻·麥韻》:「策,《說文》:馬箠也。一曰謀也;一曰蓍也;一曰小箕曰筴。或作筴。」《顏氏家訓·書證》:「簡策字,竹下施束,末代隸書,似杞、宋之宋,亦有竹下遂爲夾者,猶如刺字之傍應爲束,今亦作夾。徐仙民《春秋》、《禮音》遂爲筴爲正字,以策爲音,殊爲顛倒。」
策與筭、筊皆從竹,《說文》:「析,破木也。一曰折也。从木从斤。」桂馥《義證》:「字從木,從斤,謂以斤分木爲析也。」其分之木亦可用作籌算,與「策」義通。筊從竹從片,《說文·片部》:「片,判木也。从半木。」判木與破木義同。可見,筊亦可用作籌算之最小單位。策、筴、筭、筊義同而可通用。

劉信芳：「(笅)，字從艸，折（『折』之半形）聲。」〔註1〕《說文》：「折，斷也。从斤斷艸。」故折、析義通。折爲章母月部，筴、策爲初母錫部，析爲心母錫部，照二歸精，上古齒頭音與舌頭音相近，多有相通之例，錫、月旁轉，故筹、笅、策、筴音通可借。

閈（帛書甲）——關（帛書乙、漢簡本、王弼本）
籥（帛書甲乙）——鍵（漢簡本）——楗（王弼本）
啓（帛書甲乙、漢簡本）——開（王弼本）
帛書甲：善閉者无閈籥而不可啓也。（145）
帛書乙：善閉者无關籥而不可啓也。（67下-68上）
漢簡本：善閉者無關鍵不可啓。（192）
王弼本：善閉无關楗而不可開。（12-278）

閈，從門、串，串（guan）亦聲。《正字通‧丨部》：「串，物相連貫也。」即可理解爲將兩扇門連貫起來，有以木橫連門之義。《說文‧門部》：「關，以木橫持門戶也。」《廣韻‧刪韻》引《聲類》：「關，所以閉也。」串、關皆爲見母元部字。閈爲關之借。關，相當於現在的鎖。

《說文‧木部》：「楗，限門也。」董思靖曰：「楗，拒門木也。橫曰關，豎曰楗。」楗是鑰匙，關是鎖。《淮南子‧人閒》：「家無筦籥之信，關楗之固。」籥、楗指的是鑰匙，筦、關指的是鎖。《書‧金縢》：「啓籥見書。」孔穎達疏：「籥，開藏之管。」《禮記‧月令》：「孟冬愼管籥。」「脩鍵閉，愼管籥。」鄭玄注：「管籥，搏鍵器也。」《左傳‧僖公三十二年》：「鄭人使我掌其北門之管。」杜預注：「管，籥（鑰）也。」

《甘石星經》：「天籥七星，在斗杓第二星，主關籥開閉。」《周天大象賦》：「天籥司其啓閉。」《史記‧魯仲連鄒陽列傳》：「魯人投其籥，不果納。」張守節正義：「籥即鑰匙也。投鑰匙於地。」《史記‧蕭相國世家》：「高祖出征，何每居守管籥。」這些例子指的全是開鎖之鑰匙。

揚雄《方言》云：「戶鑰，自關之東、陳楚之間謂之鍵，自關之西謂之鑰。」鑰即籥，鍵即楗（群母元部），指的都鑰匙。

〔註1〕 劉信芳：《楚簡帛通假彙釋》，北京：高等教育出版社，2011年，第311頁。

遼希麟《續一切經音義》卷五：「關鍵，《字書》：『橫曰關，豎曰鍵。』」清段玉裁《說文解字注・門部》：「關者，橫物，即今之門閂。關下牡者，謂以直木貫關，下插地。是與關有牝牡之別⋯⋯然則關下牡謂之鍵。」徐灝《說文解字注箋・金部》：「鍵者，門關之牡也。蓋以木橫持門戶而納鍵於孔中，然後以管籥固之。」《周禮・地官・司門》：「掌授管鍵，以啓閉國門。」鄭玄注引鄭司農云：「管謂籥也，鍵謂牡。」《禮記・月令》：「脩鍵閉。」鄭玄注：「鍵，牡；閉，牝也。」孔穎達疏：「凡鏁器入者謂之牡，受者謂之牝。」《戰國策・趙策三》：「天子巡狩，諸侯辟舍，納於筦鍵。」郭璞《爾雅・序》：「六藝之鈐鍵。」邢昺疏：「《小爾雅》云：『鍵謂之鑰。』言此書為六藝之鏁鑰，必開通之然後得其微旨也。」

「楗」，是用木做成的，「鍵」是金屬做成的，籥、鍵、楗義同可互用。

《說文・口部》：「启，開也。从戶从口。」《廣雅・釋詁三》：「啓，開也。」《書・金縢》：「啓籥見書，乃並是吉。」《說文・門部》：「開，張也。从門从开。閞，古文。」楊樹達《積微居小學述林》：「古文從収。一者，象門關之形⋯⋯從収者，以兩手取去門關，故為開也。」《逸周書・武順解》：「一卒居前曰開，一卒居後曰敦。」孔晁注：「開謂啓。」啓與開義同可通用。

緼（帛書乙）——繩（漢簡本、王弼本）

帛書甲：善結者〔无緼〕約，而不可解也。（145-146）

帛書乙：善結者无**緼**約，而不可解也。（68 上）

漢簡本：善結無繩約，不可解。（193）

王弼本：善結無繩約，而不可解。（12-278）

《說文・糸部》：「緼，索也。从糸黑聲。」《玉篇・糸部》：「纆，索也。緼同纆。」《易・坎卦》：「係用徽纆。」陸德明《經典釋文》：「劉云：三股曰徽，兩股曰纆。皆索名。」《莊子・駢拇》：「約束不以纆索。」《說文・糸部》：「繩，索也。从糸，蠅省聲。」「繩」與「緼」義同可通用。

王弼注曰：「因物之數，不假形也。因物自然，不設不施，故不用關楗、繩約，而不可開解也。此五者，皆言不造不施，因物之性，不以形制物也。」

悇（帛書甲乙）———救（漢簡本、王弼本）

而（帛書甲乙、漢簡本）———故（王弼本）

帛書甲：是以聲人恆善悇人，而无棄人。（146）

帛書乙：是以耶人恆善悇人，而无棄人。（68上）

漢簡本：故聖人恒善救人，而無棄人。（193）

王弼本：是以聖人常善救人，故無棄人。（12-278）

《字彙·心部》：「悇，音救，義同。」《廣雅·釋詁二》：「救，助也。」《廣韻·宥韻》：「救，護也。」《詩·邶風·谷風》：「凡民有傷，匍匐救之。」孔穎達疏：「救，謂營護凶事，若有賵贈也。悇爲群母幽部、救爲見母幽部，且皆從「求」得聲，音同可借。

前面的「是以」、「故」爲因果連詞，義同；中間的「而」與「故」也是連詞，表示因果，清吳昌瑩《經詞衍釋》：「而，猶故也。」《左傳·成公八年》：「謂汶陽之田，敝邑之舊也，而用師於齊，使歸諸敝邑。」劉向《說苑·修文》：「情動於中，而形於聲。」

財（帛書甲乙）———物（王弼本）

愧（帛書甲）———曳（帛書乙）———欲（漢簡本）———襲（王弼本）

帛書甲：物无棄財，是胃愧明。（146）

帛書乙：物无棄財，是胃曳明。（68上）

漢簡本：物無棄財，是謂欲明。（193）

王弼本：常善救物，故無棄物，是謂襲明。（12-278）

《文子·自然》引《老子》此文作「人無棄人，物无棄材。」與帛書本同。

《說文·牛部》：「物，萬物也。牛爲大物；天地之數，起於牽牛，故從牛。勿聲。」《荀子·正名》：「物也者，大共名也。」《列子·黃帝》：「凡有貌像聲色者，皆物也。」《玉篇·牛部》：「凡生天地之間，皆謂物也。」《易·乾·象》：「品物流形。」《說文·貝部》：「財，人所寶也。」《玉篇·牛部》：「納財，謂食穀也，貨也，賂也。」《易·繫辭下》：「何以聚人，曰財。」韓康伯註：「財，所以資物生也。」

物的外延含義大於財義，財包含於物中。《周禮·天官·酒正》：「辨三酒之物。」孔穎達疏：「物者，財也。以三酒所成有時，故豫給財，令作之也。」

《禮記·禮器》:「設於地財。」鄭玄註:「財,物也。各是土地之物。」物、財義有所通,可互用。

《說文·心部》:「愗,習也。从心,曳聲。」《玉篇·心部》:「愗,明也。」
《小爾雅·廣詁》:「襲,因也。」《禮記·曲禮》:「卜筮不相襲。」《史記·樂書》:「五帝三王,樂各殊名,示不相襲。」故襲有因習之義,與愗義同。《廣雅·釋詁一》:「襲,及也。」《楚辭·九歌·少司命》:「綠葉兮素枝,芳菲菲兮襲予。」李善注:「襲,及也。」《說文·申部》:「曳,臾曳也。从申」聲。」段玉裁注:「臾曳,雙聲,猶牽引也。引之則長,故長衣曰曳地。」曳地也可說是「襲地」、「及地」,故曳、襲義同可通用。高明云:「愗、曳、襲,古音相同。此亦當從今本讀作『襲明』。」〔註2〕愗、曳爲餘母月部字,欲爲餘母屋部字,襲爲邪母緝部字,喻四歸定,「邪紐古歸定紐」,聲母皆爲舌頭音,「月」、「緝」、「屋」旁對轉,音通可借。愗、曳、欲爲襲之借。

齎(帛書甲)——資(帛書乙、漢簡本、王弼本)
帛書甲:故善〔人,善人〕之師;不善人,善人之齎也。(146-147)
帛書乙:故善人,善人之師;不善人,善人之資也。(68上-68下)
漢簡本:善人,善人之師也;不善人,善人之資也。(194)
王弼本:故善人者,不善人之師;不善人,善人之資。(12-278)
齎、資皆爲精母脂部字,音同可借。

朱駿聲《說文通訓定聲·履部》:「齎,叚借爲資。」《周禮·天官·外府》:「共其財用之幣齎。」又《掌皮》:「歲終,則會其財齎。」鄭玄註:「予人以物曰齎。今時詔書,或曰齎計吏。」孔穎達疏:「漢時考使謂之計吏,有詔賜與之則曰齎。」《周禮·春官·巾車》:「毀折,入齎於職幣。」鄭玄引杜子春云:「齎,讀爲資。資謂財也。」

《說文·貝部》:「資。貨也。从貝次聲。」《易·旅》:「懷其資,得童僕,貞。」《詩·大雅·板》:「喪亂蔑資,曾莫惠我師。」毛傳:「資,財也。」《爾雅·釋言》:「將,資也。」郝懿行《義疏》:「資者,齎之叚音也。……是齎訓送,與將義同。」《廣雅·釋言》:「資,操也。」王念孫《疏證》:「資與齎通。」

〔註2〕 高明:《帛書老子校注》,北京:中華書局,1996年,第365頁。

　　此處最大的差別爲，帛書本作「故善人，善人之師。」而通行本作「故
善人者，不善人之師。」河上公注曰：「人之行善者，聖人即以爲人師。」此
解即把第二句的「善人」或「不善人」作了中性化的處理，其義應爲「故善
人，世人之師也。」此與孔子所說「三人行，必有我師焉」一致，並沒有把
世人絕對的分爲善人和不善人這種對立或兩立的做法。前面的句子有「是以
聖人恆善救人，而無棄人」，便是作爲中性化的處理，「救人」義爲「救世人」；
「無棄人」義爲「不棄世人」。故其句應爲：「故善人，世人之師；不善人，
世人之資也。」這樣，其義才能明了而無爭議。當然，此做法並不是要改動
文本，而是爲了澄清問題。

　　另外，從邏輯推理的角度的來看，此兩者的差異也是很大的。善人，固
然會以其周圍的善人爲師，爲學習的榜樣。但是不善人呢？既然是不善人，
不善人的同義詞就是惡人，惡人是沒有向善的心的，否者他就會被稱爲善人，
既然是沒有向善心或向善意向的不善人或惡人，怎麼會會以善人爲師呢！他
只會以不善人爲師，一般的情形就是「善人，善人之師；不善人，不善人之
師」，善人當然會向善人看齊，不善人也會以不善人爲類。此之謂「物以類聚，
人以群分」者是也。所以，通行本首先就把一般的世人定義爲成了不善人，
一開始就把人與人對立了起來，這是不符合「聖人恆善救人」的宗旨的。世
人指的是迷失了方向的人，按照佛教的說法，世人是未來佛，佛陀是覺悟了
的眾生，眾生是迷惑的佛陀。從這一點來看，應該稱之爲善人，而當你把世
人首先就定義爲魔鬼或不善人的時候，就會把他當做「棄人」，怎麼會把他當
做拯救的對象呢？之所以稱之爲善人，是因爲你認爲世人總會有優點，有一
顆潛在的向善的心，最終會成佛的，所以聖人在此種認識的前提下才會「恆
善救人，而無棄人」。故以帛書本「故善人，善人之師」爲確。

　　此句王弼本等有「者」字，作：「故善人者，不善人之師；不善人者，善
人之資。」「者」字在此用作語氣助詞，非代詞復指，用在時間或名詞的後面，
表示語氣停頓并構成判斷句式，《玉篇》：「者，語助也。」《禮記‧中庸》：「仁
者，天下之表也；義者，天下之制也。」《史記‧陳涉世家》：「陳涉者，陽城
人也，字涉。」《禮記‧檀弓下》：「昔者，吾舅死於虎，吾夫又死焉，今吾子
又死焉。」《商君書‧君臣》：「古者未有君臣上下之時，民亂而不治。」《史
記‧孔子世家》：「今者久留陳蔡之間，諸大夫所設行者非仲尼之意。」故書
依此可保留「者」字。

　　眯（帛書甲）──迷（帛書乙、漢簡本、王弼本）

　　是（帛書甲乙、王弼本）──此（漢簡本）

　　帛書甲：不貴其師，不愛其齎，唯知乎！大眯。是胃眇要。（147）

　　帛書乙：不貴亓師，不愛亓資，雖知乎！大迷。是胃眇要。（68下）

　　漢簡本：不貴其師，不愛其資，唯智，必大迷。此謂眇要。（194）

　　王弼本：不貴其師，不愛其資，雖智，大迷。是謂要妙。（12-278）

　　眯、迷皆爲明母脂部字，音同可借。《說文·辵部》：「迷，或（惑）也。從辵米聲。」《爾雅·釋言》：「迷，惑也。」《玉篇·辵部》：「迷，惑也，亂也。」《詩·小雅·節南山》：「天子是毗，俾民不迷。」鄭玄箋：「言尹氏作大師之官，爲周之桎鐕，持國政之平，維制四方，上輔天子，下教化天下，使天下無迷惑之憂。」

　　「眯」乃「迷」之皆。

　　帛書本「雖智」後有「乎」字，《說文·兮部》：「乎，語之餘也。從兮，象聲上越揚之形也。」徐鍇《說文繫傳》：「凡名兮皆上句之餘聲。」故「乎」在此作語氣辭，義爲：「雖有智慧啊，卻是大大的迷惑！」語氣有感歎之義。《論語·子罕》：「惜乎！吾見其進也，未見其止也。」《論語·顏淵》：「富哉，言乎！」《史記·孟嘗君列傳》：「長鋏歸來乎，食無魚！」故可從帛書本保留「乎」字。

　　《廣雅·釋言》：「是，此也。」是、此皆表示近指，「這」義。

　　本章整理：善行者无轍跡，善言者无瑕謫，善數者不用籌策。善閉者无關楗而不可開，善結者无繩約而不可解。是以聖人恆善救人，而无棄人，物无棄財，是謂襲明。故善人者，善人之師也；不善人者，善人之資也。不貴其師，不愛其資，雖智乎！大迷。是謂妙要。

第二十八章　反　樸

溪（帛書甲、漢簡本）──雞（帛書乙）──谿（王弼本）

帛書甲：知其雄，守其**雌**，爲天下溪。（147-148）

帛書乙：知亓雄，守亓**雌**，爲天下雞。（68下-69上）

漢簡本：智其雄，守其**雌**，爲天下溪。（195）

王弼本：知其雄，守其**雌**，爲天下谿。（12-278）

《爾雅・釋水》：「水注川曰谿。」邢昺疏：「是澗谿之水注入川也。」《左傳・隱公三年》：「澗谿沼沚之毛。」杜預注：「谿，亦澗也。」孔穎達疏：「李巡曰：『水出於山入於川。』」《荀子・勸學篇》：「不臨深谿，不知地之厚。」

《玉篇・水部》：「溪，溪澗。」《集韻・齊韻》：「谿，《說文》：『山瀆无所通也。』或從水。」從水則爲「溪」，故溪與「谿」同。《廣韻・齊韻》：「谿，《爾雅》曰：『水注川曰谿。』溪、谿同。」《說文・佳部》：「雞，知時畜也。从佳奚聲。鷄，籀文雞从鳥。」

雞（鷄）爲見母支部，溪、谿爲溪母支部字，聲母皆爲舌面後音，雞與溪、谿皆從奚得聲，音同可借。「雞（鷄）」爲「溪」、「谿」之假借字。

雞（帛書甲）──离（帛書乙）──離（漢簡本、王弼本）

帛書甲：爲天下溪，恆德不雞；恆德不雞，復歸嬰兒。（148）

帛書乙：爲天下雞，恆德不离；恆德不离，復〔歸於嬰〕兒。（69上）

漢簡本：爲天下溪，恆德不離，復歸於嬰兒。（195）

王弼本：爲天下谿，常德不離，復歸於嬰兒。（12-278）

《說文·隹部》:「離,黃倉庚也。鳴則蠶生。从隹离聲。」又《隹部》:「雞,知時畜也。从隹奚聲。鷄,籀文雞从鳥。」

雞(鷄)爲見母支部字,離爲來母歌部字,聲母或爲複輔音〔gl〕存在的依據,「支」、「歌」旁對轉,聲韻相近,或爲假借。

且皆從隹,義類同。「雞」或沿上文「溪」而音誤,又與「離」音形皆近而誤。但連著的兩「恆德不雞」,皆寫作「雞」,又不似誤寫。《說文·内部》:「离,山神,獸也。从禽頭,从厹从屮。歐陽喬說:离,猛獸也。」段玉裁注:「离、離古通用。」(見第 10 章說解)

從諧韻角度看,雄爲蒸部,雌、溪(谿)、兒爲支部,離(离)爲歌部。並非一韻到底。

日(帛書甲)——白(帛書乙、漢簡本)——榮(王弼本)

帛書甲:知其日,守其辱,爲天下浴;爲天下浴,恆德乃〔足,恆德乃足,復歸於樸〕。(148)

帛書乙:知亓白,守亓辱,爲天下浴;爲天下浴,恆德乃足;恆德乃足,復歸於樸。(69 上)

漢簡本:智其白,守其辱;爲天下谷,爲天下谷,恆德乃足,復歸於樸。(196)

王弼本:知其榮,守其辱,爲天下谷;爲天下谷,常德乃足,復歸於樸。(12-278)

高明認爲帛書乙的第一個「白」當爲「日」字形之誤,而「『日』字乃『榮』之假借字,『日』、『榮』二字同在日紐,雙聲。『日』質部字,『榮』耕部字,『質』、『耕』通轉、疊韻。古籍中將『日』字誤寫成『白』者不乏其例,如《說文·鳥部》:『鴆,毒鳥也,一名運日』。《國語·晉語》:『乃置鴆與酒』,韋注:『鴆,運日也。』《抱朴子·良規篇》作『雲日』,《文選》左思《吳都賦》『黑鴆零』,注云『鴆鳥,一名雲白』。顯然是『雲日』二字誤寫爲『雲白』,『日』字誤寫成『白』,與帛書乙本同例。……《淮南子·道應訓》引《老子》此文作『知其榮,守其辱,爲天下谷』,與帛書甲本和世傳今本完全相同。」〔註1〕

〔註 1〕 高明:《帛書老子校注》,北京:中華書局,1996 年,第 373～374 頁。

帛書甲本「日」是「容」字的借字，日爲日母質部，榮爲匣母耕部，我們從「榮」與「營」相通假的情況看，榮也當爲餘母耕部，喻四歸定，上古與日母同爲舌頭音，質、耕通轉，故日、榮音通可借。

日爲質部，榮爲耕部，辱、谷、足、樸皆爲屋部，後四字爲韻。

《說文·白部》：「白，西方色也。陰用事，物色白。从入合二。二，陰數。𦣹，古文白。」商承祚《〈說文〉中之古文考》：「甲骨文、金文、鉢文皆……從日銳頂，象日始出地面，光閃耀如尖銳，天色已白，故曰白也。」此說或有爭議，但「白」確實與「日」有關，日出則明，月亦借日光而能明；黑夜與白天皆與日的出現或隱沒有關。《詩·唐風·葛生》：「夏之日，冬之夜，百歲之後，歸於其居。」

《老子》中「白」與「辱」相對，如第 41 章：「大白若辱。」或許此處的「白」也是「日」的通假字「榮」，「大榮若辱」，意義也非常明顯。《廣雅·釋詁三》：「辱，污也。」《儀禮·士昏禮》：「今吾子辱。」鄭玄注：「以白造緇曰辱。」賈公顏疏：「謂以絜白之物造置於緇色器中，是污白色。」但從本章下文有黑、白的對文，此處當爲榮、辱之對。傅奕本即世傳本亦如此，作「知其榮，守其辱」，或有所據。

辱又與榮對。《說文·辰部》：「辱，恥也。从寸在辰下。失耕時，於封畺上戮之也。辰者，農之時也。故房星爲辰，田候也。」《易·繫辭上》：「樞機之發，榮辱之主也。」又《說文·木部》：「榮，桐木也。从木熒省聲。一曰屋梠之兩頭起者爲榮。」方濬益《綴遺齋彝器款識考釋》：「熒即榮之古文……象木枝柯相交之形，其端從炊，木之華也……華之義爲榮。」此「榮」、「辱」字之本義，以此用以比喻人事亦甚貼切。《老子》之義正是從此，不僅形於物，而且喻於人，兼而有之。當從王弼本。

王弼注：「此三者，言常反終，後乃德全其所處也。下章云『反者道之動也』，功不可取，常處其母也。」

式（帛書甲乙、王弼本）——武（漢簡本）

貸（帛書甲、漢簡本）——貸（帛書乙）——忒（王弼本）

帛書甲：知其，守其黑，爲天下式；爲天下式，恆德不貸；恆德不貸，復歸於无極。（149）

　　帛書乙：知亓白，守亓黑，爲天下式；爲天下式，恆德不貸；恆德不貸，復歸於无極。（69下）

　　漢簡本：智其白，守其黑，爲天下武；爲天下武，恒德不貣，復歸於無極。（196）

　　王弼本：知其白，守其黑，爲天下式；爲天下式，常德不忒，復歸於無極。（12-278）

　　《說文·戈部》：「武，楚莊王曰：『夫武，定功戢兵。故止戈爲武。』」又《工部》：「式，法也。从工弋聲。」武（明母魚部）與式（書母職部）音義皆不相通，當爲形近誤寫。

　　帛書甲本第一句「知其」後奪一「白」字。

　　《說文·心部》：「忒，更也。从心弋聲。」《廣韻》：「忒，差也。」《詩·大雅·抑》：「昊天不忒。」鄭玄箋：「不差忒也。」《六書故·動物四》：「貸，差也。與忒通。」朱駿聲《說文通訓定聲·頤部》：「貸，叚借爲忒。」《禮記·月令》：「毋有差貸。」《呂氏春秋》作「差忒」。《禮記·月令》：「宿離不貸，毋失經紀。」鄭玄注：「（不貸），不得過差也。」朱駿聲《說文通訓定聲·頤部》：「貣，叚借爲忒。」《史記·宋世家》：「卜五，占之用二，衍貣。」《書·洪範》「貣」作「忒」。《五經文字》：「貸，相承或借爲貣字。」《說文·貝部》：「貣，从人求物也。从貝弋聲。」段玉裁注：「代、弋同聲，古無去、入之別；求人施人，古無貣、貸之分。由貣字或作貸，因分其義，又分其聲……經史內貣、貸錯出，恐皆俗增人旁。」是以早期貣、貸之音義皆同。貣、貸、忒皆爲透母職部字，音同可借，貣、貸爲「忒」之借。

　　白爲鐸部，黑、式、忒、極爲職部，職、鐸旁轉，故能一韻到底。

　　從以上三組對比來看，每組的第一個韻部往往不能很好地與後面的韻部互諧。比如蒸部（雄）與其後面的支部和歌部；質部（日）或耕部（榮）與後面的屋部。嚴格來說，第一組的雌、溪、兒才是正常的押韻節奏，當然第二、三組是毫無疑問的做到了。但是如果我們以第三組的標準來做到步步押韻，則不符合常規，比如要求第二組的第一個韻是白（鐸部與屋部旁轉），就有點強求的味道了，但也或許正因爲是這個諧韻的因素，再加上兩字形近，才導致把日誤寫作白。

握（帛書甲）──樸（帛書乙、漢簡本、王弼本）

帛書甲：握散〔則爲器〕。（149）

帛書乙（69 下）、**王弼本**（12-279）：**樸散則爲器。**

漢簡本：樸散則爲成器。（197）

《說文‧木部》：「樸，木素也。從木菐聲。」又「握，木帳也。從木屋聲。」「握」爲影母屋部字、「樸」爲滂母屋部字，牙音和脣音互諧的例子也很多，不僅有諧聲字互諧，也有文獻的例證，故握、樸聲音通可借，「握」乃「樸」之借。帛書甲本「樸」皆寫作「握」。

《易‧繫辭》：「形乃謂之器。」韓康伯註：「成形曰器。」《禮記‧學記》：「玉不琢，不成器。」器與成器意義相同，器，相對於樸而言，故器乃成形之器。

割（帛書甲乙、王弼本）──畍（漢簡本）

帛書甲乙：夫大制无割。（150，69 下-70 上）

漢簡本：大制無畍。（198）

王弼本：故大制不割。（12-279）

畍，即界之異體。《說文》：「畍，境也。從田，介聲。」段玉裁注：「界之言介也。介者，畫也；畫者，介也。象田四界，聿所以畫之。」故畍有劃分之義，割也有劃分、分割之義，《管子‧揆度》：「臣之能謀厲國定名者，割壤而封。」《戰國策‧秦策四》：「寡人欲割河東而講。」高誘注：「割，分也。」宇宙萬物，本爲一體一性，因分別而爲二，再攀援而爲三，以至萬物。

畍、割皆爲見母月部，音同義通可借。

本句在漢簡本爲下一章。按文義，當承前文樸無割散之意，通行本多作「故」或「是以」，王弼注：「樸，眞也。眞散則百行出，殊類生，若器也。聖人因其分散，故爲之立官長。以善爲師，不善爲資，移風易俗，復歸於一也。『大制』者，以天下之心爲心，故無割也。」義當從王弼注。

本章整理：知其雄，守其雌，爲天下谿；爲天下谿，恒德不離；恒德不離，復歸於嬰兒。知其榮，守其辱，爲天下谷；爲天下谷，恒德乃足；恒德乃足，復歸於樸。知其白，守其黑，爲天下式；爲天下式，恒德不忒；恒德不忒，復歸於无極。樸散則爲器，聖人用則爲官長。夫大制无割。

第二十九章　無　為

隨（帛書甲、漢簡本、王弼本）──隋（帛書乙）

帛書甲（151）、漢簡本（199）：物或行或隨。

帛書乙：物或行或隋。（70 上-70 下）

王弼本：故物或行或隨。（12-279）

《廣韻·支韻》：「隋，國名。本作隨。《左傳·桓公六年》：『漢東之國，隨為大。』漢初為縣，後魏為郡，又改為州。隋文帝去辵。」明楊慎《轉注古音略》：「隋，古音妥。楊堅改隨為隋，後人遂以隋為隨。」本文作「隨」，《說文·辵部》：「隨，從也。从辵，墮省聲。」《儀禮·聘禮》：「使者入，及眾介隨入，北面東上。」又《肉部》：「隋，裂肉也。从肉，从隓省。」

隨、隋皆為邪母歌部字，音同可借。「隋」為「隨」之音假。

炅（帛書甲）──熱（帛書乙、漢簡本）──歔（王弼本）

磋（帛書乙）──炊（漢簡本）──吹（王弼本）

帛書甲：或炅或〔吹〕。（151）

帛書乙：或熱或磋。（70 下）

漢簡本：或熱或炊。（199）

王弼本：或歔或吹。（12-279）

今本之「歔」，它本或作「呴」、「欨」、「煦」、「噤」。傅奕、范應元作「噤」，與歔等字義相反。歔與噓渾言之則近同，《說文·欠部》：「歔，欷也。从欠虛聲。一曰出气也。」段玉裁注：「歔，與口部噓略同。」《洪武正韻》云：噓，亦作「呴」、「煦」、「欨」。

　　歔與嘘析言之則有別。《六書故》：「鼻出氣爲歔，口出爲嘘。」《聲類》：「出氣急曰吹，緩曰嘘。」《洪武正韻》：「蹙脣吐氣曰吹，虛口出氣曰嘘。吹氣出於肺屬陰，故寒。嘘氣出丹田屬陽，故溫。」《正字通》：「煦，與昫同，溫潤之也。」《六書故》：「欨，溫吹也。凡歆、翕、歔、呷、欱，皆內氣也。欶、歔、欨、呼、呵，皆出氣也。廣陜輕重象其聲。欨、呵爲陽，吹、呼爲陰。欲暖者欨之，欲涼者吹之，通作煦。」按此陰陽之理，甲本「炅」、乙本「熱」當屬陽氣，「歔」與「欨、呵」一樣，爲陽；硑、吹爲陰氣。即一爲使之暖，一爲使之涼。

　　高明：（歔），乙本作「熱」，甲本作「炅」。在此皆應假爲「嘘」字。「嘘」爲曉紐魚部字，「熱」爲日紐月部字，「曉」、「日」通轉。《說文・生部》：「甡，從生，豩省聲。」「甡」，儒隹切，屬日紐；「豩」，虛豈切，屬曉紐。即其證，參見黃焯《古今聲類通轉表》，「月」、「魚」二部通轉，故「熱」、「嘘」二字音同互假。……乙本「或硑」二字猶今本「或吹」。硑、吹二字古爲雙聲疊韻，音同互假。〔註1〕

　　如此，僅從音假的角度來看，則「炅」字無法與「嘘」通假。此應當從陰陽對立的意義上來解釋。「炅」、「熱」、「歔」與「吹」、硑皆應按《六書故》之廣陜輕重來判斷，屬義同而通用。「行」、「隨」亦如之，「行」爲主爲陽，「隨」爲副爲陰；「吹」之使涼，「歔」之使熱。其實，在道家看來，事物沒有絕對的對立，只有陰陽的消長和是否平衡。事物的變化或對立都是以陰陽的消長來判斷的，這是道家對事物變化發展的一種規律性總結。

　　《廣韻・果韻》：「硑，碎石。」硑爲清母歌部字，吹、炊爲昌母歌部字，舌尖前音和舌面前音極相近，音通可借。「硑」、「炊」爲「吹」之借。

杯（帛書甲）——陪（帛書乙）——伓（漢簡本）——挫（王弼本）
擔（帛書甲）——墮（帛書乙）——隋（漢簡本）——隳（王弼本）
帛書甲：或杯或擔。（151）
帛書乙：或陪或墮。（70下）
漢簡本：或伓或隋。（199）
王弼本：或挫或隳。（12-279）

〔註1〕　高明：《帛書老子校注》，北京：中華書局，1996年，第379頁。

　　杯爲幫母之部字，陪、伓爲並母之部字，聲紐皆爲唇音，音通可借。《說文‧𨸏部》：「陪，重土也。一曰滿也。从𨸏音聲。」「陪」，范應元本作「培」。《說文‧土部》：「培，培敦。土田山川也。从土音聲。」此處作動詞用。「陪」與「培」音義皆通，故可通用。「挫」有摧毀之義，與「強」義反，而與「隳」義同。高明據帛書本以爲「培」之誤字。縱觀通行本，與帛書本比較，文字錯位抄寫的可能性較大。帛書乙本無「或強或羸」一句，王弼本「羸」或本爲「剉」義而用以替代之字，取「有強則有剉」之義；「培」錯位寫爲「挫」，涉上文而誤，爲「有培則有隳」之義。

　　前兩句義近而有別，後兩句義反而互補。也許並非抄寫之誤，而是記憶傳寫而誤，或根據傳寫者本人之理解而改動文本。此皆有可能。故只能根據帛書本與通行本相互參照而定奪。因帛書甲本有所殘損，帛書乙本或奪一句，故可參考傅奕、范應元本，作「或強或剉，或培或墮」。北大漢簡本發佈後，此處正作「或強或挫，或伓或隋。」與傅奕本同。剉、挫皆從「坐」得聲，爲清母歌部字，音同可借。

　　高明：甲本有六字殘損，參論王本，其中包括「或強或羸」一句；乙本雖保存完好，但將此句脫漏，抄寫之誤也。世傳今本多同王本，最後二句作「或強或羸，或挫或隳」；唯傅、范二本作「或強或剉，或培或墮」。范應元云：「『或強或剉，或培或墮』，嚴遵、王弼、傅奕、阮籍同古本。『剉』寸臥切，折傷也。『培』蒲板切，傅奕引《字林》云：『益也。』『墮』，徒果切，傅奕引《字林》云：『落也。』河上公改『噤』爲『呴』，改『剉』爲『羸』，改『培』爲『載』，改『墮』爲『隳』。今仍從古本。」范謂王弼同古本作「或強或剉，或培或墮」，而《經典釋文》出「羸」、「挫」、「墮」三字，說明陸氏所見王本則與今本相同，乃作「或強或羸，或挫或墮」。足證傅、范二本誤「羸」字爲「剉」，王本則誤「培」字爲「挫」。「剉」、「挫」二字同文異體，實乃一字之亂也。甲、乙本末句「或培或墮」，與傅、范本同，《老子》原本當如是。〔註2〕

　　「撱」與「挗」同。《集韻‧紙韻》：「挗，《博雅》：『棄也。』一曰捊也。或作撱。」

〔註 2〕　高明：《帛書老子校注》，北京：中華書局，1996 年，第 379〜380 頁。

隳爲透母歌部字，墮、隋爲定母歌部字，聲母皆爲舌尖中音，故隳、墮、隋音通可借。「墮」也讀作「隓」，與「隓」同，皆爲曉母歌部字。《字彙·土部》：「墮，俗作隓。」《左傳·僖公三十三年》：「墮軍實而長寇讎，亡無日矣。」杜預注：「墮，毀也。」隓，《廣韻·支韻》：「隓，《說文》：『敗城阜曰陸』。隓，俗。」《禮記·月令》：「繼長增高，毋有壞墮。」陸德明《經典釋文》：「墮亦作隓。」「隋」亦與「隓」通，《馬王堆漢墓帛書·經法·國次》：「隋其城郭，棼其鐘鼓。」《國語·晉語八》：「臣嘗陳辭矣，心以守志，辭以行之，所以事君也，若受君賜，是隋其前言。」韋昭注：「隋，懷也。」

「隳」、「墮」、「隓」皆從「隋」得聲，音義通，故可借用。

王弼注此段曰：「凡此諸『或』，言物事逆順反覆，不施爲執割也。聖人達自然之性，暢萬物之情，故因而不爲，順而不施。」

楮（帛書甲）——諸（帛書乙）——奢（漢簡本、王弼本）
帛書甲：是以聲人去甚，去大，去楮。（151）
帛書乙：是以耴去甚，去大，去諸。（70 下）
漢簡本：是以聖人去甚，去奢，去泰。（199-200）
王弼本：是以聖人去甚，去奢，去泰。（12-279）

楮、諸爲章母魚部字，奢爲書母魚部字，聲母皆爲舌面前音，「楮」、「諸」、「奢」皆從「者」得聲，古讀音相同，故音通可借。《說文·奢部》：「奢，張也。从大者聲。」沈濤《古本考》：「《御覽》四百九十三《人事部》引：『奢，張也。反儉爲奢。從大者，言誇大於人也。』蓋古本尚有此十三字。」

「楮」、「諸」乃「奢」之借。

本章整理：將欲取天下而爲之，吾見其弗得已。夫天下，神器也，非可爲者也。爲之者敗之，執之者失之。物或行或隨，或歔或吹，或強或挫、或培或隳。是以聖人去甚、去泰、去奢。

第三十章　儉　武

𢓊（楚簡本）——佐（帛書甲乙、漢簡本、王弼本）

宔（楚簡本）——主（帛書甲乙、漢簡本、王弼本）

楚簡本：以衍𢓊人宔者。（甲6）

帛書甲乙（152，70下）、漢簡本（201）：以道佐人主。

王弼本（12-279）：以道佐人主者。

𢓊，《郭店楚墓竹簡》釋爲「差」。

《說文・左部》：「差，貳也。差不相值也。从左从㐬。」又《㐬部》：「㐬，艸木華葉㐬。象形。」與「來」作爲小麥之形近。𢓊從來從左，左亦聲。「佐」亦從「左」得聲，左、佐皆爲精母歌部，差爲初母歌部，「照二歸精」，故𢓊（差）、佐音同可通用。

宔，《郭店楚墓竹簡》釋爲「主」。

《說文・宀部》：「宔，宗廟宔祐。从宀主聲。」徐鍇曰：「以石爲藏主之櫝也。一曰神主。《春秋左傳》曰：『許公爲反祐主』，本作宔，假借主字。」段玉裁注曰：「經典作主，小篆作宔。主者，古文也。《左傳》『使祝史徙主祐於周廟』是也。」王筠《句讀》曰：「主者，古文假借字也。宔則後起之分別字也。」故「主」與「宔」爲古今字。

谷（楚簡本）——欲

弜（楚簡本）——强（帛書乙、漢簡本、王弼本）

楚簡本：不谷以兵弜於天下。（甲6-7）

帛書甲：不以兵強〔於〕天下。(152)

帛書乙（70 下-71 上）、漢簡本（201）：不以兵強於天下。

王弼本：不以兵強天下。(12-279)

楚簡本的用字，凡作「欲」者，楚簡本作「谷」或「欲」；而作川谷之「谷」，楚簡本皆作「浴」。帛書本中，凡欲義皆寫作「欲」，而「谷」皆寫作「浴」。谷為見母屋部，欲為餘母屋部，「欲」、「浴」皆從「谷」得聲，故三字音通可假借。例見前第五章。

弲，通行本一般作「強」，傅奕本和敦煌文書 p2584 作「彊」。《說文·虫部》：「強，蚚也。從虫弘聲。疆，籀文強從蚰從彊。」徐鍇曰：「弘與強聲不相近，秦刻石文從口。疑從籀文省。」蓋弲或亦從籀文省。弲為弱之省（見第 25 章）。

長（楚簡本）———睘（漢簡本）———還（王弼本）

楚簡本：丌事好長。(甲 7-8)

帛書乙：亓〔事好還〕。(71 上)

漢簡本：其事好睘。(201)

王弼本：其事好還。(12-279)

本句帛書甲乙本殘。楚簡本的「亓事好長」在「是胃果而不弲」之後。

《說文·長部》：「長，久遠也。從兀從匕。兀者，高遠意也。久則變化。」

長，若作久遠、深遠解，於文義似有未通之處。本章講的是兵事，一般所說的衍文部份為解釋文義之辭，即「師之所處，荊棘生之；大軍之後，必有凶年。」指的是以武力征服天下的結果。王弼注曰：「言師凶害之物也，無有所濟，必有所傷。賊害人民，殘荒田畝，故曰荊棘生也。」《想爾注》云：「治國之君務修道德，忠臣輔佐務在行道，道普德溢，太平至矣。吏民懷慕，則易治矣。悉如信道，皆仙壽矣。……以兵定事，傷煞不應度，其殃禍反還人身及子孫。天子之軍稱師，兵不合道，所在淳見煞氣，不見人民，但見荊棘生。」《漢書·嚴助傳》引淮南王安上書云：「臣聞軍旅之後，必有凶年，言民之各以其愁苦之氣薄陰陽之和，感天地之精，而災氣為之生也……臣聞長老言，秦之時嘗使尉屠雎擊越，又使監祿鑿渠通道。越人逃入深山林叢，不可得攻。留軍屯守空地，曠日持久，士卒勞倦。越乃出擊之，秦兵大破，乃發適戍以備之。當

此之時，外內騷動，百姓靡敝，行者不還，往者莫反，皆不聊生，亡逃相從，群為盜賊，於是山東之難始興。此老子所謂『師之所處，荊棘生之』者也。兵者，凶事，一方有急，四面皆從。臣恐變故之生，奸邪之作，由此始也。《周易》曰：『高宗伐鬼方，三年而克之。』鬼方，小蠻夷；高宗，殷之盛天子也。以盛天子伐小蠻夷，三年而後克，言用兵之不可不重也。」蘇轍釋曰：「聖人用兵皆出於不得已，非不得已而欲以強勝天下，雖或能勝，其禍必還報之。楚靈、齊湣、秦始皇、漢孝武，或以殺其身，或以禍其子孫，人之所毒，鬼之所疾，未有得免者也。」這是從消極的後果來看，即是「取強」的惡果，這是一種報應性的災難，即荒無人煙的荊棘叢生和饑荒、瘟疫等大凶之年，更殃及事主之子孫，也是一種「還」。只有「果而不強」，這種兵事所帶來的後果才能降到最低處，才容易補償、償還和得到恢復（《說文‧辵部》：「還，復也。」）。這是從積極的後果來看的。無論從正反兩方面來看還是從消極與積極的態度來看，都是老子《道德經》中所講的「德」之部份。「還」也有「迴旋」之義，《洪武正韻》：「還，轉也。」《禮記‧玉藻》：「周還中規，折還中矩。」鄭玄註：「周旋圓轉，折旋方轉也。」《莊子‧庚桑楚》：「夫尋常之溝，巨魚無所還其體，而鯢鰌為之制。」陸德明《經典釋文》：「還，音旋，回也。」不以取強，其事才容易有迴旋的餘地，其義亦與「償還」義通。《篇海類編‧人事類‧辵部》：「還，償也。」《說文‧人部》：「償，還也。」徐鍇《說文繫傳》：「《史記》曰：『代王償債』是也。」《廣雅‧釋言》：「償，復也。」《說文》「還」亦訓「復」。「償」、「還」可互訓。「長」為定母陽部字，「償」為禪母陽部字，聲母皆為舌頭音，音通可借。故「長」當為「償」之假借字，作「償還」解。「還」與「償」義同，故可通用。《正字通‧目部》：「睘，同罛，俗省。」罛為群母元部字，還為匣母元部字，聲母皆為舌面後音，且還從罛得聲，音同可借，罛乃還之借。故其字當從王弼等通行本作「還」。

　　楚（帛書甲、漢簡本）──荊（王弼本）
　　朸（帛書甲）──棘（帛書乙、漢簡本、王弼本）
　　帛書甲：〔師之〕所居，楚朸生之。（153）
　　帛書乙：〔師之所居，楚〕棘生之。（71 上）
　　漢簡本：師之所居，楚棘生之。（201）
　　王弼本：師之所處，荊棘生焉；大軍之後，必有凶年。（12-279）

《說文‧林部》:「楚,叢木。一名荊也。」《說文‧艸部》:「荊,楚木也。從艸刑聲。菞,古文荊。」「荊」、「楚」義同可通用。

《說文‧木部》:「扐,木之理也。從木力聲。平原有扐縣。」《詩‧小雅‧斯干》:「如矢斯棘。」陸德明《經典釋文》:「棘,韓《詩》作『扐』。扐,隅也。」扐爲來母職部字,棘爲見母職部字,來母和見母組成複輔音〔kl〕,故音通可借。

楚簡本無「師之所處,荊棘生之;大軍之後,必有凶年」四句;帛書本、漢簡本和想爾注本、景龍碑本、景福碑本、遂州本、敦煌丁本等無「大軍之後,必有凶年」二句。眾學者以爲是注文摻入。但傅奕本有此四句,《漢書‧嚴助傳》引淮南王安上書云:「臣聞軍旅之後,必有凶年」之句,或必有所據。因其無妨且有補於文義,故保留之。

燮(楚簡本)──伐(帛書甲乙、王弼本)──發(漢簡本)
喬(楚簡本)──驕(帛書甲)──驕(帛書乙、漢簡本、王弼本)
矜(楚簡本)──矜(帛書甲乙、漢簡本、王弼本)

楚簡本:善者果而已,不以取㢀。果而弗燮,果而弗喬,果而弗矜。是胃果而不㢀。(甲7)

帛書甲:善者果而已矣,毋以取**强**焉。果而毋**驕**,果而勿**矜**,果而〔勿伐〕,果而毋得已居,是胃〔果〕而不**强**。(153-154)

帛書乙:善者果而已矣,毋以取**强**焉。果而毋**驕**,果而勿**矜**,果〔而勿〕伐。果而毋得已居,是胃果而**强**。(71上-71下)

漢簡本:善者果而已,不以取**强**。故果而毋**矜**,果而毋**驕**,果而毋**發**。果而毋不得已。(201-202)

王弼本:善有果而已,不敢以取**强**。果而勿**矜**,果而勿伐,果而勿**驕**,果而不得已,果而勿**强**。(12-279)

燮,《郭店楚墓竹簡》註釋:戔,簡文上部乃「癶」的繁化。「戔」於簡文中借作「伐」。〔註1〕

燮(戔)、廢音義皆通(見第18章注解),伐、戔爲並母月部字,廢爲明母月部字,發爲幫母月部字,聲母皆爲脣音,音通可借。「伐」之義亦與「戔」、

〔註1〕 荊門市博物館:《郭店楚墓竹簡》,北京:文物出版社,1998年5月,第114頁。

「廢」通，有砍伐、除去之義，《廣韻‧月韻》：「伐，斬木也。」《書‧盤庚上》：「無有遠邇，用罪伐厥死，用德彰厥善。」孔安國傳：「罪以懲之使勿犯，伐去其死道。」孔穎達疏：「死刑不用，是伐去其死道。伐，若伐樹然，言止不復行用也。」《說文‧人部》：「伐，……一曰敗也。」《詩‧小雅‧賓之初筵》：「醉而不出，是謂伐德。」王引之《經義述聞》：「德不可以言誅伐。伐者，敗也。」敗壞、損傷是其引申義。楚系文字中，雙（癹）可借爲「發」、「伐」、「廢」〔註2〕。如《郭店竹簡‧成之聞之》第24簡：「雙（發）於色。」典籍中「發」與「伐」通。《管子‧四時》：「求有功發勞力者而舉之。」戴望《校正》：「發、伐，古同聲通用。」《逸周書‧官人》：「發名以事親。」又「有知而言未發。」《大戴禮記‧文王官人》「發」皆作「伐」。《說文》：「伐，擊也。從人持戈。」《廣雅‧釋詁一》：「伐，殺也。」《詩‧大雅‧皇矣》：「是伐是肆，是絕世忽。」鄭玄箋：「伐，謂擊刺之。」「雙（發）」爲「伐」之借。

　　驕從「高」得聲。高、驕爲見母宵部字，喬爲群母宵部字，聲母皆爲舌面後音，音同可借。

　　「喬」與「驕」通。《禮記‧樂記》：「齊音敖辟喬志。」陸德明《經典釋文》：「喬，徐音驕。本或作驕。」孔穎達疏：「言齊音既敖很辟越，所以使人意志驕逸也。」

　　《說文‧夭部》：「喬，高而曲也。從夭，從高省。《詩》曰：『南有喬木。』」《書‧禹貢》：「厥木惟喬。」孔傳：「喬，高也。」喬、高義同，《說文‧馬部》：「驕，馬高六尺爲驕。從馬喬聲。《詩》曰：『我馬唯驕。』一曰野馬。」故驕與「驕」亦義同可通用。《六書故‧動物一》：「驕，引之則爲驕矜。」《篇海類編‧鳥獸類‧馬部》：「驕，自矜也。」《洪武正韻‧蕭韻》：「驕，傲也。」《詩‧小雅‧鴻雁》：「彼非愚人，謂我宣驕。」陳奐疏：「驕者，慢也。」《玉篇‧馬部》：「驕，逸也。」《洪武正韻‧蕭韻》：「驕，恣也。」《書‧畢命》：「驕淫矜侉，將由惡終。」孔傳：「言殷眾士，驕恣過制，矜其所能，以自侉大。」「驕淫矜侉，將由惡終。」也可以作爲本句的註腳。

　　命，從口從令，與「令」義同音近（見第19章注解），故矜、矜亦應義同而可通用。《六書正譌》：「矜從令。」故矜、矜義亦應同。唐慧苑《華嚴經

音義》卷二十二：「特垂矜念，《毛詩傳》：『矜，憐也。謂偏獨憂憐也。』按：《說文》、《字統》：『矜，怜也。』皆從矛、令。若從今者，音巨斤反，矛柄也。案：《玉篇》二字皆從矛、令，無從矛、今者。」矜也有「憐」義，《六書略》：「矜本矛柄，因音借爲矜憐之矜。」《爾雅‧釋訓》：「矜憐，撫掩之也。」揚雄《方言》卷一：「矜，哀也。齊魯之間曰矜。」錢繹箋疏：「矜，古音讀如鄰。《小雅‧鴻雁篇》：『爰及矜人。』毛傳：『矜，憐也。』」可見矜、矝義同，有誤筆之嫌，本爲同一字。《廣韻‧蒸韻》：「矜，《字樣》借爲矜憐字。」矜常用作「自負、驕傲」之義。《正字通‧矛部》：「矜，驕矜自負貌。」《書‧大禹謨》：「汝惟不矜，天下莫與汝爭能。」《公羊傳‧僖公九年》：「矜之者何。猶曰莫若我也。」

　　矝、矜義同可互用，矜、矜或形近而誤而不返。矝、矜廢而「矜」存。

　　楚簡本沒有「果而毋得已居」一句，通行本皆作「果而不得已」，王弼注曰：「吾不以師道爲尚，不得已而用，何矜驕之有也？言用兵雖趣功濟難，然時故不得已後用者，但當以除暴亂，不遂用果以爲強也。」朱謙之亦曰：「用兵而寓於不得已，是勝猶不勝，不以兵強天下者也。」〔註3〕皆解釋「用兵爲不得已而爲之」之義。這與下一章老子所說「兵者不祥之器也，不得已而用之，恬淡爲上」義一致。但此章的「居」字的解釋卻有待於商榷。高明解釋爲：「按『居』字在此作語助詞，與『者』、『諸』義同。《經傳釋詞》卷五：『居，詞也。《易‧繫辭傳》曰：『噫！亦要存亡吉凶，則居可知矣。』鄭、王注並曰『居，辭也。』《詩‧柏舟》曰：『日居月諸。』《正義》曰：『居諸者，語助也。』』……後人因對『居』字不瞭解，故誤作衍文刪去。」〔註4〕這種解釋有點牽強，《老子》文本各版本亦無此用法。在《老子》文本中，「居」作爲動詞倒是屢見，爲「佔有、擁有」之義，如第二章有「成功而弗居也，夫爲弗居，是以弗去。」正是對「果而毋得已居」一句的解釋，「果」即是達到目的而成功，但不能居其功，佔有、擁有其果。這是對用兵的結果而言。「不得已而用之」是指用兵的開始，是因。本章《老子》所說的是「果」，故此處文本應該有「居」字，爲「不居果、不居功」之義。用兵的「果」是戰勝，果而不居才是對待勝利的正確態度，這就是顯示「果而不強」，否則，就會出

〔註3〕　朱謙之：《老子校釋》，北京：中華書局，1984 年，第 122 頁。
〔註4〕　高明：《帛書老子校注》，北京：中華書局，1996 年，第 384～385 頁。

現「驕」、「矜」、「伐」的態度，是「取強」的態度，爲老子所不取。事物達
到「壯而老」的地步，則爲「不道」了，「不道」則「早已」也。

　　楚簡本《老子》無此句，且其文字不及通行本的一半，正說明了楚簡本
是一個不完整的本子。研究楚簡本者鍾情於其時代的靠前，以它本爲非；研
究帛書本者偏愛於其全並可相互對照，則以它本爲未足；而習慣於王弼等通
行本者又因楚簡、帛書本的假借字氾濫而以爲不堪猝讀，囿於千古成見而棄
之不顧。此皆不是對待文獻的正確態度。

　　帛書乙本「是胃果而強」之「強」字前奪一「勿」字。漢簡本無「是謂
果而毋強」一句。傅奕本和想爾注本作：「果而不得已，是果而勿強。」「是」
或「是謂」皆爲前後因果之連接詞。此當從帛書本。

　　王弼本後兩句「果而不得已，果而勿強。」明顯有篡改，在傳承抄寫的
過程中，爲了與前三句句式一致而改寫。

　　本章整理：以道佐人主者，不以兵強於天下。其事好還。師之所處，荆
棘生焉；大軍之後，必有凶年。善者果而已矣，毋以取強焉。果而勿驕，果
而勿矜，果而勿伐，果而毋得已居，是謂果而不強。物壯則老，謂之不道，
不道早已。

第三十一章　偃　武

雔（漢簡本）──佳（王弼本）

兵（帛書甲乙、王弼本）──美（漢簡本）

祥（帛書甲乙、王弼本）──恙（漢簡本）

帛書甲：夫兵者，不祥之器〔也〕。（154）

帛書乙：夫兵者，不祥之器也。（71下）

漢簡本：夫雔美，不恙之器也。（204）

王弼本：夫佳兵者，不祥之器。（12-279）

帛書本第一句「夫兵者」，王弼本等作「夫佳兵者」，衍一「佳」字。王念孫較早的看出了這一問題，云：「《釋文》：『佳，善也。』河上云：『飾也』。念孫按：『善』、『飾』二訓，皆於義未安。古所謂『兵』者，皆指五兵而言，故曰：『兵者，不祥之器。』若自用兵者言之，則但可謂之『不祥』，而不可謂之『不祥之器』矣。今案『佳』，當爲『隹』，字之誤也。隹，古『唯』字也。『唯兵』爲『不祥之器』，『故有道者不處』。上言『夫唯』，下言『故』，文義正相承也。八章云：『夫唯不爭，故無尤。』十五章云：『夫唯不可識，故強爲之容。』又云：『夫唯不盈，故能蔽不新成。』二十二章云：『夫唯不爭，故天下莫能與之爭。』皆其證也。」《六書故‧動物三》：「隹，鍾鼎文皆借此爲『惟』字。」《周宗鐘》：「隹皇上帝百神，保余小子。」《墨子‧明鬼》：「矧隹人面，胡敢異心？」畢沅注：「隹，古惟字。」隹爲章母微部，唯、惟爲餘母微部，喻四歸定，聲母皆爲舌頭音，故隹、唯、惟音通可借。「佳」乃「隹」之誤。

　　傅奕本作「夫美兵者。」美與佳，義可通。《說文・角部》：「觟，牝牂羊生角者也。从角圭聲。」又《人部》：「佳，善也。从人圭聲。」佳爲見母支部，觟爲匣母支部，聲母皆爲舌面後音，觟、佳皆從圭聲，音同可借，「觟」當爲「佳」之借，「佳」爲「隹」之誤，「隹」爲「惟」之借（惟爲餘母微部，隹爲章母微部，上古聲母皆爲舌頭音）。美爲明母脂部，兵爲幫母陽部，從漢簡本與它本對照，美與兵處在同一位置，聲母皆爲唇音，都有介音，中古爲三等字，音或可通；「觟美」爲「不祥之器」從意義上也講不通；從字形上看，隸書形狀接近，故漢簡「美」與「兵」或因形、因音近而誤寫。當從王念孫作「夫惟兵者」，以帛書本意義爲上。

　　《說文・心部》：「恙，憂也。从心羊聲。」恙爲餘母陽部，祥爲邪母陽部，喻四歸定，「邪紐古歸定紐」，且皆從「羊」聲，故音通可借，恙爲祥之借。

　　欲（帛書甲、漢簡本）——（裕）道（王弼本）
　　帛書甲：故有欲者弗居。（155）
　　漢簡本：故有欲者弗居也。（204）
　　王弼本：故有道者不處。（12-279）
　　高明：前文（注：通行本第24章，帛書本第22章）已講明，「欲」字在此而假借爲「裕」，《廣雅・釋詁》四：「裕，道也。」「裕」、「道」二字義同。根據帛書甲、乙本前後數處同出此文（注本章及帛書第22章），足可證明「欲」字而應假爲「裕」，「有欲者」當作「有裕者」，無可懷疑。「裕」字與「道」不僅義同，古音亦通。「裕」字爲喻紐四等字，「道」字爲定紐，「喻四歸定」，古爲雙聲；「裕」字屬屋部，「道」字在幽部，「屋」、「幽」音之轉也。從而可證，帛書甲、乙本「有欲者弗居」，均當讀作「有裕者弗居」，猶今本「有道者不居」。〔註1〕
　　例見帛書本第22章。

　　甬（楚簡本）——用（帛書甲乙、漢簡本、王弼本）
　　楚簡本：君子居則貴左，甬兵則貴右。古曰：兵者，〔不祥之器也〕。（丙6）

────────────

〔註1〕 高明：《帛書老子校注》，北京：中華書局，1996年，第389～390頁。

帛書甲：君子居則貴左，用兵則貴右。故兵者，非君子之器也；〔兵者〕，不祥之器也。（155-156）

帛書乙：〔君〕子居則貴左，用兵則貴右。故兵者，非君子之器；兵者，不祥〔之〕器也。（72 上-72 下）

漢簡本：是以君子居則貴左，用兵則貴右。兵者，非君子之器也，不祥之器也。（204-205）

王弼本：君子居則貴左，用兵則貴右。兵者，不祥之器，非君子之器。（12-279）

甬、用皆爲餘母東部字，音同可借。

《說文·马部》：「甬，艸木華甬甬然也。从马用聲。」楊樹達《積微居小學述林》曰：「甬象鐘形，乃鐘字之初文也。知者：甬字形上象鐘懸，下象鐘體，中橫畫象鐘帶。」《曾姬無卹壺》與《江小仲鼎》中所見之「用」與盤、鼎中「甬」字形同。《說文·用部》：「用，可施行也。」「甬」之下體實際爲可施用之處。故「用」與「甬」初文之義亦同。故「甬」與「用」音、義、形皆同而可通用。後分化。

楚簡本無帛書本和通行本的開首四句。

廖名春：從下文「古曰兵者，……旲已而甬之」說來看，《老子》故書是有「夫兵者……故有欲者弗居」一段的。所謂「古曰」即「故曰」，這是典型的稱引形式，如果沒有「夫兵者……故有欲者弗居」一段，則不會有「故曰」的俌引。帛書甲本圖版第 155 行「故有欲者弗居」與「君子居則貴左，甬兵則貴右」之間無任何標點符號，但「物或惡之」和「用兵則貴右」下皆有斷句的標點。帛書乙本殘損，情況不得而知。因此，從帛書甲本看，似乎沒有分爲兩章的跡象。簡文無「夫兵者……故有欲者弗居」一段，可能是出於簡省。〔註2〕

如此，廖名春教授也認爲楚簡本有可能爲節選本。

關於貴左與貴右，古典籍亦多有記載，亦與《老子》義合。

《詩·小雅·裳裳者華》：「左之左之，君子宜之；右之右之，君子有之。」毛傳：「左陽道，朝祀之事；右陰道，喪戎之事。」

〔註2〕 廖名春：《郭店楚簡老子校釋》，北京：清華大學出版社，2003 年 6 月，第 536 頁。

《禮記‧檀弓上》：「二三子皆尙左。」鄭玄注：「喪尙右，右，陰也。吉尙左，左，陽也。」

《左傳‧桓公八年》：「楚人尙左。」

《逸周書‧武順》：「天道尙左，地道尙右，人道尙中。」「天道曰祥，地道曰義，人道曰禮。」「禮義順祥曰吉。吉禮左還，順天以利本；武禮右還，順地以利兵。」陳逢衡《逸周書補注》云：「吉事尙左，故左還。順天者昌，逆天者亡，故曰順天以利本。凶事尙右。武禮則軍禮而兼凶禮者也，故右還，順地以利兵，取容畜也。」

崔述：隋唐以來，世皆以左爲上。或謂古人亦上左者，或又因《檀弓》文「孔子有姊之喪，拱而尙右，二三子皆尙左」，遂謂古人吉事以左爲上，凶事以右爲上者。余考之《春秋傳》，皆上右者，惟楚人上左耳。桓王之伐鄭也，虢公林父將右軍，黑肩將左軍，鄭曼伯爲右拒，祭仲足爲左拒。皆先書右而後書左。其敘宋之六官，亦皆先右師後左師，則是皆以右爲上也。即晉之三軍，亦上軍在右而下軍在左。何以知之？城濮之戰，胥臣以下軍之佐犯陳、蔡而楚右軍潰；潘黨率游闕四十乘從唐侯，以爲左拒，以從上軍。夫胥、楚之師相向而戰，則楚之右，晉之左；楚之左，晉之右。而晉常以上軍當楚左，下軍當楚右，是上軍在右而下軍在左也。惟敘楚之軍帥，皆先左而後右，故季梁曰：「楚人上左，軍必左。」必言「楚人上左」者，明諸侯之國皆上右也。〔註3〕

崔氏所舉之例並不能證明其觀點，相反，以老子之意「吉事上左，喪事上右」而言，軍以喪事居之，故上右，與其所舉「虢公林父將右軍」一致。可見各國在軍事上也是以喪禮對待的，對於其他之事崔氏卻並未給出尙右的例證來。

鎬（楚簡本）──銛（帛書甲乙）──恬（漢簡本、王弼本）

舉（楚簡本）──襲（帛書甲）──憺（帛書乙）──偟（漢簡本）──淡（王弼本）

楚簡本：〔不〕旻已而用之，鎬舉爲上。（丙7）

帛書甲：不得已而用之，銛襲爲上。（156）

〔註3〕 崔述：《豐鎬考信別錄》卷之三《古人尚右》，《崔東壁遺書》，上海：上海古籍出版社，1983年，第354～355頁。

帛書乙：不得已而用之，銛憷爲上。（72 下）
漢簡本：不得已而用之，恬儦爲上。（205）
王弼本：不得已而用之，恬淡爲上。（12-279）

《郭店楚墓竹簡》釋文鐥𦈙隸作「銛𦈙」。……註釋：銛，簡文右上部是「舌」，下部是「肉」。「銛𦈙」疑讀作「恬淡」。裘按：第一字右上部似非「舌」，第二字從「𦈙」，恐亦不能讀爲「淡」。此二字待考。〔註 4〕

帛書整理小組註釋：銛、恬古音同；襲、憷古音相近。憷，甲本作襲，此從心，蓋即譻之異體，與「慴」音義略同。銛憷讀爲恬淡。𦈙從「糸」龍聲，與「襲」之從「衣」龍聲同。〔註 5〕

𦈙，從「糸」從廾，龍聲。《說文》：「廾，竦手也。从𠂇从又。揚雄說，廾，从兩手。」段玉裁注：「此字謂竦其兩手以有所奉也。」徐灝箋：「廾、共，古今字；共、拱亦古今字。」或從「𦈙」，龔爲見母東部字，龍爲來母東部，此亦爲複輔音〔gl〕之依據。

廖名春：「銛」一見於帛書甲本，再見於帛書乙本，楚簡本又作鐥，絕非偶然。《語叢四》簡 19「若齒之事舌」，「舌」字寫作「𠮷」，因此，鐥爲「銛」之繁文無疑。……楚簡之𦈙字帛書甲本作「襲」，而乙本作憷。我意「襲」爲本字，𦈙爲異體，從「糸」與從「衣」同，又繁化加「廾」爲義符，而憷爲借字，它們都以「龍」爲聲符。〔註 6〕

《說文‧金部》：「銛，鍤屬。从金舌聲，讀若棪。桑欽讀若鐮。」段玉裁注：「舌者，口舌字，非聲，當作𠯑，舌兒也，他念切，此舀屬之（鈤），皆用爲聲。」《六書故‧地理一》：「舌非聲，乃甜省聲也。」故「銛」（𠯑，今通作舚，同「甜」，古文𦧇字）當爲定母談部字，與「恬」音同，乃「恬」之假借字。

又銛爲心母談部字，亦爲透母談部；恬爲定母談部字，聲母舌尖前音和舌尖中音近，鐥從「金」、從「舌」得聲，或與「銛」音義通。故鐥、銛、恬古音同可借，鐥、銛乃恬之借。襲爲邪母緝部字，淡爲定母談部字，「邪紐古

〔註 4〕 荊門市博物館：《郭店楚墓竹簡》，北京，文物出版社，1998 年 5 月，第 121
～122 頁。
〔註 5〕 國家古文獻研究室：《馬王堆漢墓帛書》〔壹〕，15 頁註釋〔五九〕，99 頁註釋
〔三四〕。
〔註 6〕 廖名春：《郭店楚簡老子校釋》，北京：清華大學出版社，2003 年 6 月，第 542
～544 頁。

歸定紐」，聲母皆為舌頭音，「緝」、「談」旁對轉，故襲、淡古音通可借。𩖅、襲、憹皆從「龍」得聲，音通可借，龍為來母東部字，僂為來母侯部，與「襲」、「淡」之聲母皆為舌尖中音（舌頭音），「東」、「侯」對轉，「東」、「談」旁對轉，故音通可借。𩖅、襲、憹、僂當為「淡」之假借字。

　　弗（楚簡本、漢簡本）——勿（帛書甲乙、王弼本）
　　敓（楚簡本）——美（帛書甲乙、王弼本）
　　楚簡本：弗敓也。（丙 7）
　　帛書甲乙：勿美也。（156，72 下）
　　漢簡本：弗美。（205-206）
　　王弼本：勝而不美。（12-279）
　　《廣雅・釋詁四》：「弗，不也。」《書・堯典》：「九載績用弗成。」孔傳：「功用不成。」《廣韻・物韻》：「勿，無也。」《論語・雍也》：「雖欲勿用，山川其舍諸？」皇侃疏：「勿，猶不也。」弗為幫母物部，勿為明母物部，聲母皆為唇音，音通可借。弗、勿音義皆通可互用。
　　敓為「微」之形省，美也。詳見第 2、20 章。

　　訧（楚簡本）——美（帛書甲乙、王弼本）
　　楚簡本：訧之，是樂殺人。夫樂〔殺，不可〕以旻志於天下。（丙 7-8）
　　帛書甲乙（156-157，72 下-73 上）：**若美之，是樂殺人也。夫樂殺人，不可以得志於天下矣。**
　　漢簡本：若美之，是樂之；樂之，是樂殺人；是樂殺人，不可以得志於天下。（206）
　　王弼本：而美之者，是樂殺人。夫樂殺人者，則不可以得志於天下矣。（12-279）
　　《郭店楚墓竹簡》註釋：訧，系「敓（微）」字訛體。美色之「美」，《說文》作「媄」，典籍或作「微」。〔註7〕
　　訧當為敓之訛體（見第二章）。微為明母微部字，美為明母脂部字，「微」、「脂」旁轉，故微、美古音同可借。

〔註 7〕　荊門市博物館：《郭店楚墓竹簡》，北京：文物出版社，1998 年 5 月，第 122 頁。

𡥉（楚簡本）──喪（帛書甲、漢簡本）──凶（王弼本）

楚簡本：古吉事上左，𡥉事上右。（丙 8）

帛書甲（157）、漢簡本（206）：是以吉事上左，喪事上右。

帛書乙：是以吉事〔上左，喪事上右〕。（73 上）

王弼本：吉事尙左，凶事尙右。（12-279）

《說文・哭部》：「喪，亾也。从哭从亡。會意。」而𡥉，亦從哭從死，會意。死、亡義同，故𡥉與「喪」亦義同。「凶」有早死之義，《玉篇・凶部》：「凶，短折也。」《書・洪範》：「六極：一曰凶短折。」孔穎達疏引鄭玄曰：「未齓曰凶，未冠曰短，未婚曰折。」故「凶」、「喪」義通。

攴（楚簡本）──便（帛書甲）──偏（帛書乙、王弼本）──扁（漢簡本）

牁（楚簡本）──將（帛書甲乙、漢簡本、王弼本）

豊（楚簡本）──禮（帛書甲乙、漢簡本、王弼本）

楚簡本：是以攴牁軍居左，上牁軍居右，言以𡥉豊居之也。（丙 8-9）

帛書甲：是以便將軍居左，上將軍居右。言以喪禮居之也。（157-158）

帛書乙：是以偏將軍居左，而上將軍居右，言以喪禮居之也。（73 上）

漢簡本：扁將軍居左，上將軍居右，言以喪禮居之。（207）

王弼本：偏將軍居左，上將軍居右，言以喪禮處之。（12-279）

《郭店楚墓竹簡》釋文攴讀爲「偏」；牁讀爲「將」；「豊」讀爲「禮」。

〔註8〕

攴，從又卞聲，卞、便爲并母元部，偏、扁爲幫母眞部，皆爲脣音，眞、元旁轉，故音同可借，「偏」爲本字。

裘錫圭認爲「攴」係「鞭」之古文。

《說文・革部》：「鞭，驅也。从革便聲。㲩，古文鞭。」《類篇》：「鞭，古作㲩。」故攴當隸作「鞭」之古文「㲩」。鞭爲幫母元部字。

「偏」爲副佐之義，《左傳・襄公三十年》：「且司馬，令尹之偏，而王之四體也。」杜預注：「偏，佐也。」「扁」與「偏」通，《吳越春秋・勾踐歸國外傳》：「吾之國也扁。」舊注：「扁，疑當作偏。」

〔註 8〕　荊門市博物館：《郭店楚墓竹簡》，北京：文物出版社，1998 年 5 月，第 121
　　　　頁。

夊、「便」、「扁」爲「偏」之假借字。

《說文·酉部》：「醬，盬也。从肉从酉，酒以和醬也；爿聲。醢，古文。牆，籀文。」又《寸部》：「將，帥也。从寸，醬省聲。」醢爲清母陽部字，將爲精母陽部字，聲母皆爲舌尖前音，故「醢」與「將」音同可借。「醢」爲「將」之借。

《說文·豐部》：「豐，行禮之器也。从豆，象形。讀與禮同。」王國維《觀堂集林》：「象二玉在器之形，古者行禮以玉。」《六書正譌》：「豐，即古禮字。後人以其疑於豐字，禮重於祭，故加示以別之。」《說文·示部》：「禮，履也。所以事神致福也。从示从豐，豐亦聲。𧤴，古文禮。」徐灝注箋：「禮之言履，謂履行而行之也。禮之名，起於事神。」《儀禮·覲禮》：「禮山川丘陵於西門外。」「豐」、「禮」皆爲來母脂部字，音義皆同，可通用。「豐」當爲本字。

忞（楚簡本）——依（帛書甲）——哀（漢簡本、王弼本）
位（楚簡本）——立（帛書甲乙、漢簡本）——泣（王弼本）
勳（楚簡本）——勝（帛書甲、漢簡本、王弼本）——朕（帛書乙）

楚簡本：古殺〔人衆〕，則以忞悲位之；戰勳，則以巎豐居之。（丙9-10）

帛書甲：殺人衆，以悲依立之；戰勝，以喪禮處之。（158）

帛書乙：殺〔人衆，以悲哀〕立之；〔戰〕朕，而以喪禮処之。（73上-73下）

漢簡本：殺人衆，則以悲哀立之；戰勝，以喪禮居之。（207-208）

王弼本：殺人之衆，以悲哀泣之；戰勝，以喪禮處之。（12-279）

《郭店楚墓竹簡》釋文：「古」讀爲「故」；忞讀爲「哀」；「位」讀爲「莅」。注釋：簡文所缺之字，帛書甲本作「人衆」。哀，簡文從「心」，「衣」聲。「衣」、「哀」音近。

《說文·心部》：「愩，痛聲也。从心依聲。《孝經》曰：『哭不愩。』」忞當爲「愩」之異體，《改併四聲篇海·心部》：「愩，哀也。」忞與「依」或爲「愩」之省，與「哀」義同，《說文·口部》：「哀，閔也。从口衣聲。」忞、依、哀皆爲影母微部字，忞、「依」、「哀」皆從「衣」得聲，音義皆同，故可通用。依爲忞「哀」之假借字。

羅運賢：「泣」當爲「涖」之訛。《說文》無「涖」字，蓋即「莅」（本書
三十二章及《周官》、《左傳》、《莊子》並有「涖」字，《說文》蓋遺而未收，
「涖」、「莅」古同。《淮南子‧俶眞訓》注引《老子》「以道涖天下」，「涖」
正作「莅」）。《說文》：「莅，臨也。」「涖之」與下句「處之」一律。《申鑒‧
政體》「好惡以章之，喜怒以涖之，哀樂以趨之。」與「以悲哀涖之」，文法
正通。〔註9〕

位爲來母（亦爲匣母）微部字，立爲來母緝部字，泣爲溪母（亦爲來母）
緝部字。來母與匣母或溪母的諧聲通轉可爲複輔音〔gl〕、〔k‘l〕之依據，「微」、
「緝」通轉，音通可借。

「位」、「立」、「泣」皆從「立」得聲，故音相通而可通用。「立」與「位」
通。《篇海類編‧人事類‧立部》：「立，古位字。」《逸周書‧允文》：「選同
氏姓，位之宗字。」朱又曾《校釋》：「位，立古通用。」《周禮‧春官‧小宗
伯》：「掌建國之神位。」鄭玄註：「故書位作立。」鄭司農云：「立讀爲位。
古者立、位同字。古文《春秋經》：『公即位』，爲『公即立』。」《馬王堆漢墓
帛書‧經法‧道法》：「天地有恒常，萬民有恒事，貴賤有恒立。」「恒立」當
作「恒位」。《論語‧衛靈公》：「知柳下惠之賢而不與立也。」俞樾平議：「立，
當讀爲位。」「立」又與「泣」通。《晏子春秋‧內篇諫上》：「及晏子卒，公
出屏而立。」王念孫《讀書雜志》：「立，即泣字也……《初學記》引作『出
位屏而泣』，『位』字乃衍文耳。……考《集韻》泣字又音立，云惢泣疾皃，
是泣與立同音，故哭泣之泣，亦通作立。」又「立」與「涖」通。《廣雅‧釋
言》：「位，莅也。」王念孫《疏證》：「莅，或作涖。《僖三年穀梁傳》云：『莅
者，位也。』古者位、莅、立三字同聲而通用。」《史記‧范雎蔡澤列傳》：「臣
聞明主立政，有功者不得不賞。」司馬貞《索隱》：「《戰國策》『立』作『涖』。」
《韓非子‧外儲說左上》：「夫不明分，不責誠，而以躬親位下。」陳奇猷《集
釋》引王先愼曰：「位、涖古字通。」通行本皆作「泣」，當讀作「涖」，同「莅」，
臨也。

勝，從力乘聲，與從刀之「剩」音同。勝、勝皆有以力克任之義，故勝與
「勝」音義皆同而可通用。乘爲船母蒸部字，勝爲書母蒸部字，朕爲定母侵

部字，聲母上古皆爲舌頭音，「蒸」、「侵」通轉；「勝」從「朕」得聲，與「朕」音同可借。《莊子·應帝王》：「鄉吾示之以太沖莫勝。」《列子·黃帝》「勝」寫作「朕」。第 31、33、45、61、69、71、75、78、80 章，帛書甲本和通行本「勝」，帛書乙本作「朕」。勑、朕爲勝之借。

本章整理：夫兵者，不祥之器也。物或惡之，故有道者弗居。君子居則貴左，用兵則貴右。故兵者，非君子之器也；兵者，不祥之器也。不得已而用之，恬淡爲上，勿美也。若美之，是樂殺人也。夫樂殺人，不可以得志於天下矣。是以吉事尙左，喪事尙右。偏將軍居左，上將軍居右。言以喪禮居之也。殺人眾，以悲哀莅之；戰勝，以喪禮處之。

第三十二章　聖　德

亙（楚簡本）──恆（帛書甲乙）──恒（漢簡本）──常（王弼本）

楚簡本：道亙亡名。（甲 18）

帛書甲乙：道恆无名。（158，73 下）

漢簡本：道恒無名。（209）

王弼本：道常無名。（12-279）

《說文·二部》：「恆，常也。从心从舟，在二之閒上下。心以舟施，恆也。亙，古文恆从月。《詩》曰：『如月之恆。』」商承祚《〈說文〉中之古文考》：「（甲骨文、金文）皆從月。既云古文從月，又引《詩》釋之，則原本作亙，從外為傳偽。」段玉裁注：「常，當作長。古長久字只作長。」《玉篇·心部》：「恆，常也，久也。」又《巾部》：「常，恒也。」《正字通·心部》：「恒，俗恆字。」

「亙」為「恆」之古文，「恆」義為常，故可通用。因避漢文帝**劉恒**諱而改為「常」。《漢書·地理志》：「常山郡。」顏師古註：「恆山在西，**避漢文帝**諱，故改曰常山。」

僕（楚簡本）──楃（帛書甲）──樸（帛書乙、漢簡本、王弼本）

售（楚簡本）──唯（帛書甲乙、漢簡本）──雖（王弼本）

妟（楚簡本）──小（帛書甲乙、漢簡本、王弼本）

楚簡本：僕，售妟。（甲 18）

帛書甲：楃，唯〔小〕。（158）

帛書乙（73下）、漢簡本（209）：樸，唯小。
王弼本：樸，雖小。（12-279）

「椹」、「樸」可通用，說見第28章。「椹」爲影母屋部。「僕」爲並母屋部字，「樸」爲滂母屋部字，聲母皆爲脣音，故音同可借。

見第26章。「雖」與「唯」皆從「唯」得聲，「雖」爲心母微部字，「唯」爲餘母微部字，舌頭音與齒頭音可互諧，諧聲字有例證，音通可借。王引之《經傳釋詞》卷八：「唯，《玉篇》『雖，詞兩設也。』常語也，字或作唯。」楊樹達《詞詮》卷八：「唯，推拓連詞，與雖字用同。」《荀子・性惡》：「今以仁義法正爲固無可知可有之理耶，然則唯禹不知仁義法正，不能仁義法正也。」楊倞註：「唯，讀爲雖。」《史記・汲黯列傳》：「弘、湯深心疾黯，唯天子亦不說也。」意爲「雖然（既使）天子也不滿（汲黯）」。

「售」、「唯」乃一字之異體（說見第2章）。

叟，《郭店楚墓竹簡》釋文隸作「妻」，讀爲「微」。

李零：「僕唯妻」，應讀爲「樸雖細」。古人常以細、大相對，「細」是心母脂部字，「妻」是清母脂部字，比「微」更適合[註1]。

楚系文字「叟」皆釋作「妻」。如《包山楚簡二》第91簡：「周簦之叟臧女。」意或爲「周簦的妻子爲臧氏之女。」第97簡：「以其敓叟。」意爲「強奪妻女」。《郭店楚簡・六德》第28簡：「爲叟亦然。」意爲：作爲妻子也是如此。第29簡：「爲昆弟絕叟，不爲叟絕昆弟。」其意爲：兄弟大於妻子。《九店楚簡・五六號墓第13、17、29、44簡有「利以取（娶）叟。」「（娶）叟。」「某敢以其叟女（汝）。」後一句意爲：把她嫁給你，叟作動詞用。[註2]「妻」或如李零說借爲「細」。「細」有「微小」之意，細、小意同可互用。

弗（楚簡本、帛書乙）——莫（王弼本）
敢（楚簡本、帛書乙）——能（王弼本）
楚簡本：天墬弗敢臣。（甲18）

[註1] 李零：《讀郭店楚簡〈老子〉》，美國達慕思大學郭店《老子》國際研討會論文，1998年。
[註2] 例見滕壬生：《楚系簡帛文字編》，武漢：湖北教育出版社，2008年10月，第1009～1010頁。

帛書乙：而天下弗敢臣。（73 下）

漢簡本：天下弗敢臣。（209）

王弼本：天下莫能臣也。（12-279）

《說文‧丿部》：「弗，撟也。从丿从乀，从韋省。」徐鍇《繫傳》：「弗者，違也。」

《玉篇‧丿部》：「弗，不正也。」與「不」義同，《廣雅‧釋詁四》：「弗，不也。」《書‧堯典》：「績用弗成。」《春秋‧僖公二十六年》：「公追齊師至酅，弗及。」《公羊傳》：「弗者，不之深者也。」《韻會》：「不可也，不然也。」《史記‧孔子世家》：「弗乎弗乎。」弗與莫之否定義同。

《說文‧茻部》：「莫，日且冥也。从日在茻中。」註：「平野中望日將落，如在草茻中也。」日暮有晚和否定義，故《韻會》：「莫，無也，勿也，不可也。」《易‧繫辭下》：「莫之與，則傷之者至矣。」《國語‧魯語下》：「女知莫若婦，男知莫若夫。」韋昭注：「言處女之智不如婦，童男之智不如丈夫也。」

敢、能二字義有所同：有所能，故有所敢；能敢、有膽量，因有所能。義可通用，《淮南子‧道應》：「故莫敢與之爭。」《群書治要》引作「莫能與之爭」。「不敢使之臣服」與「不能夠使之臣服」，其義相近，只是程度有點區別。能，又為獸名，後作「熊」，《集韻》讀音為「胡弓切，平東云」，讀為匣母東部，敢為見母談部，聲母皆為喉牙音，東、談旁對轉，音通可借。

帛書乙本多一「而」字，為承接上文，句更順暢。

女（楚簡本）──若（帛書甲乙、漢簡本、王弼本）

獸（楚簡本）──守（帛書甲乙、漢簡本、王弼本）

楚簡本：侯王女能獸之。（甲 18-19）

帛書甲：〔侯王〕若能守之。（159）

帛書乙（73 下）、漢簡本（209）、王弼本（12-279）：侯王若能守之。

《郭店楚墓竹簡》釋文：「女」讀為「如」。〔註3〕

《說文‧女部》：「女，婦人也。象形。」《集韻‧語韻》：「女，爾也。通作汝。」《詩‧鄭風‧蘀兮》：「叔兮伯兮，倡予和女。」《左傳‧僖公二十三

〔註 3〕 荊門市博物館：《郭店楚墓竹簡》，北京：文物出版社，1998 年 5 月，第 112頁。

年》：「公子若反晉國，則何以報不穀？」「若」表示假設，爲「如果」之義。女爲泥母（或娘母）魚部，若爲日母鐸部，「娘、日歸泥」，聲母皆爲舌頭音，魚、鐸對轉，「女」、「若」音通可借。故「女」爲「若」之借。

《郭店楚墓竹簡》釋文：「獸」讀爲「守」。〔註4〕

獸、狩、守皆爲書母幽部字，音同可借。

《說文·嘼部》：「獸，守備者。从嘼从犬。」其義即有「守」義。楊樹達《積微居小學述林》：「從犬者，獵必以犬，此狩獵之所用也。」「獸蓋狩之初文。」《詩·小雅·車攻》：「建旐設旄，搏獸於敖。」鄭玄箋：「獸，田獵搏獸也。」馬瑞辰《通釋》：「段玉裁謂當從《後漢書·安帝記》注、《水經注·濟水篇》、《東京賦》引《詩》作『薄狩』。惠定宇《九經古義》謂狩即獸字……《東京賦》『薄狩於敖』，薛注謂周王狩也，引《詩》『薄狩於敖』，皆獸同義之證。」「狩」與「守」通，《孟子·告子》：「天子適諸侯曰巡狩。巡狩者，巡所守也。」《禮記·王制》：「天子五年一巡守。」鄭玄註：「狩或作守。」《戰國策·魏策三》：「若禽獸耳。」帛書本「獸」寫作「守」。《易·明夷》：「明夷於南狩。」陸德明《經典釋文》：「狩，本亦作守。」〔註5〕「獸」、「狩」、「守」可通用。

勿（楚簡本）——物（帛書甲乙、漢簡本、王弼本）

宲（楚簡本）——賓（帛書甲乙、漢簡本、王弼本）

楚簡本：萬勿牆自賓。（甲19）

帛書甲乙（159，73下-74上）、漢簡本（209）、王弼本（12-279）：萬物將自賓。

「物」與「勿」可通用，見第2章：萬勿俊而弗忘也。「物」，楚簡本多寫作「勿」。37章：而萬勿牆自憑……萬勿牆自定。第16章：萬勿方复。第57章：灋勿慈章。第55章：勿甕則老。第41章：天下之勿生於又。第64章：是以能桷萬勿之自狀。

〔註4〕 荊門市博物館：《郭店楚墓竹簡》，北京：文物出版社，1998年5月，第112頁。

〔註5〕 此二例見高亨、董治安：《古字通假會典》，濟南：齊魯書社，1989年，第754頁。

　　《郭店楚墓竹簡》釋文：牂讀爲「將」。註釋：寊，从貝從宕省，「賓」字異體。〔註6〕

　　《說文‧貝部》：「賓，所敬也。从貝宕聲。寊，古文。」

　　《爾雅‧釋詁》：「賓，服也。」邢昺疏：「賓者，懷德而服。」劉向《新序》：「先王所以拱揖指揮，而四海賓者，誠德之至已形于外，故《詩》曰：『王猷允塞，徐方既來。』」「賓」的前提是懷德，有德才能有所敬，有所敬才能有所服。侯王能無爲守道懷德，萬物則自會賓服而化。賓與化義有所通，化，爲教化之義，謂以德化也，被德而化。

會（楚簡本）──谷（帛書甲）──合（帛書乙、漢簡本、王弼本）

逾（楚簡本）──俞（帛書甲乙、漢簡本）──降（王弼本）

零（楚簡本）──洛（帛書甲乙）──露（漢簡本、王弼本）

楚簡本：天埅相會也，以逾甘零。（19）

帛書甲：天地相谷，以俞甘洛。（甲159）

帛書乙：天地相合，以俞甘洛。（74上）

漢簡本：天地相合，以俞甘露。（209-210）

王弼本：天地相合，以降甘露。（12-279）

　　會，《郭店楚墓竹簡》釋文隸作「合」。裘按：簡文此字上部，與楚文字中一般「合」字有別，頗疑是「會」字而中部省去豎畫。〔註7〕

　　崔仁義隸作「會」。〔註8〕

　　谷爲見母屋部，合爲匣母緝部，會爲匣母月部，聲母皆爲舌根音，韻部或旁轉，或音通可借。

　　帛書甲本或因形近把「合」誤寫作「谷」。《說文‧會部》：「會，合也。从亼，从曾省。曾，益也。𣌭，古文會如此。」「㣛」亦「會」之古文。《禮記‧王制》：「不能五十里者，不合于天子。」鄭玄註：「合，會也。」「會」與「合」義同可通用。

〔註6〕 荊門市博物館：《郭店楚墓竹簡》，北京：文物出版社，1998年5月，第112頁。

〔註7〕 荊門市博物館：《郭店楚墓竹簡》，北京：文物出版社，1998年5月，第115頁。

〔註8〕 崔仁義：《荊門郭店楚簡〈老子〉研究》，第42頁。北京：科技出版社，1998年10月。

《郭店楚墓竹簡》註釋：逾，簡文從从「亼」從「舟」從「止」。帛書本作「俞」，整理者認為：「『俞』疑讀為『揄』或『輸』。」可從。〔註9〕

逾、俞皆為餘母侯部字，輸為書母侯部字，「喻四歸定」，聲母皆為舌頭音，音通可借。

《說文·車部》：「輸，委輸也。從車俞聲。」段玉裁注：「委者，委隨也。委輸者，委隨輸寫也。以車遷賄曰委輸，亦單言曰輸。」《六書故·工事三》：「輸，頃送所載也。」《左傳·僖公二年》：「秦於是乎輸粟於晉。」《廣雅·釋言》：「輸，寫也。」《玉篇·車部》：「輸，瀉也。」段玉裁《說文解字注·車部》：「輸，凡傾寫皆曰輸。」《廣韻·遇韻》：「輸，送也。」《增韻·虞韻》：「輸，凡以物送之曰輸。」又《說文·舟部》：「俞，空中木為舟也。從亼從舟從巜。巜，水也。」舟與車一樣皆可輸送所載。中醫經穴名「輸」、「俞」通用。《史記·扁鵲倉公列傳》：「因五藏之輸。」張守節《正義》：「《八十一難》云：『十二經皆以輸為原也。』按：此五臟六腑之輸也。」今本《難經·六十六難》為「十二經皆以俞為原者，何也？」故本字當作「輸」。《說文·𨸏部》：「降，下也。從𨸏夅聲。」《爾雅·釋詁一》：「降，落也。」《漢書·郊祀志下》：「後間歲，鳳皇神爵甘露降集京師。」傅奕本、想爾注本等世傳本作「降」，可從。

零當為「露」之異體。《汗簡》「露」作零。《古文四聲韻》引《古孝經》、《石經》「露」也作零〔註10〕。

《說文·雨部》：「零，雨零也。從雨各聲。」段玉裁注：「此下雨本字，今則落行而零廢矣。」《廣雅汗釋詁二》：「零，墮也。」錢大昭《疏義》：「零者雨止墮也。」《玉篇·雨部》：「零，雨零也。或作落。」

洛，水下溜也。《山海經·西山經》：「爰有淫水，其清洛洛。」狀水清清溜下之貌也。

《說文·雨部》：「露，潤澤也。從雨路聲。」桂馥《義證》：「潤澤也者，《玉篇》：『露，天之津液下，所潤萬物也。』」《廣韻·暮韻》：「露，《五經通義》曰：『和氣津凝為露也。』蔡邕《月令》曰：『露者，陰之液也。』」《詩·小雅·湛露》：「湛湛露斯，匪陽不晞。」

〔註9〕 荊門市博物館：《郭店楚墓竹簡》，北京：文物出版社，1998年5月，第115頁。
〔註10〕 《汗簡　古文四聲韻》，李零、劉新光整理，北京：中華書局，2010年7月第2版，第34、115頁上a。

露爲來母魚部，雺、洛爲來母鐸部字，「魚」、「鐸」對轉，音通可借。「雺」、「洛」爲「露」之借。

王弼注曰：「言天地相合，則甘露不求而自降。我守其眞性無爲，則民不令而自均也。」

《說文・土部》：「均，平徧也。从土从匀，匀亦聲。」《莊子・寓言》：「萬物皆種也。以不同形相禪，始卒循環，莫得其倫，是謂天均。」《詩・小雅・皇皇者華》：「我馬維駰，六轡旣均。」毛傳：「均，調也。」《莊子・天下》：「所以均調天下，與人和者也。」

安（楚簡本、漢簡本）——焉（帛書甲乙）

命（楚簡本）——令（帛書乙、漢簡本、王弼本）

天（楚簡本）——而（帛書甲乙、漢簡本、王弼本）

楚簡本：民莫之命天自均安。（甲 19）

帛書甲：民莫之〔令而自均〕焉。（159）

帛書乙：〔民莫之〕令而自均焉。（74 上）

漢簡本：民莫之令而自均安。（210）

王弼本：民莫之令而自均。（12-279）

「安」、「焉」說見第 17 章。第 79 章王弼本「安可以爲善」，帛書本作「焉可以爲善」，是證「安」、「焉」義同可通用。安、焉皆爲影母元部字，音同可借。

《說文・口部》：「命，使也。从口从令。」《書・堯典》：「乃命羲和，欽若昊天。」《說文・卩部》：「令，發號也。从亼卩。」徐鍇《說文繫傳》：「號令者，集而爲之。卩，制也。」《詩・齊風・東方未明》：「倒之顚之，自公令之。」毛傳：「令，告也。」《孟子・離婁上》：「旣不能令，又不受命，是絕物也。」趙岐注：「不能令告鄰國，使之進退。」《廣雅・釋詁一》：「令，使也。」《戰國策・趙策一》：「故貴爲列侯者，不令在相位。」「命」與「令」義同可通用。（亦見第 19 章）

《郭店楚墓竹簡》釋文以「天」爲「而」之形誤。〔註11〕

《易・需・象》:「雲上于天,需。」孔穎達疏:「雲上于天,是天之欲雨,待時而落。」徐鉉曰:李陽冰據《易》「雲上於天」云:「當从天」。故「需」或又作「霚」,需,甲骨文從人(天)從水滴狀,金文從雨從天。楚簡當爲正字,後可能因形近而訛作「而」。

詞(楚簡本)──始(帛書甲乙、漢簡本、王弼本)

斳(楚簡本)──制(帛書甲乙、王弼本)──正(漢簡本)

楚簡本:詞斳又名。(甲 19)

帛書甲:始制有〔名〕。(160)

帛書乙(74 上)、王弼本(12-279):始制有名。

漢簡本:始正有名。(210)

《說文・女部》:「始,女之初也。从女台聲。」段玉裁注:「《釋詁》曰初,始也。此與爲互訓。」王獻唐《釋醜》:「(金文)字從司聲,或司、以兩從。」「形體雖異,皆以所從之聲變其制作,古『㠯』(即以字)、『台』同音,從『以』亦猶從『台』,……以齒音求之,『司』、『㠯』同音,而齒音『㠯』字,以時間及空間關係,每與舍上音之『以』相混,亦或讀『以』。」詞即或司、以兩從,可隸作「詒」,然帛書及通行本作「始」,下文「智是所以不詞」之詞,形與上同,而帛書及通行本作「殆」,是知楚簡本之字的隸釋不可拘泥。「詒」、「始」、「殆」皆從「台」得聲,音可通假。楚系文字,從「台」之字可通借〔註12〕。故詞字可隨文上下語境借作本字。下文「殆」亦如此。

《說文・歹部》:「殆,危也。从歹台聲。」「殆」又有「始」義,《詩・豳風・七月》:「殆及公子同歸。」毛傳:「殆,始也。」《列子・黃帝》:「爾於中也殆矣夫!」盧重玄解曰:「汝於是終始初習耳,未能得其妙也。」殷敬順釋文:「『殆矣夫』,一本作『始矣夫』。」

《集韻・代韻》:「詒,懈倦兒。」《莊子・達生》:「公反,誒詒爲病,數日不出。」陸德明《經典釋文》:「詒,吐代反。郭音怡,李音臺。司馬云:

〔註11〕 荊門市博物館:《郭店楚墓竹簡》,北京:文物出版社,1998 年 5 月,第 112 頁。

〔註12〕 例見滕壬生:《楚系簡帛文字編》,武漢:湖北教育出版社,2008 年 10 月,第 928 頁。

懈倦貌。」「殆」亦有懈怠義，通「怠」（例不繁舉），言爲心聲，古從「言」、「忄」義同。故「殆」、「詒」音義皆同可通用。

斳，《郭店楚墓竹簡》釋文隸作「折，讀爲」制。〔註13〕

楚系文字斳多作「制」，或作「折」、「誓」等。折、制皆爲章母月部字，古音同可借。正爲章母耕部字，耕、月旁對轉，故與制通假。

《說文·艸部》：「𣂰，斷也。从斤斷艸，譚長說：斳，籀文𣂰，从艸在仌中，仌寒故折。折，篆文𣂰，从手。」段玉裁注：「從手從斤。隸字也。《九經字樣》：『《說文》作𣂰，隸省作折。』《類篇》、《集韻》皆云隸從手。則『折』非篆文明矣。」《玉篇·艸部》：「𣂰，斷也。今作折。」王國維《史籀篇疏證》曰：「斳亦從斤斷屮，二屮間之＝，表其斷處也。」《郭店楚簡·語叢四》第 16 簡：「不斳（折）其枳（枝）。」《上博楚簡（二）·容成氏》第 21 簡：「宰不斳（折）骨。」

《說文·刀部》：「制，裁也。从刀从未。未，物成有滋味，可裁斷。一曰止也。𥝊，古文制如此」林義光《文源》曰：「未，古枚字，枝幹也。古制、折通用。」朱駿聲《說文通訓定聲》：「按，以刀斷木，從未猶從木也⋯⋯古文從彡，象斫木紋。」《廣雅·釋詁一》：「制，折也。」

《書·呂刑》：「制以刑。」《墨子·尚同中》「制」作「折」。《郭店楚簡·緇衣》第 26 簡及《上博竹簡（一）·緇衣》第 14 簡有「斳以刑」，句式與之同。

《書·呂刑》：「哲人惟刑。」《墨子·尚賢中》亦引作「哲民維刑。」王引之《經義述聞》：「哲當讀爲折，折之言制也。」《論語·顏淵》：「片言可以折獄者。」陸德明《經典釋文》：「魯讀折爲制。」《郭店楚簡·成之聞之》第 31 簡：「斳爲君臣之義」，《性自明出》第 19 簡：「當事因方而斳之」，第 59 簡：「門外之治，欲其斳也」，《六德》第 2 簡：「作禮樂，斳刑法」。以上斳，皆當讀爲「制」。

此段當與第 28 章「大制無割」之「制」同，爲其本義「裁」。

〔註13〕 荊門市博物館：《郭店楚墓竹簡》，北京：文物出版社，1998 年 5 月，第 112 頁。

辵（楚簡本）——止（帛書乙、漢簡本、王弼本）

訽（楚簡本）——殆（帛書乙、漢簡本、王弼本）

楚簡本：智辵所以不訽。（甲 20）

帛書甲：〔知止〕所以不〔殆〕。（160）

帛書乙：知止所以不殆。（74 上）

漢簡本：智止所以不殆。（210）

王弼本：知止可以不殆。（12-279）

辵，《郭店楚墓竹簡》釋文直接隸定爲「止」。註釋：止，簡文原寫作辵，在這批簡中絕大多數應讀爲「止」，少部份讀爲其他音近的字。在讀爲「止」的時候，直接隸定爲「止」。以下不再說明。〔註 14〕

蔣錫昌：「三十七章『夫亦將不欲』，與此文『夫亦將知止』文例一律，『不欲』即『知止』之誼。以老較老，亦可證此文不誤。」〔註 15〕

辵爲上下結構，上部讀爲「之」，下部讀爲「止」，爲會意字，義爲「之之所止」。《說文・之部》：「之，出也。象艸過屮，枝莖益大，有所之。一者，地也。」羅振玉《增訂殷墟書契考釋》：「按：卜辭從止，從一，人所之也。《爾雅・釋詁》：『之，往也。』當爲『之』之初誼。」《小爾雅・廣詁》：「之，適也。」《詩・鄘風・載馳》：「百而所思，不如我所之。」《孟子・滕文公上》：「滕文公爲世子，將之楚，過宋而見孟子。」「之」爲到…去、往的意思，即「到其所止之處」、「行其所止之處」，有「點到爲止」之義，過猶不及，不要離道太遠，故當爲「止」字。王弼此文所注，可爲說明。王弼注曰：「『始制』，謂樸散始爲官長之時也。始制官長，不可不立名分以定尊卑，故『始制有名』也。過此以往將爭錐刀之末，故曰『名亦既有，夫亦將知止』也。遂任名以號物，則失治之母也，故『知止所以不殆』也。」

「殆」，說解見上。訽爲「殆」之借。

〔註 14〕 荊門市博物館：《郭店楚墓竹簡》，北京：文物出版社，1998 年 5 月，第 112、116 頁。

〔註 15〕 蔣錫昌：《老子校詁》，北京，商務印書館，1937 年，第 218 頁。

卑（楚簡本、帛書乙）——俾（帛書甲）——避（漢簡本）——譬（王弼本）

少（楚簡本）——小（帛書乙、漢簡本）——川（王弼本）

异（楚簡本）——與（帛書甲乙、漢簡本）——於（王弼本）

海（楚簡本）——海（帛書甲乙、漢簡本、王弼本）

楚簡本：卑道之才天下也，猷少浴之异江海。（甲 20）

帛書甲：俾道之在〔天下也，猶〕小浴之與江海也。（160-161）

帛書乙：卑〔道之〕在天下也，猶小浴之與江海也。（74 上-74 下）

漢簡本：避道之在天下，猶小谷之與江海。（210-211）

王弼本：譬道之在天下，猶川谷之於江海。（12-279）

「卑」與「俾」同。《說文・人部》：「俾，益也。从人卑聲。一曰俾門侍人。」段玉裁注：「俾與埤、朇、裨音義皆同，今裨行而埤、朇、俾皆廢矣。……古或假卑爲俾。」《集韻・紙韻》：「卑，使也。通作俾。」《荀子・宥坐》引《詩》曰：「四方是維，天子是庫，卑民不迷。」楊倞注：「卑，讀爲俾。」《詩・小雅・節南山》作「俾民不迷。」

《說文・ナ部》：「卑，賤也。執事也。从ナ甲。」《漢書・鄒陽傳》：「封之於有卑。」卑爲地名，音鼻。又音彼，與俾同。《荀子・宥坐》：「卑民不迷。」又音陛，與庫（bi）同。《周禮・冬官・考工記》：「輪人爲蓋，上欲尊而宇欲卑。」俾音 bi，譬音 pi。「卑」、「俾」爲幫母支部字、「譬」爲滂母支部字、避爲并母錫部字，「辟」爲幫母錫部字，聲母皆爲唇音，支、錫對轉，音通可借。

故從卑之字與從辟之字可通假。《禮記・玉藻》：「而素帶，終辟；大夫素帶，辟垂；士練帶，率下辟。」鄭玄注：「辟讀如裨冕之裨。」《禮記・玉藻》：「士緇辟。」《儀禮・士冠禮》：賈公顏疏皆引「辟」作「裨」。《左傳・哀公二年》：「不設屬辟。」《禮記・喪大記》鄭玄注引「辟」作「椑」。《莊子・知北遊》：「在稊稗。」陸德明《經典釋文》「稗」作「薜」，云：「本又作稗。」《山海經・西山經》：「其草有萆荔。」《楚辭・離騷》「萆荔」作「薜荔」。（高亨、董治安《古字通假會典》第 479～480 頁。）

帛書整理小組乙本注：小，通行本作「川」。《墨子・親士》：「是故江河不惡小谷之滿己也，故能大。」亦言「小谷」，與乙本合。

　　《說文・小部》：「少，不多也。从小丿聲。」段玉裁注：「不多則小，故古少、小互訓通用。」《文選・左思〈蜀都賦〉》：「亞以少城，接乎其西。」劉逵注：「少城，小城也。」《資治通鑑・隋文帝開皇十二年》：「京輔及三河地少而人眾，衣食不給。」胡三省注：「少，與小同。」《山海經・北山經》：「炎帝之少女。」即炎帝的小女兒也。

　　少爲書母宵部字，小爲心母宵部字，舌面前音與舌尖前音幾近，故音義皆同可互用。

　　張舜徽：「『小』字由與『川』形近而誤耳。」〔註 16〕或非誤寫，而是後世人認爲「小浴（谷）」於義有所不通，故後世改爲「川谷」。

　　廖名春：「『小谷』與『江海』大小相對，『江海』之大源於『小谷』之小。而『川』、『江』義近。如言『川』，難以體現『江』之大。當以『小』爲是。蓋『小』與『川』字形相近，後人形誤爲『川』。」〔註 17〕

　　《說文・川部》：「川，貫穿通流水也。《虞書》曰：『濬く〈〈，距川。』言深く〈〈之水會爲川也。」羅振玉《增訂殷墟書契考釋》認爲：「（甲骨文『川』）象有畔岸而水在中。」《書・禹貢》：「奠高山大川。」孔安國傳：「大川，四瀆。」孔穎達疏：「川之大者，莫大於瀆。四瀆謂江、河、淮、濟也。」如此，「川」即有江河之義。《說文・水部》：「江，水。出蜀湔氐徼外崏山，入海。」此「江」，當指長江，所謂「川谷」之「川」當指川之小者，或指長江在出蜀之前的山谷中的水流，與甲骨文「川」形通。《風俗通・山澤篇》：「江者，貢也。出珍物，可貢獻也。」《釋名》：「江，共也。小江流入其中，所公共也。」《書・禹貢》：「岷山導江。」《孔子家語》：「夫江始於岷山，其源可以濫觴。及其至江津也，不舫舟，不避風雨，不可以涉。」小江即小川，小川即小谷。因「小谷」僅有山谷之義，而不能表達水流之義，故改「小谷」爲「川谷」。川谷即指有水之小河流。

　　《說文・舁部》：「與，黨與也。从舁从與。舁，古文與。」舁、與爲古今字。

〔註 16〕　張舜徽：《老子疏證》卷下，《周秦道論發微》，北京：中華書局，1982 年，第194 頁。

〔註 17〕　廖名春：《郭店楚簡老子校釋》，北京：清華大學出版社，2003 年 6 月，第 199～200 頁。

「與」表示比較、相對待之義時，與「於」同。《詩・小雅・車舝》：「雖無德與女，式歌且舞。」楊樹達《詞詮》：「與，用同於。」《史記・越往勾踐世家》：「吳有越腹心之疾『齊與吳，疥癬也。」吳昌瑩《經詞衍釋》卷一：「與，猶于也，於也。」「於」作連詞時，與「與」同。《戰國策・齊策一》：「今趙之與秦也，右齊之於魯也。」《漢書・杜周傳附杜欽》：「況將軍之於主上，主上之與將軍哉！」於爲影母魚部、與爲餘母魚部，餘母與舌、齒、喉牙音可互諧，故音義皆同可互用。

母、每皆從母得聲，亦從母、從水。義或爲水之彙集、返還、孕育之處也，譬「道」爲萬物之孕育且彙集、還原之源也。即皆孕育於此，亦彙集於此之義。

《說文・水部》：「海，天池也。以納百川者。从水每聲。」母、每皆爲明母之部，音同可借。故洖可讀爲「海」。《改併四聲篇海・水部》引《搜眞玉鏡》：「洖，音母。」《六朝別字記》：「洖作海。」《郭店楚簡・窮達以時》第10簡：「窮四海。」《馬王堆漢墓帛書・九主》：「伊尹受令於湯，乃論海內四邦。」戰國楚系文字，海（海）多從「母」，楚簡《老子》「海」兩處皆從「母」〔註18〕。但「母」與「毋」常混用〔註19〕。容庚《金文編》：「毋與母爲一字。」〔註20〕楚系文字的用字例也確實如此。

毋爲明母魚部。毋與母、每聲母皆爲唇音；「之」、「魚」旁轉。故三字古皆音通可借。《字彙補・水部》：「洖，義未詳。」從楚系文字的用字看，當爲「海」之異體字。

王弼注：「川谷之與江海，非江海召之，不召不求而自歸者也。行道於天下者，不令而自均，不求而自得，故曰『猶川谷之於江海』也。」

本章整理：道恆无名，樸，雖小，而天下弗敢臣。侯王若能守之，萬物將自賓。天地相合，以降甘露，民莫之令而自均焉。始制有名，名亦既有，夫亦將知止，知止所以不殆。譬道之在天下也，猶川谷之於江海。

〔註18〕 滕壬生：《楚系簡帛文字編》，武漢：湖北教育出版社，2008 年 10 月，第 941
～942 頁。

〔註19〕 滕壬生：《楚系簡帛文字編》，武漢：湖北教育出版社，2008 年 10 月，見第
1010～1011，1018～1020 頁。

〔註20〕 容庚編著，張振林、馬國權摹補：《金文編》，北京：中華書局，1985 年 7 月，
第 796 頁。

第三十三章　辯　德

忘（帛書甲乙）——亡（王弼本）

帛書甲：死不忘者壽也。（162）

帛書乙：死而不忘者壽也。（75上）

漢簡本（212）、王弼本（12-280）：死而不亡者壽。

「忘」、「亡」為明母陽部字，故音同可借。

「忘」為會意字，《說文·心部》：「忘，不識也。从心从亡，亡亦聲。」「忘」為心之失、心之死也，故「亡」與「忘」音同義通，《漢書·武五子傳》：「子胥盡忠而忘其號。」顏師古注：「忘，亡也。」朱駿聲《說文通訓定聲·壯部》：「亡，叚借為忘。」《詩·邶風·綠衣》：「心之憂矣，曷維其亡。」鄭玄箋：「亡之言忘也。」《論衡·語增》：「為長夜之飲，亡其甲子。」從本章文義看，當作「亡」。王弼注曰：「知人者，智而已矣，未若自知者，超智之上也。勝人者，有力而已矣，未若自勝者，無物以損其力。用其智於人，未若用其智於己也。用其力於人，未若用其力於己也。明用於己，則物無避焉；力用於己，則物無改焉。自足者，自不失，故富也。勤能行之，其志必獲，故曰『強行者有志』矣。以明自察，量力而行，不失其所，必獲久長矣。雖死而以為生之，道不亡乃得全其壽，身沒而道猶存，況身存而道不卒乎！」老子以《道德》為名，故不出此道、德之範圍。本章講的是「德」義，故身「死而不亡者」，應該是其「德」。人之有德，才能有壽。當然，不離道即有德，王說亦通，然過於籠統，不如德之具體也。《黃帝內經·靈樞·本神》有云：「天之在我者，德也；地之在我者，炁也。德流炁薄而生者也。」是為「死而不亡者壽」之義。《老子》亦云：「道生之，而德畜之。」（天）德畜養的是

神，不亡者乃神也，即《老子》所說的「谷神不死」（谷，養也）。以德養神，故不死。神不失其所，故能久長，身死而神不亡，故能壽。如嚴遵《指歸》云：「動作非任，無以得和；不得和，則無以久生。不久生，則無以畜精神；精神不積，無以得壽。」此超出於人們的經驗範圍，故不詳述，乃爲道家所獨有。

　　本章整理：知人者智也，自知者明也。勝人者有力也，自勝者强也。知足者富也。强行者有志也。不失其所者久也。死而不亡者壽也。

第三十四章　任　成

渢（帛書乙本）──泛（漢簡本）──氾（王弼本）

呵（帛書乙本）──旖（漢簡本）──兮（王弼本）

帛書乙：道渢呵，亓可左右也。（75 上）

漢簡本：道泛旖，其可左右。（213）

王弼本：大道氾兮，其可左右。（12-280）

渢爲並母侵部字，泛、氾爲滂母談部字，汎爲滂母侵部，聲母皆爲脣音，「侵」、「談」旁轉，故音通可借。

《集韻·凡韻》：「渢，渢渢，中庸之聲。」

錢大昕《二十二史考異》卷四引《史記·吳太伯世家》同文云：「《說文》無渢字，蓋即汎之異文。」唐玄應《一切經音義》卷十二：「氾，古文泛。」《玉篇·水部》：「氾，氾濫也。亦作泛。」

《說文·水部》：「氾，濫也。从水巳聲。」由氾濫義引申爲廣泛、普遍義。《廣雅·釋詁四》：「氾，博也。」又《釋言》：「氾，普也。」《玉篇》：「氾，普博也。」《莊子·天下》：「墨子氾愛兼利而非鬥，其道不怒。」成玄英疏：「普氾兼愛，利益群生，使各自足。」《禮記·少儀》：「氾埽曰埽。」疏：「氾，廣也。大賓來，主人宜廣埽之。」又《郊特牲》：「氾埽反道。」《孔子家語·郊問》：「氾埽清路。」王肅注：「氾，遍也。」

氾又與汎同。《左傳·襄公二十八年》：「慶封氾祭。」杜預註：「氾祭，遠散所祭。」孔穎達《左傳正義》曰：「論語：『汎愛眾。』汎是寬博之語，故知氾祭爲遠散所祭，言其不共也。」

「渢」爲「氾」、「泛」之借。

呵爲曉母歌部，旖爲影母歌部，兮爲匣母支部，聲母皆爲喉音，歌、支旁轉，故呵、旖、兮音同可借。詳見第4章。

辤（漢簡本）——辭（王弼本）
帛書甲：〔成功〕遂事而弗名有也，萬物歸焉而弗爲主。（163）
帛書乙：成功遂〔事而〕弗名有也，萬物歸焉而弗爲主。（75上-75下）
漢簡本：萬物作而生弗辤，成功而弗名有，愛利萬物而弗爲主。（213）
王弼本：萬物恃之而生而不辭，功成不名有，依養萬物而不爲主。
（12-280）

此段與第二章義同。《廣韻·支韻》：「辤」，同「辭」。《說文·辛部》：「辤，不受也。从辛、从受。受辛宜辤之。辝，籀文辤从台。」《說文·辛部》：「辭，訟也。从𤔔，𤔔猶理辜也。𤔔，理也。嗣，籀文辭从司。」字當從「辭」，意即不訴求、不辯解，不言說，不理睬，不治理等。傅奕本第一句作「萬物恃之以生而不辭」，句更通順，帛書本無此句，其實，「萬物恃之而生」與「依養萬物」意有重疊。本段意義實際上應該是連貫的、符合邏輯順序的，從生長到成熟擁有，再到回歸本體是萬事萬物的一個過程。翻譯爲「萬物依靠祂生長卻不訴求，成功了卻不佔有，萬物回歸祂卻不主宰。」帛書本加上第一句當爲：「萬物恃之以生而不辭，成功遂事而弗名有也，萬物歸焉而弗爲主。」

則（帛書甲乙）——故（漢簡本）
矣（漢簡本）——也（帛書甲乙）
名（帛書甲、王弼本）——命（帛書乙）
帛書甲：則恒无欲也，可名於小；萬物歸焉〔而弗〕爲主，可名於大。
（163-164）
帛書乙：則恒无欲也，可名於小；萬物歸焉而弗爲主，可命於大。（75下-76上）
漢簡本：故恒無欲矣，可名於小；萬物歸焉而弗爲主，可名爲大。（214）
王弼本：常無欲，可名於小；萬物歸焉而不爲主，可名於大。（12-280）
則、故表因果條件關係的連詞，《易·繫辭下》：「寒來則暑往，暑往則寒來，寒暑相推而歲成。」《論語·先進》：「求也退，故進之；由也兼人，故退之。」

矣、也皆爲句末語氣詞。《說文‧矢部》：「矣，語已詞也。从矢以聲。」
《廣雅‧釋詁三》：「矣，止也。」《荀子‧勸學》：「吾嘗終日而思矣，不如須
臾之所學也。」「也」，語氣詞，《玉篇》：「也，所以窮上成文也。」《廣韻》：
「語助之終。」（矣爲匣母之部字，也爲餘母歌部字，聲母皆爲喉音，歌、之
旁對轉，音近）意通可互用。

名、命皆爲明母耕部字，音同可借。

「命」與「名」通。《說文‧口部》：「名，自命也。从口从夕。夕者，冥
也。冥不相見，故以口自名。」可見，名即有命義。《廣雅‧釋詁三》：「命，
名也。」王念孫《疏證》：「命即名也。名、命古同聲同義。」音義皆同，故
可通用。《漢書‧張耳傳》：「嘗亡命遊外黃。」顔師古注曰：「命者，名也。
脫名籍而逃亡。」《漢書‧李陵傳》：「射命中。」顔師古注：「所指名處，即
中之也。」《呂氏春秋‧察今》：「東、夏之命，古今之法，言異而典殊，故古
之命多不通乎今之言者，今之法多不合乎古之法者。」《史記‧天官書》：「兔
七命：曰小正、辰星、天欃、安周星、細爽、能星、鉤星。」司馬貞《索引》：
「命者，名也。」《管子‧幼官》：「三年，名卿請事。」《墨子‧尚賢中》：「乃
名三后，恤功於民。」

本章中，帛書甲乙本有兩處皆作「萬物歸焉而弗爲主」，通行本第一處作
「衣養萬物而不爲主」。奚侗云：「『衣養』猶云『覆育』。有覆育萬物之功，
而不爲之主，是自處卑下也，故云『可名於小』。」本章講的是玄德，如王弼
第十章注云：「凡言玄德，皆有德而不知其主。」之所以名爲小，是有三個前
提條件，一是衣養，二是無欲，三是不爲主，能夠衣被萬物、無所欲求，又
不爲主宰，功成身退而不名有，自處卑下，故可名爲小。而之所以名爲大者，
也有兩個前提條件，一是因爲萬物能夠歸焉，如海納百川；二是不爲主，因
其不以大爲，故能成大。道之用即德，既撫育之，又歸往之。

本章整理：道泛兮，其可左右也，成功遂事而弗名有也，萬物歸焉而弗
爲主，則恒无欲也，可名於小；萬物歸焉而弗爲主，可名爲大。是以聖人之
能成大也，以其不爲大也，故能成其大。

第三十五章　仁　德

翠（楚簡本）——執（帛書甲乙、王弼本）——埶（漢簡本）

徍（徃）（楚簡本）——往（帛書甲乙、漢簡本、王弼本）

坪（楚簡本）——平（帛書甲乙、漢簡本、王弼本）

楚簡本：翠大象，天下徍，徍而不害，安坪大。（丙4）

帛書甲：執大象，〔天下〕往，往而不害，安平大。（164-165）

帛書乙：執大象，天下往，往而不害，安平大。（76上）

漢簡本：埶大象，天下往；往而不害，安平大。（216）

王弼本：執大象，天下往，往而不害，安平太。（12-280）

《郭店楚墓竹簡》釋文翠隸作「執」。〔註1〕裘錫圭：此句首字實爲「埶」，當讀爲「設」，各本作「執」恐誤，別有說。〔註2〕

魏啓鵬：埶，古有兩讀，《經典釋文》卷二十八《莊子音義下·盜跖》：「究埶，音勢，本亦作勢。一音藝。」讀如勢，古音爲月部書紐，與「設」音同，故得通借。「設大象」典出西周古制「設象」，《國語·齊語》：「管子對曰：昔吾先王昭王、穆王，世法文、武遠績以成名，合羣叟，比校民之有道者，設象以爲民紀。」韋昭注：「設象，謂設教象之法於象魏也，《周禮》：『正月之吉，懸法於象魏，使萬民觀焉，挾日而斂之。』所以爲民紀綱也。」〔註3〕

〔註 1〕 荊門市博物館：《郭店楚墓竹簡》，北京：文物出版社，1998 年 5 月，第 121 頁。

〔註 2〕 荊門市博物館：《郭店楚墓竹簡》，北京：文物出版社，1998 年 5 月，第 122 頁，註釋〔七〕。

〔註 3〕 魏啓鵬：《楚簡〈老子〉柬釋》，臺北：萬卷樓圖書有限公司，1999 年，第 60 ～61 頁。

　　與通行本第 64 章相對應的楚簡本有：「**埶**之者遠之……亡**埶**，故亡遊」。**埶**爲「執」，與**蝥**不同，故**蝥**當從裘錫圭隸作「埶」。然從文義上來看，「設」不如「執」，「執大象」說明「道」已在於身在於國，是爲有德者也，而「設大象」只是一種預設和擺設，「道」還未在身、國，於「德」還未豎立、建立起來，何來「天下往」？

　　既然「埶」可借作「設」，亦可借作「執」。「執」爲章母緝部字，「埶」（勢）、「設」皆爲書母月部字，聲母皆爲舌面前（上古舌頭音），「緝」、「月」旁轉，音通可借。

　　「埶」、「執」或音形近誤寫，亦有可能。廖名春教授亦曰：「因『埶』與『執』形近，從帛書甲、乙本起就訛爲『執』。」然亦可說成是楚簡本「執」乃「埶」之訛。故從音從形皆可從帛書本和通行本作「執」。帛書甲乙本和傅奕、范應元二古本皆作「執」，當從之。

　　河上公注：「執，守也。象，道也。聖人守大道，則天下萬民移心歸往之也。」《廣韻・緝韻》：「執，守也。」《書・大禹謨》：「惟精惟一，允執厥中。」

　　《說文・彳部》：「往，之也。从彳坒聲。逞，古文，从辵。」商承祚《說文中之古文考》：「甲骨文……不從彳。從止，王聲。與屮部坒爲一字。」徣、逞皆爲「往」之古文。

　　《說文・土部》：「坪，地平也。从土从平，平亦聲。」桂馥《說文義證》：「地平也者，《廣雅》：『坪，平也。』趙宧光曰蜀峨山有雷洞坪。」《正字通》：「坪，地平處。」《說文・亏部》：「平，語平舒也。从亏从八。八，分也。爰禮說。釆，古文平如此。」段玉裁注：「引申爲凡平舒之稱。」《玉篇・干部》：「平，舒也。」《易・觀》：「觀其生，志未平也。」《禮・大學》：「國治而後天下平。」

　　「坪」與「平」皆爲並母耕部字，音通可借，坪爲平之借。

　　奚侗：「安寧、平和、通泰，皆申言不害誼。」

　　忐（楚簡本）──過（帛書甲乙本、漢簡本、王弼本）

　　客（楚簡本、漢簡本、王弼本）──格（帛書甲乙本）

　　歨（楚簡本）──止（帛書甲乙本、漢簡本、王弼本）

　　楚簡本：樂與餌，怘客迖。（丙 4）
　　帛書甲：樂與餌，過格止。（165）
　　帛書乙：樂與〔餌〕，過格止。（76 上-76 下）
　　漢簡本（216）、王弼本（12-280）：樂與餌，過客止。

　　怘，從心化聲；過從辵咼聲。化爲曉母歌部字，過爲見母歌部字，咼爲溪母歌部字，聲母皆爲舌面後音，怘、過古讀音同，故可借。楚系文字怘皆讀作「過」。〔註4〕如《郭店楚簡・性自命出》第 49 簡：「人不愼，斯有怘。」第 50 簡及《上博竹簡（一）・性情論》第簡：「雖怘，不亞（惡）。」第 39 簡：「然而其怘不亞（惡）。」第 39 簡：「有怘則咎。」怘皆當讀爲「過」。

　　楚系簡帛之「迖」，或作「止」、「之」、「等」、「待」之字〔註5〕，亦當根據上下文語境來判斷，楚簡本《老子》中「迖」皆作「止」。對應於通行本及帛書本的第 32 章：「夫亦將知迖（迖），知迖（迖）所以不殆。」第 44 章：「知迖不殆。」

　　《說文・宀部》：「客，寄也。从宀各聲。」段玉裁注：「自此託彼曰客。」王筠《說文句讀》：「偶寄於是，非久居也。」《廣韻・陌韻》：「客，賓客。」《禮記・曲禮下》：「主人敬客，則先拜客；客敬主人，則先拜主人。」

　　客爲溪母鐸部字，格爲見母鐸部字，聲母皆爲舌面後音；客、格皆從「各」得聲，故音同可借。「格」爲「客」之借。

　　淡（楚簡本、帛書乙本、漢簡本、王弼本）──談（帛書甲本）
　　可（楚簡本）──呵（帛書甲乙）──旖（漢簡本）──乎（王弼本）
　　楚簡本：古道〔之出言〕，淡可丌無味也。（丙 4-5）
　　帛書甲：故道之出言也，曰談呵其无味也。（165）
　　帛書乙：故道之出言也，曰淡呵亓无味也。（76 下）
　　漢簡本：道之出言曰：淡旖其無味。（216）
　　王弼本：道之出口，淡乎其無味。（12-280）

〔註4〕滕壬生：《楚系簡帛文字編》，武漢：湖北教育出版社，2008 年 10 月，第 925 頁。
〔註5〕滕壬生：《楚系簡帛文字編》，武漢：湖北教育出版社，2008 年 10 月，第 131 頁。

淡、談皆爲定母談部字，皆從「炎」得聲，音同可借。談亦有「平淡」之義，與「淡」同。段玉裁《說文解字注‧言部》：「談，談者，淡也，平淡之語。」《馬王堆漢墓帛書‧經‧五正》：「黃帝於是辭其國大夫，上於博望之山，談臥三年以自求也。」「談臥」當爲「淡臥」。李漁《窺詞管見》第十五則：「有以談語收濃詞。」「談語」與「濃詞」相對，當爲「淡語」。

《說文‧水部》：「淡，薄味也。从水炎聲。」「談」爲「淡」之借。

可爲溪母歌部字、呵爲曉母歌部字、旖爲影母歌部字、乎爲匣母魚部字，聲母皆爲舌根音，「歌」、「魚」通轉，故四字音通可借。《說文‧可部》：「可，肎也。从口丂，丂亦聲。」又《兮部》：「兮，語所稽也。从丂，八象气越亏也。」「可」與「兮」皆從「丂」義同，爲語辭。可、呵、兮三字在文中作語辭，義通，故可通用。旖爲借字。通作「兮」。

王弼注：「言道之深大，人聞道之言，乃更不如『樂與餌』應時感悅人心也。『樂與餌』則能令過客止，而道之出言淡然無味，視之不足見，則不足以悅其目，聽之不足聞，則不足以娛其耳。若無所中，然乃用之，不可窮盡也。」

「曰」後面皆指道而言，「道」爲主語，「樂與餌，過客止」只是起陪襯對比作用，只是濃淡之區別，「天下往」與「過客止」才是它們最主要的差別。

「故」在此或作爲句首語助詞，與發語詞「夫」同。吳昌瑩《經詞衍釋》卷五：「故，猶夫也。」《禮記‧禮運》：「故聖人參於天地，并於鬼神，以治政也。」

聖（楚簡本）——聽（帛書甲乙本、漢簡本、王弼本）
䎽（楚簡本）——聞（帛書甲乙本、漢簡本、王弼本）
可（楚簡本、帛書甲乙本、漢簡本）——足（王弼本）
楚簡本：視之不足見，聖之不足䎽，而不可既也。（丙5）
帛書甲：〔視之〕不足見也，聽之不足聞也，用之不可既也。（166）
帛書乙：視之不足見也，聽之不足聞也，用之不可既也。（76下-77上）
漢簡本：視之不足見，聽之不足聞，用之不可既也。（217）
王弼本：視之不足見，聽之不足聞，用之不足既。（12-280）

漢應劭《風俗通》:「聖者,聲也。聞聲知情,故曰聖也。」所謂「聞聲」者,聽也。《說文‧耳部》:「聖,通也。从耳呈聲。」李孝定《甲骨文字集釋》:「(甲骨文)象人上着大耳,從口,會意。聖之初誼爲聽覺感官能之敏銳,故引申訓『通』;賢聖之義,又其引申也……許君以形聲說之,非是。聽、聲、聖三字同源,其始當本一字。」耳之所呈即爲「聽」,《說文‧耳部》:「聽,聆也。从耳悳,壬聲。」「聖」、「聽」皆從「耳」,義有所同,聲、聖皆爲書母耕部字,聽爲透母耕部字,音通可借,亦爲同源字,故可通用。

舓與「聞」爲一字之異體,爲「聞」之古文。《說文‧耳部》:「聞,知聞也。从耳門聲。聞,古文,从昏。」朱駿聲《說文通訓定聲》:「古文從昏聲。」于省吾《殷契駢枝續編》:「(甲骨文)本象人之跪坐以手掩面傾耳以聽外警。」

《廣雅‧釋詁一》:「既,盡也。」《莊子‧應帝王》:「吾與汝既其文,未既其實,而固得道與?」可,有「能夠」之義,《詩‧秦風‧黃鳥》:「彼蒼者天,殲我良人。如可贖兮,人百其身。」足,也有能夠、可以之意,《左傳‧僖公二十三年》:「吾觀晉公子之從者,皆足以相國。」「用之不可既」、「用之不足既」,即不能夠用盡,用之不盡。

本章整理:執大象,天下往。往而不害,安平太。樂與餌,過客止。故道之出言也,曰淡乎其无味也,視之不足見也,聽之不足聞也,而用之不可既也。

第三十六章　微　明

拾（帛書甲）──撽（帛書乙）──欱（漢簡本）──歙（王弼本）

古（帛書甲乙、漢簡本）──固（王弼本）

帛書甲：將欲拾之，必古張之。（166）

帛書乙：將欲撽之，必古張之。（77 上）

漢簡本：將欲欱之，必古張之。（218）

王弼本：將欲歙之，必固張之。（12-280）

　　《說文・欠部》：「歙，縮鼻也。从欠翕聲。」《正字通・欠部》：「歙，合也，與翕同。」

　　《說文・羽部》：「翕，起也。从羽合聲。」段玉裁注：「翕從合者，鳥將起必斂翼也。」此義正與「將欲歙之，必固張之」義合，故「翕」當爲本字。《爾雅・釋詁》：「翕，合也。」《書・皋陶謨》：「翕受敷施。」《詩・小雅・常棣》：「兄弟既翕。」毛傳：「翕，合。」又《易・繫辭上》：「夫坤，其靜也翕。」韓康伯注：「翕，斂也。」

　　歙也有聚、斂之義，《淮南子・兵略》：「（用兵之道）爲之以歙，而應之以張。」閉合、收斂之意，與「張」義反。拾有收斂之義，《廣韻・緝韻》：「拾，收拾也，斂也。」《說文・手部》：「拾，掇也。从手合聲。」撽，從手翕聲，翕亦合聲。《正字通・欠部》：「欱，翕也。」《太玄・告》：「下欱上欱，出入九虛。」范望注：「欱，猶合也。」「拾」爲羣母緝部字，「欱」、「翕」、「歙」爲曉母緝部字，聲母皆爲舌面後音，音通可借。故「拾」、撽、「翕」、「欱」、「歙」，音義皆同，可通用。

固、古皆爲見母魚部字，音同可借。

固，本文爲「已經、已然、早就」之義。《孟子‧滕文公上》：「夫世祿，滕固行之矣。」屈原《離騷》：「自前世而固然。」《國語‧晉語六》：「臣固聞之，郤至欲爲難……」韋昭注：「固，久也。」與「古」義通，《玉篇》：「古，久也，始也。」《說文‧古部》：「古，故也。从十、口。識前言者也。」古、故皆有已然之義。故「固」與「古」音義同，可通用。

去（帛書甲乙）──廢（漢簡本、王弼本）
與（帛書甲乙）──舉（漢簡本）──興（王弼本）
帛書甲乙：將欲去之，必古與之。（167，77 上）
漢簡本：將欲廢之，必古舉之。（218）
王弼本：將欲廢之，必固興之。（12-280）

《說文‧去部》：「去，人相違也。从大厶聲。」人之相違背，和「與」之「助」義反。去，引申有廢義。《廣韻‧語韻》：「去，除也。」《集韻‧語韻》：「去，徹也。」《周禮‧地官‧大司徒》：「以荒政十有二，聚萬民……六曰去幾。」鄭玄注：「去幾，去其稅耳。」《論語‧子路》：「善人爲邦百年，亦可以勝殘去殺矣。」何晏集解引王肅曰：「去殺，不用刑殺也。」「去其稅」，猶廢除其稅，「去殺」，猶廢除刑殺。「去」亦有棄義，與「廢」同，《後漢書‧申屠剛傳》：「愚聞人所歸者，天所與。人所畔者，天所去也。」此「去」和「與」相對。《說文‧广部》：「廢，屋頓也。从广發聲。」段玉裁注：「頓之言鈍，謂屋鈍置無居之者也。引申之凡鈍置皆曰廢。」從此義來看，「廢」與「興」義反。《說文‧舁部》：「興，起也。从舁从同。同力也。」廢引申爲廢黜、廢除、廢棄義，《字彙‧广部》：「廢，放也。」《論語‧公冶長》：「邦有道，不廢。」何晏注：「不廢，言見用。」邢昺疏：「若遇邦有道則常得見用，在官不被廢棄。」又《論語‧衛靈公》：「君子不以言舉人，不以人廢言。」此「廢」和「舉」相對。《晉書‧謝安傳》：「虛談廢務。」「廢言」猶去言，「廢務」猶廢置政務之義。故「去」、「廢」義同可通用。

與，助也，《戰國策‧楚策一》：「吾將深入吳軍，若撲一人，若捽一人，以與大心者也。」又《秦策一》：「不如與魏以勁之。」高誘注：「與，猶助也。」《孟子‧公孫丑上》：「取諸人以爲善，是與人爲善者也。」「與」與「舉」通，

《國語‧周語下》：「夫禮之立成者爲飫，昭明大節而已，少曲與焉。」俞樾《群經評議‧周語一》：「與，古通作舉。少曲與焉，謂無委屈之舉動也。」《韓非子‧內儲說下》：「鄭桓公將欲襲鄶，先問鄶之豪傑良臣辯智果敢之士，盡與其姓名。」俞樾《諸子評議‧韓非子》：「與，當作舉……爲悉記錄其姓名矣。」《易‧無妄‧象》：「天下雷行，物與無妄。」王弼注：「與，猶皆也。天下雷行，物皆不可以妄也。」《荀子‧正論》：「將一位有益于人，則與無益于人也。」王念孫《讀書雜志‧荀子六》：「與，讀爲舉。舉，皆也。言其說皆無益于人也。」從以上所舉之例來看，「舉」爲見母魚部字，「與」爲餘母魚部字，聲母皆爲喉音。故音義皆通可互用。

《五音集韻》：「興，舉也。」《周禮‧夏官‧大司馬》：「進賢興功，以作邦國。」鄭玄註：「興，猶舉也。」又《地官‧鄉大夫》：「三年則大比，攷其德行道藝而興賢者能者。」舉也有興起、復興之意，《禮記‧中庸》：「繼絕世，舉廢國，治亂持危。」（此處也是廢、舉相對）故興、舉義同可互用。

由以上可知，與、興皆與舉通，義有所同，故可通用。文當從漢簡本。

予（帛書甲乙、漢簡本）——與（王弼本）
帛書甲：將欲奪之，必古予之。（167）
帛書乙：將欲奪之，必古予〔之〕。（77 上）
漢簡本：將欲奪之，必古予之。（218-219）
王弼本：將欲奪之，必固與之。（12-280）

《說文‧予部》：「予，推予也。象相予之形。」段玉裁注：「予、與古今字……象以手推物付之。」相予，即爲給予也。《爾雅‧釋詁上》：「予，賜也。」郭璞注：「賜予也。」邢昺疏：「予者，授予也。」《詩‧小雅‧采菽》：「君子來朝，何錫予之。」又：「彼交匪紓，天子所予。」《周禮‧春官‧內史》：「內史掌王八枋之灋，以詔王治，一曰爵，二曰祿，三曰廢，四曰置，五曰殺，六曰生，七曰予，八曰奪。」《史記‧五帝本紀》：「堯乃賜舜絺衣，與琴，爲築倉廩，予牛羊。」「賜」、「與」、「予」連用，義同。

《說文‧勺部》：「與，賜予也。一勺爲與。此與『與』同。」與，施予也。《禮記‧曲禮》：「與人者，不問其所欲。」《周禮‧春官‧大卜》：「以邦事作龜之八命，一曰征，二曰象，三曰與。」鄭玄註：「與，謂予人物也。」此以「予」釋「與」。予、與皆爲餘母魚部字，故「予」、「與」音義皆同，可

通用。從《說文解字》來看，與爲黨與，與爲賜予，予爲推予。後來三字用法合同。

帛書本「去與」和「奪予」或音有所同，而爲後人改「去與」爲「廢興」。「廢、興」、「廢、舉」與「去、與」爲相同之反義詞，故能互用。老子原本文字已經通順，文本亦當如是之，不可擅改。至於以孰爲最後之定本，則可依後來當時文字用語之習慣。廢、舉相對，二字在古文獻多用，意義有很明晰，可從漢簡本。

此種文字和句式的用法，先秦多有，如《戰國策・魏策一》:「將欲敗之，必姑輔之。將欲取之，必姑與之。」《呂氏春秋・行論》:「將欲毀之，必重累之。將欲踣之，必高舉之。」其中的「姑」、「重」、「高」與《老子》本文僅用「固」義不相同，已有權謀之術在其中矣。蓋《老子》文講的是察幾顯微，如范應元釋云:「『張之』、『強之』、『興之』、『與之』之時，已有『翕之』、『弱之』、『廢之』、『取之』之幾伏在其中矣。幾雖幽微，而事已顯明也。故曰『是謂微明』。或者以此數句爲權謀之術，非也。聖人見造化消息盈虛之運如此，乃知常勝之道是柔弱也。蓋物至於壯則老矣。」明代王純甫云:「『將欲』云者，『將然』之辭也;『必固』云者，『已然』之辭也。造化有消息盈虛之運，人事有吉凶倚伏之理，故物之將欲如彼者，必其已嘗如此者也。將然者雖未形，已然者則可見。能據其已然，而逆覩其將然，則雖若幽隱，而實至明白矣。故曰『是謂微明』。」嚴遵《指歸》曰:「此四者明，絕聖而德自起，廢智而化自行，翕天下之心而使自張，弱天下之志而使自強矣。」

㚔（帛書甲）——耎（漢簡本）——柔（帛書乙、王弼本）

帛書甲：㚔弱勝強。（167）

帛書乙：柔弱朕強。（77 下）

漢簡本：耎弱勝强。（219）

王弼本：柔弱勝剛強。（12-280）

《說文・又部》:「友，同志爲友。从二又。相交友也。㚔，古文友。習，亦古文友。」

㚔，帛書研究組讀爲「友」，假借爲「柔」。

友爲匣母之部字，柔爲日母幽部字，日母不僅在中古音地位不穩定，且在方音中聲母讀作齒頭音、喉牙音等，此爲日母與見組互諧，「之」、「幽」旁轉，音通可借。友爲柔之借。

帛書甲本爲兩草並立之形，且巓部下垂，象草木新生，以示柔弱之態也，故當爲柔之初文。《詩‧小雅‧采薇》：「采薇采薇，薇亦柔止。」毛傳：「柔，始生也。」《說文‧木部》：「柔，木曲直也。从木矛聲。」段玉裁注：「凡木曲者可直、直者可曲曰柔……柔之引申，爲凡㮃弱之偁。」《廣雅‧釋詁一》：「柔，弱也。」《詩‧小雅‧巧言》：「荏染柔木，君子樹之。」《易‧說卦》：「立地之道，曰柔與剛。」

《廣雅‧釋詁一》：「㮃，弱也。」《漢書‧司馬遷傳》：「僕雖怯㮃欲苟活，亦頗識去就之分矣，何至自湛溺累紲之辱哉！」《漢書‧王吉傳》：「數以㮃脆之玉體，犯勤勞之煩毒，非所以全壽命之宗也。」顏師古注：「㮃，柔也。」故㮃與柔義同可互用。

說（帛書乙、漢簡本）——脫（帛書甲、王弼本）
帛書甲：魚不可脫於瀟。（167-168）
帛書乙（77 下）、**漢簡本**（219）：魚不可說於淵。
王弼本：魚不可脫於淵。（12-280）

說，通「脫」，《詩‧大雅‧瞻仰》：「彼宜有罪，女覆說之。」毛傳：「說，赦也。」《左傳‧僖公十五年》：「車說其輹，火焚其旗，不利行師。」說，脫落也。《易‧蒙》：「利用行人，用說桎梏。」孔穎達疏：「利用刑戮于人，有利用說去罪人桎梏。」說爲書母月部字，脫爲透母月部字，聲母皆爲舌頭音，音同可借。

「說」、「脫」皆從「兌」得聲，故可通假。

視（帛書甲、漢簡本）——示（帛書乙、王弼本）
帛書甲：邦利器不可以視人。（168）
帛書乙：國利器不可以示人。（77 下）
漢簡本：國之利器不可以視人。（219）
王弼本：國之利器不可以示人。（12-280）

《說文・見部》：「視，瞻也。从見示。眂，古文視。眡，亦古文視。」「視」通「示」。《詩・小雅・鹿鳴》：「視民不恌。」鄭玄箋：「視，古示字也。」「以目視物，以物示人，同作視字。」《書・洛誥》：「公既定宅，伻來，來視予卜休恒吉。」《禮記・曲禮》：「幼子常視毋誑。」孔穎達疏：「示、視古字通。」《漢書・高帝紀》：「視項羽無東意。」《史記》作示。顏師古註：「漢書多以『視』爲『示』，古字通用。」《漢書・項籍傳》：「持三日糧，視士必死，無還心。」朱駿聲《說文通訓定聲・履部》：「視，假借爲示……漢書多以『視』爲『示』，古通用字。」《說文・見部》：「示，天垂象，見吉凶，所以示人也。从二。三垂，日月星也。觀乎天文，以察時變。示，神事也。凡示之屬皆从示。示，古文示。」《莊子・徐無鬼》：「中之質若視日。」陸德明《經典釋文》作「示」，云「示音視。司馬彪本作『視』，云『視日，瞻遠也。』」《太平經》卷六十七：「帝王待之若明友，比鄰示之若父母。」「示」讀若「視」。

視爲禪母脂部字，示爲船母脂部字，聲母皆爲舌面前音，音通可借。由以上可知，「視」與「示」音義皆通，可互用。

關於本章後一段之主旨，《韓非子・喻老》云：「勢重者人君之淵也，君人者勢重於人臣之間，失則不可復得也。簡公失之於田成，晉公失之於六卿，而邦亡身死，故曰：『魚不可脫於深淵。』賞罰者邦之利器也，在君則制臣，在臣則勝君。君見賞，臣則損之以爲德；君見罰，臣則益之以爲威。人君見賞而人臣用其勢，人君見罰而人臣乘其威。故曰『邦之利器不可以示人』」又《內儲說下》：「勢重者人主之淵也，臣者勢重之魚也。魚失於淵而不可復得也；人主失其勢重於臣，而不可復收也，古之人難正言，故託之於魚。賞罰者利器也，君操之以制臣，臣得之以擁主。故君先見所賞則臣鬻之以爲德，君先見所罰則臣鬻之以爲威，故曰：『國之利器不可以示人。』」

縱觀全文，主要強調的還是柔弱，利器爲強，見微知著，故強不可以示，說的就是「物壯則老」的道理。柔弱爲道之性，順道之性，魚必處於淵，利器可藏而不可示，「此物之性而自然之理也。」故知微明之理，處無爲而自化，「知此而用之，則天地之間、六合之內皆福也。」（嚴遵《指歸》）

本章整理：將欲歙之，必固張之。將欲弱之，必固强之。將欲廢之，必固舉之。將欲奪之，必固與之。是謂微明。柔弱勝强。魚不可脫於淵，邦之利器不可以示人。

第三十七章　為　政

無為（楚簡本、漢簡本、王弼本）——無名（帛書甲乙）

楚簡本：衍𣎵亡為也。（甲13）

帛書甲乙：道恒无名。（168，77下）

漢簡本：道恒無為。（220）

王弼本：道常無為而無不為。（12-280）

第 32 章有與此相同的句式：「道恒無名，樸，雖小，而天下弗敢臣。侯王若能守之，萬物將自賓。」兩章比較，句式和文義皆相同。侯王守無名之道和侯王守無為之道，義無區別。《說文・口部》：「名，自命也。从口从夕。夕者，冥也。冥不相見，故以口自名。」無名，即不自命也；不自命，即不自使也，與「無為」義通。第 32 章下段也講「名」，有名則須知止。本章下文也說「化而欲作」，「鎮之以無名之樸」。都是以初始階段的「無名」、「樸」作為最高標準來衡量、制止事物的有為發展。縱觀兩章全文，都講到了「道」、「無名」、「樸」，這三者是等同的，而「無為」是在事物發展過程中，依道的性質而表現出來的一種態度、行為，而非標準，有了標準，才會有依標準而行事的方式和態度。侯王所所遵守的應該是素樸之道，以無為的方式而行。「始制有名」之後，就會有「作」，則必須以「無名之樸」來鎮之，因為此時已經開始背離了無為之道。故兩章強調的都是「無名」之「樸」，本章更著重變化之後的無為過程。

能（楚簡本）——若（帛書甲）——若能（帛書乙、漢簡本、王弼本）

愳（楚簡本、帛書甲）——化（帛書乙、漢簡本、王弼本）

楚簡本：侯王能守之，而萬勿将自愳。（甲 13）

帛書甲：侯王若守之，萬物將自愳。（168）

帛書乙（77 下-78 上）、**漢簡本**（220）、**王弼本**（12-280）：侯王若能守之，萬物將自化。

此句爲假設之辭，語有未定之意，「能」有肯定之意，故當從帛書乙、王弼本作「若能」。能爲泥母之部，若爲日母鐸部，之、鐸旁對轉，或能音通可借，能爲若之借。

爲，羅振玉《增定殷墟書契考釋》：「案：（爲）從爪，從象，絕不見母猴之狀，卜辭作手牽象形……意古者役象以助勞，其事或尚在服牛乘馬以前。」亦可解釋爲馴化象之義，故有「化」義。爲、化可通用。《說文・貝部》：「賹，資也。从貝爲聲。或曰：此古貨字，讀若貴。」段玉裁注：「爲、化二聲同在十七部。貨，古作賹，猶訛、譌通用也。」《書・梓材》：「厥亂爲民。」爲，即教化之義，《論衡・效力》「爲」寫作「化」。王引之《經義述聞・尚書下》：「爲者，化之借字。『爲』與『化』古皆讀若『訛』。」《詩・小雅・沔水》：「民之訛言。」《說文・言部》「訛」引作「譌」。又《爾雅・釋言》：「訛，化也。」《玉篇》：「譌，僞也，化也，動也。」《書・堯典》：「平秩南訛。」孔傳：「訛，化也。」陸德明《經典釋文》：「訛，五和反。」《周禮・春官・馮相氏》鄭玄注寫作「辯秩南譌」，《史記・五帝紀》作「便程南爲，致敬。」。裴駰《集解》引孔安國曰：「爲，化也。平序分南方化育之事，敬行其教，以致其功也。」或可譯作：「辨別察看太陽從北向南運動、變化，恭敬地主持祭祀」。

愳（爲）爲匣母歌部字，化爲曉母歌部字，聲母皆爲舌面後音，故音通可借。《說文・七部》：「化，教行也。从七从人，七亦聲。」《增韻》：「凡以道業誨人謂之教。躬行于上，風動于下，謂之化。」可以說，教行從心上開始作爲，故謂之化，也是有道理的。這樣的字的釋讀，須結合文本上下義以及眾多版本的參考來裁定。人之爲可謂之「僞」，心上之爲，亦可謂之「化」。化與爲皆有變之義。《廣雅・釋詁三》：「爲，成也。」《詩・小雅・十月之交》：「高岸爲谷，深谷爲陵。」《荀子・勸學》：「冰，水爲之，而寒於水。」「化」之通義爲變。朱芳圃《殷周文字釋叢》：「化，象人一正一倒之形，即今俗所謂翻跟頭。《國語・晉語》：『勝敗若化。』韋（昭）注：『化，言轉化無常也。』

《荀子‧正名篇》：『狀變而實無別而為異者謂之化。』楊（倞）注：『化者改舊形之名。』皆其引伸義也。」《郭店楚簡‧語叢一》簡 68：「察天道以憑民氣。」憑當作「化」。「為」、「化」二字從意義上是可通用的。

高明：「甲本假憑字為『化』。憑字從心為聲，『為』字屬匣紐歌部，『化』字在曉紐歌部，『為』、『化』二字古音同通用。《說文‧貝部》：『貨，從貝化聲。』又謂『或從貝為聲』，寫作『賹』，即其證。」〔註1〕

由以上可知，為、化音義皆同，可通用。憑當作「化」。（亦見第 19 章解）

雒（楚簡本）──欲（帛書甲乙、漢簡本、王弼本）

貞（楚簡本）──闐（帛書乙）──實（漢簡本）──鎮（王弼本）

叢（楚簡本）──楃（帛書甲）──樸（帛書乙、漢簡本、王弼本）

楚簡本：憑而雒复，牊貞之以亡名之**叢**。（甲 13）

帛書甲：化而欲〔作，吾將鎮之以无〕名之楃。（168-169）

帛書乙：化而欲作，吾將闐之以無名之樸。（78 上）

漢簡本：化而欲作，吾將實之以無名之樸。（220）

王弼本：化而欲作，吾將鎮之以無名之樸。（12-280）

《說文‧鳥部》：「鵒，鴝鵒也。从鳥谷聲。古者鴝鵒不踰泲。鶋，鵒或从佳从與。」雒，從佳谷聲，與「鵒」同，音「欲 yu」，與「欲」皆為餘母屋部字；又雒、「欲」皆從「谷」得聲，故音同可借。雒為「欲」之借。

貞為端母耕部字，鎮為章母眞部字，闐為定母眞部字，實為章母支部字，聲母皆為舌頭音，「耕」、「眞」旁轉，故四字音通可借。

貞，在典籍中一般釋為「正」。《易‧乾》：「元亨利貞。」孔穎達疏：「貞，正也。」《文言》：「貞者，事之幹也。」《書‧太甲》：「一人元良，萬邦以貞。」孔傳：「貞，正也。」孔穎達疏：「天子有大善，則天下得其正。」《釋名‧釋言語》：「貞，定也。精定不動惑也。」《易‧繫辭下》：「吉凶者，貞勝者也。」韓康伯注：「貞者，正也，一也。」《說文‧金部》：「鎮，博壓也。从金眞聲。」又《玉篇》：「鎮，安也。」《周禮‧春官‧宗伯》：「王執鎮圭。」鎮，猶安也，與「貞」之「正、定」義通。故「貞」、「鎮」音義皆同和可通借。「鎮」、「闐」、「實」皆從「眞」得聲，「闐」、「實」為「鎮」之假借。

〔註 1〕　高明：《帛書老子校注》，北京：中華書局，1996 年，第 421 頁。

《說文‧業部》:「僕,給事者。从人从業,業亦聲。𢍰,古文从臣。」𢍰,從臣,從又。《說文‧又部》:「又,手也。象形。」故𢍰當爲「撲」字,二字爲一字之異體,爲「樸」之假借字。與第《老子》15章相對應的有𢍰字,讀作「樸」,與「樸」同。本章𢍰字,與此類同,當讀作「樸」。「椏」爲影母屋部,樸、𢍰(撲)爲滂母屋部,聲近韻同,音通可借。詳見第15章解。

智足(楚簡本)——不辱(帛書甲乙、漢簡本)——無欲(王弼本)
辱(帛書甲乙、漢簡本)——欲(王弼本)
楚簡本:夫亦牀智〔足〕。(甲13-14)
帛書甲:〔鎮之以无〕名之椏,夫將不辱。(169)
帛書乙:闐之以無名之樸,夫將不辱。(78上)
漢簡本:無名之樸,夫亦將不辱。(221)
王弼本:無名之樸,夫亦將無欲。(12-280)

《郭店楚墓竹簡》釋文「智」讀爲「知」,並以「智足」斷句,註釋:簡文「足」下脫重文號,當據上句補「足」字。〔註2〕

知足則無欲,知足猶知止,知止則不殆,不殆則不辱。正如第44章所說:「知足不辱,知止不殆,可以長久。」以及第46章:「罪莫厚於可欲,咎莫憯於欲得,禍莫大於不知足。故知足之足,恒足矣。」故知足、不辱、無欲三者義同。文當從「無欲」,無欲則靜,文意更明晰。

高明:帛書甲乙本此句均作『夫將不辱』,『辱』字當假借爲『欲』。『辱』、『欲』二字古爲雙聲疊韻,音同互假,故此當作『夫將不欲』。〔註3〕

欲爲餘母屋部字,辱爲日母屋部字,喻四归定,娘、日歸泥,聲母皆爲舌頭音,音通可借,辱爲欲之借。

束(楚簡本)——情(帛書甲)——靜(帛書乙、漢簡本、王弼本)
正(帛書甲乙、漢簡本)——定(楚簡本、王弼本)
楚簡本:智足以束,萬勿牀自定。(甲14)
帛書甲:不辱以情,天地將自正。(169)

〔註2〕 荊門市博物館:《郭店楚墓竹簡》,北京:文物出版社,1998年5月,第112、115頁。
〔註3〕 高明:《帛書老子校注》,北京:中華書局,1996年,第427頁。

帛書乙：不辱以靜，天地將自正。（78 上）
漢簡本：不辱以靜，天地將自正。（221）
王弼本：不欲以靜，天地將自定。（12-280）

「朿」爲清母支部字，「情」、「靜」爲從母耕部字，聲母皆爲舌尖前音，「支」、「耕」對轉，三字音通可借。

《說文・心部》：「情，人之陰气有欲者。从心青聲。」董仲舒《举贤良對策三》曰：「人欲之謂情。」《詩・序》：「六情靜于中，百物盪于外。」《說文・青部》：「靜，審也。从青爭聲。」《玉篇・青部》：「靜，息也。」《增韻・靜韻》：「靜，無爲也。」「動之對也。」《易・坤・文言》：「坤至柔，而動也剛，至靜而德方。」李鼎祚《周易集解》：「荀爽曰：『坤性至靜，得陽而動，布於四方也。』」「朿」、「情」乃「靜」之借。

（正、定，亦見第 23 章）

《說文・正部》：「正，是也。从止，一以止。凡正之屬皆从正。ㄓ，古文正从二。二，古上字。足，古文正从一足。足者亦止也。」徐鍇曰：「守一以止也。」守一而止則定，故「正」、「定」二字義通。《玉篇・正部》：「正，定也。」《周禮・天官・宰夫》：「歲終，則令羣吏正歲會，正月要。」鄭玄注：「正，猶定也。」孫詒讓《正義》：「《說文・正部》云：『正，是也。』事必是而後定，故引申之，定亦曰正。」《詩・大雅・文王有聲》：「維龜正之，武王成之。」

《說文・宀部》：「定，安也。从宀从正。」徐鍇、朱駿聲皆謂「正」亦聲，故與正音同。「㝎」，古文定，與「正」古文之一同形，夏竦《古文韻》引《漢簡》作「㝎」。定爲定母耕部字、正爲章母耕部字，音義皆通，應爲同源字，可通用。《增韻》：「定，靜也，正也，凝也，決也。」《詩・鄘風・定之方中》：「定之方中，作于楚宮。」鄭玄箋：「定星昏而正中，於是可以營制宮室，故謂之營室。」孫炎曰：「定，正也。一曰定謂之耦。」《易・說卦》：「天地定位。」《書・堯典》：「以閏月定四時成歲。」

《老子想爾注》：「失正變得邪，邪改得正。今王者法道，民悉從正，齋正而止，不可復變，變爲邪矣。觀其將變，道便鎭制之，檢以無名之樸，教誡見也。王者亦當法道鎭制之，而不能制者，世俗悉變爲邪矣，下古世是也。」

本章整理：道恒无爲也。侯王若能守之，萬物將自化。化而欲作，吾將鎭之以无名之樸。鎭之以无名之樸，夫亦將不欲。不欲以靜，天地將自正。

第三篇　《老子・德經》異文校讀　上

第三十八章　論　德

帛書甲：上德无〔爲而〕无以爲也。(1)
帛書乙：上德无爲而无以爲也。(1 上)
漢簡本：上德無爲而無以爲，下德[爲]之而無以爲。(1)
王弼本：上德無爲而無以爲，下德爲之而有以爲。(12-281)

　　漢簡本和王弼本都有「下德……」句，帛書本無。「上德」是無爲法，故無以爲（見前文引《六祖壇經》對「德」的解釋）；「下德」是有爲法，故有以爲，與「上仁」、「上禮」的境界一致，所以漢簡本的「下德[爲]之而無以爲」的意義前後乖謬，不可取，文本有誤。王弼本的「下德爲之而有以爲」，義雖無違，但橫插在「上德」與「上仁」的「無以爲」之間，打亂了文本的從「無以爲」到「有以爲」敘述的邏輯順序，有畫蛇添足之嫌。故當從帛書本。

　　癮（帛書乙）──應（漢簡本、王弼本）
　　乃（帛書甲乙、漢簡本）──扔（王弼本）
帛書甲：上禮〔爲之而莫之**癮**也，則〕攘臂而乃之。(2)
帛書乙：上禮爲之而莫之**癮**也，則攘臂而乃之。(1 下)
漢簡本：上禮爲之而莫之應，則攘臂而乃之。(2-3)
王弼本：上禮爲之而莫之應也，則攘臂而扔之。(12-281)

　　《說文・心部》：「應，當也。从心瘫聲。」《字彙補・疒部》：「癮，應本字。」睡虎地秦墓竹簡《封診式・賊死》：「其褥北（背）直痏者，以刃夬二所，癮痏。《廣韻・證韻》：「應，物相應也。」《易・乾》：「同聲相應，同氣

－311－

相求。」《集韻·證韻》:「應,答也。」《列子·湯問》:「河曲智叟亡以應。」《論語·子張》:「子夏之門人小子,當灑掃應對進退可矣。」

　　古文多作「膺」。故膺、應當爲古今字。

　　《說文·手部》:「扔,因也。从手乃聲。」段玉裁改「因」爲「㧱」,《說文·手部》:「㧱,就也。」《廣雅·釋詁一》:「扔,引也。」朱駿聲《說文通訓定聲》:「扔,以手攖之也。」有「牽引,引導」之義。乃爲泥母之部字,扔爲日母蒸部字,娘、日歸泥,聲母皆爲舌頭音,「之」、「蒸」對轉;「扔」從「乃」得聲,故與「乃」音通可借。「乃」爲「扔」之假借。

　　《廣韻·陽韻》:「攘,揎袂出臂曰攘。」《孟子·盡心下》:「馮婦攘臂下車。」《漢書·鄒陽傳》:「攘袂而正議。」顏師古註:「攘袂,猶今人云捋臂。」「攘臂而扔之」猶云「援臂而牽引、引就之」。

　　后(帛書甲)──句(帛書乙)──後(漢簡本、王弼本)
　　帛書甲:失德而后仁,失仁而后義。(3)
　　帛書乙:失德而句仁,失仁而句義,失義而句禮。(1下)
　　漢簡本:失德而後仁,失仁而後義,失義而後禮。(3)
　　王弼本:失德而後仁。(12-281)
　　后、後爲匣母侯部字,句爲見母侯部字,聲母皆爲舌根音,故音通可借。
　　《說文·彳部》:「後,遲也。从彳幺夂者,後也。逡,古文後从辵。」徐鍇《繫傳》:「幺,猶纏躓之也。」林義光《文源》:「幺,古文玄字,繫也。夂象足形,足有所繫,故後不得前。」《玉篇·彳部》:「後,前後。」《廣雅·釋詁三》:「後,晚也。」《詩·小雅》:「不自我先,不自我後。」《說文·后部》:「后,繼體君也。象人之形。施令以告四方,故厂之。从一口。發號者,君后也。」段玉裁注:「后之言後也,開剏之君在先,繼體之君在後也。析言之如是,渾言之則不別矣。」朱駿聲《說文通訓定聲·需部》:「后,叚借爲後。」馬王堆漢墓帛書《道原》:「知虛之實,后能大虛。」《禮記·大學》:「知止而后有定。」后、句爲後之借。

泊（帛書甲乙）──淺（漢簡本）──薄（漢簡本、王弼本）

帛書甲：〔夫禮者，忠信之泊也〕，而亂之首也……是以大丈夫居亓厚，而不居亓泊。（3-4）

帛書乙：夫禮者，忠信之泊也，而亂之首也……是以大丈夫居〔亓厚，而不〕居亓泊。（2上-2下）

漢簡本：夫禮，忠信之淺，而亂之首也……是以大丈夫居其厚，不居其薄。（4-5）

王弼本：夫禮者，忠信之薄，而亂之首……是以大丈夫處其厚，不居其泊。（12-281）

《玉篇‧水部》：「泊，止舟也。」《篇海類編‧地理類‧水部》：「泊，舟附于岸曰泊。」

「泊」又與「薄」通，《字彙‧水部》：「泊，與薄同。」王充《論衡‧率性》：「稟氣有厚泊，故性有善惡也。」又《宣漢》：「天之稟氣，豈爲前世者渥，後世者泊哉。」《詩‧小雅‧小旻》：「如履薄冰。」《易‧繫辭下》：「德薄而位尊，知小而謀大。」《顏氏家訓‧勉學》：「諺曰『積財千萬，不如薄技在身。』」「泊」、「薄」都有「輕微，薄小」之義，皆爲並母鐸部，音義皆同，故可通用。

《說文‧水部》：「淺，不深也。从水戔聲。」引申則有「淺薄」義，《荀子‧修身》：「多問曰博，少聞曰淺。」《說文‧艸部》：「薄，林薄也。一曰蠶薄。从艸溥聲。」引申爲輕微、微小之義，《易‧繫辭下》：「德薄而位尊，知小而謀大，力小而任重，鮮不及矣。」淺與薄義同可互用。

關於本文旨意。《韓非子‧解老》云：「道有積而德有功，德者道之功。功有實而實有光，仁者德之光。光有澤而澤有事，義者仁之事也。事有禮而禮有文，禮者義之文也。故曰：失道而後失德，失德而後失仁，失仁而後失義，失義而後失禮。」王弼注曰：「不能無爲而貴博施；不能博施而貴正直；不能正直而貴飾敬。所謂『失德而後仁，失仁而後義，失義而後禮』也。夫禮也，所始首於忠信不篤，通簡不陽，責備於表，幾微爭制。夫仁義發於內，爲之猶僞，況務外飾而可久乎！」

「亂」訓爲「治」，《說文‧乙部》：「亂，治也。从乙，乙，治之也；从𤔔。」《爾雅‧釋詁》：「徂，存也。」郭璞註：「以徂爲存，猶以亂爲治，以曩爲曏，以故爲今。反覆旁通，美惡不嫌同名。」

首（帛書甲乙、漢簡本）——始（王弼本）
帛書甲：〔前識者〕，道之華也，而愚之首也。（4）
帛書乙：前識者，道之華也，而愚之首也。（2上）
漢簡本：前識者，道之華，而愚之首也。（4）
王弼本：前識者，道之華，而愚之始。（12-281）
　　首，從「頭」義引申為「初始」義。《爾雅·釋詁》：「首，始也。」《廣韻》：「首，始也。」《公羊傳·隱公六年》：「春秋雖無事，首時過則書。」何休註：「首，始也。時，四時也。過，歷也。春以正月為始，夏以四月為始，秋以七月為始，冬以十月為始。」揚雄《方言》：「人之初生謂之首。」《說文·女部》：「始，女之初也。」首為書母幽部字，始為書母之部字，之、幽旁轉，故「首」、「始」音義通可互用。《韓非子·解老》、傅奕本、王弼注皆作「首」，當從之。

　　《韓非子·解老》：「先物行，先理動，之謂前識。前識者，無緣而忘（妄）意度。何以論之？詹何坐，弟子侍，有牛鳴於門外，弟子曰：『是黑牛也，而白在其題。』詹何曰：『然，是黑牛也，而白在其角。』使人視之，果然黑牛而以布裹其角。以詹子之術嬰眾人之心，華焉始矣，故曰『道之華也』。嘗試釋詹子之察，而使五尺之愚童子視之，亦知其黑牛而以布裹其角也。故以詹子之察，苦心傷神，而與五尺之愚童子同功，是以曰『愚之首也』。」
　　河上公注：「不知而言知為前識。」
　　王弼注：「前識者，前人而識也，即下德之倫也。竭其聰明以為前識，役其智力以營庶事，雖得其情，姦巧彌密，雖豐其譽，愈喪篤實。」
　　愚，《荀子·修身》：「非是是非之謂愚。」易順鼎謂「『愚之始』，即邪僞之始也。」

皮（帛書甲）——罷（帛書乙）——被（漢簡本）——彼（王弼本）
帛書甲：居亓實不居亓華。故去皮取此。（4-5）
帛書乙：居亓實而不居亓華。故去罷取此。（2下）
漢簡本：居其實，不居其華。故去被取此。（5）
王弼本：處其實，不居其華。故去彼取此。（12-281）
　　皮、罷、被皆屬並母歌部，彼為幫母歌部，聲母皆為唇音；彼、被從皮得聲。故皮、彼、被、罷音同可借。《石鼓文·汧沔》：「汧殹沔沔，烝皮淖淵。」

《玉篇》：「對此之稱。」《詩・小雅》：「彼月而微，此日而微。」《禮記・檀弓》：「爾之愛我也，不如彼。」罷、皮、被乃「彼」之假借。

　　《韓非子・解老》：「所謂『大丈夫』者，謂其智大也。所謂『處其厚不處其薄』者，行情實而去禮貌也。所謂『處其實不處其華』者，必緣理不徑絕也。所謂『去彼取此』者，去貌徑絕，而取緣理好情實也。」因其大智慧而有所決斷，而其行亦有所果敢，或與世俗反而不爲所動，如香象過河，截流而過。

　　《文子・上仁》：「文子問：『仁義禮何以薄於道德也？』老子曰：『爲仁者必以哀樂論之，爲義者必以取與明之；四海之內哀樂不能徧，府庫之財貨不足以贍萬民。故知不如修道而行德，因天地之性，萬物自正，而天下贍，仁義因附，是以大丈夫居其厚不居其薄。』」

　　本章整理：上德不德，是以有德。下德不失德，是以无德。上德无爲而无以爲也。上仁爲之而无以爲也。上義爲之而有以爲也。上禮爲之而莫之以應也，則攘臂而扔之。故失道而後德，失德而後仁，失仁而後義，失義而後禮。夫禮者，忠信之薄也，而亂之首也。前識者，道之華也，而愚之首也。是以大丈夫居其厚而不居其薄；居其實而不居其華。故去彼取此。

第三十九章　法　本

清（帛書甲乙、王弼本）──精（漢簡本）

帛書甲乙（5，2 下）、王弼本（12-182）：昔之得一者，天得一以清。

漢簡本：昔得一者，天得一以精。(6)

清、精皆爲清母耕部字，音同可借。《說文・水部》：「清，䢭也。澂水之皃。从水靑聲。」段玉裁注：「䢭，明也。澂而後明，故云澂水之皃。」《玉篇・水部》：「清，澄也，潔也。」《詩・魏風・伐檀》：「河水清且漣漪。」引申爲清靜、寂靜之義，《禮記・孔子閒居》：「清明在躬，氣志如神。」精爲清之借。

《說文・一部》：「一，惟初太始，道立于一，造分天地，化成萬物。弌，古文一。」段玉裁注：「一之形於六書爲指事。」徐灝箋：「造字之初，先有數而後有文。一二三三，畫如其數，是爲指事，亦爲象事也。」《易・繫辭下》：「天下之動，貞夫一者也。」孔穎達疏：「皆正乎純一也。」《管子・水地》：「故水一則人心正。」尹知章注：「一，謂不雜。」《書・咸有一德序》：「伊尹作《咸有一德》。」孔傳：「言君臣皆有純一之德以戒太甲。」《書・大禹謨》：「惟精惟一。」孔穎達疏：「將欲明道，必須精心；將欲安民，必須一意。」《禮記・禮運》：「美惡皆在其心，不見其色也，欲一以窮之，捨禮何以哉？」

《莊子・天地》：「一之所起，有一而未形。」成玄英疏：「一，應道也。」《韓非子・揚權》：「道無變，故曰一。」《淮南子・詮言》：「一也者，萬物之本邪，無敵之道也。」《列子・天瑞》：「一者，形變之始也。清輕者上爲天，濁重者下爲地，沖和氣者爲人。」

　　霝（帛書甲乙）——靈（漢簡本、王弼本）

　　帛書甲乙：神得一以霝。（5，2下-3上）

　　漢簡本（6）、王弼本（12-282）：神得一以靈。

　　《說文‧雨部》：「霝，雨零也。从雨，吅象零形。《詩》曰：『霝雨其濛。』」霝、靈皆爲來母耕部，音同可借。「霝」爲「靈」之假借字。《石鼓文》：「霝雨奔槲。」《詩‧鄘風‧定之方中》：「靈雨既零。」鄭玄箋：「靈，善也。」霝雨或靈雨，好雨也。

　　《說文‧玉部》：「靈，靈巫，以玉事神。从玉，霝聲。靈，靈或从巫。」《玉篇‧巫部》：「靈，神靈也。」《廣韻‧青韻》：「靈，神也。」《大戴禮記》：「陽之精氣曰神，陰之精氣曰靈。」《書‧泰誓》：「惟人萬物之靈。」孔傳：「靈，神也。」《詩‧大雅‧生民》：「以赫厥靈。」鄭玄箋：「神之精明者稱靈。」《六書故‧工事一》：「靈，神通曰靈。」楊樹達《積微居小學述林》卷五：「靈，明慧通解之義。」《莊子‧天地》：「大惑者終身不解，大愚者終身不靈。」陸德明《經典釋文》引司馬彪云：「靈，曉也。」

　　正（帛書甲乙、漢簡本）——貞（王弼本）

　　帛書甲：侯〔王得一〕而以爲正。（5-6）

　　帛書乙：侯王得一以爲天下正。（3上）

　　漢簡本：侯王得一以爲正。（6-7）

　　王弼本：侯王得一以爲天下貞。（12-282）

　　貞，在典籍中一般釋爲「正」。《易‧乾》：「元亨利貞。」孔穎達疏：「貞，正也。」《易‧乾‧文言》：「貞者，事之幹也。」《書‧太甲》：「一人元良，萬邦以貞。」孔傳：「貞，正也。」孔穎達疏：「天子有大善，則天下得其正。」《釋名‧釋言語》：「貞，定也。精定不動惑也。」《易‧繫辭下》：「吉凶者，貞勝者也。」韓康伯注：「貞者，正也，一也。」貞屬端母耕部，正爲章母耕部，聲母皆爲舌頭音。音義皆同通，故可互用。（亦見第18章）

　　蔣錫昌：「貞」爲「正」之假，其誼專指清淨之道言，此爲《老子》特有名詞。八章「正善治」，言清靜之道善治也；四十五章「清靜爲天下正」，言以清靜之道爲天下之模範也；五十七章「以正治國」，言以清靜之道治國也；

五十七章「我好靜而民自正」，言我好靜而民自清靜也。「爲天下貞」，即四十五章「清靜爲天下正」，言爲天下清靜之模範也。〔註1〕

按：得一，或謂「守一」，或謂「致虛極也，守靜篤也」，皆言清靜也。

相對於它本，漢簡本奪「天下」二字。侯王是以天下爲其治理的對象，故其「得一」則天下正，他是代表天下，否則則僅僅代表自己了。故當有「天下」二字。

致（帛書甲、漢簡本、王弼本）──至（帛書乙）
帛書甲：亓致之也。（6）
帛書乙：亓至也。（3 上）
漢簡本：其致之也。（7）
王弼本：其致之。（12-282）

致、至皆爲章母脂部，音同可借。《說文・夊部》：「致，送詣也。从夊，从至。」王筠《說文句讀》：「至亦聲。」段玉裁注：「致，引申爲招致之致。」《易・需》：「需於泥，致寇至。」王弼注：「招寇而致敵也。」《漢書・公孫弘傳》：「致利除害。」顏師古注：「致，謂引而至也。」至，亦有招致、導致之義。《墨子・非儒下》：「孔丘所行，心術所至也。」《韓非子・說疑》：「諂諛之臣，唯聖王知之，而亂主近之，故至身死國亡。」「至」皆可訓爲「致」。

《玉篇・夊部》：「致，至也。」《莊子・外物》：「廁足而墊之致黃泉。」陸德明《經典釋文》：「致，至也。本亦作至。」《禮記・樂記》：「武坐致右憲左。」鄭玄注：「致，謂膝至地也。」

故「致」與「至」音義皆通而可互用。本文「其致之也」，其，指上文「得一者」五事；之，指下文「毋已」等五事。因上所說的情況，反過來，因「毋已」等情況會導致以下五事的發生，由「其致之也」連接這種因果關係。（亦見第 10 章假借字）

毋已（帛書甲乙）──無已（漢簡本）──無以（王弼本）
蓮（帛書甲乙）──死（漢簡本）──裂（王弼本）
帛書甲：胃天毋已清將恐〔裂〕。（6）

〔註1〕蔣錫昌：《老子校詁》，北京：商務印書館，1937 年，第 254 頁。

帛書乙：胃天毋已清將恐蓮。（3 上）
漢簡本：天無已精將恐死。（7）
王弼本：天無以清將恐裂。（12-282）

高明：帛書各句「毋已」，今本皆作「無以」。乃將「已」字寫爲「以」，因一字之差，則經義全非，故各家註釋頗多臆測，尤其是詮釋「侯王」一句，更是眾說紛紜，不著邊際。……《詩經·鄭風·風雨》「雞鳴不已」，鄭箋：「已，止也。」「毋已」即無休止，無節制之義。如帛書甲、乙本云「天毋已清將恐裂」，正如河上公注：「言天當有陰陽施張，晝夜更用，不可但欲清明無已時，將恐分裂不爲天。」由此可見，河上本「無以」原作「無已」，故作此詮釋。再如，「地毋已寧將恐發」，劉師培云：「發，借爲廢。」河上公釋爲「泄」，皆有塌陷之義。河上公注云：「言地當有高下剛柔，節氣五行，不可但欲安靜無已時，將恐發泄不爲地。」「神毋已靈將恐歇」，高亨釋「歇」爲「消失」。河上公注云：「言神當有王相囚死休廢，不可但欲靈無已時，將恐虛歇不爲神也。」「谷毋已盈將恐竭」，河上公注云：「言古當有盈縮虛實，不可但欲盈滿無以時，將恐枯竭不爲谷。」帛書甲、乙本「侯王毋已貴以高將恐欮」，「以」字在此爲連詞。廣雅·釋詁》：「以，與也。」「欮」乃「蹶」字之省，或作「厥」。《荀子·成相篇》：「國乃厥」，楊倞注：「顛覆也。」經文猶言，侯王當屈己下人，如無節制地但欲貴於一切與高於一切，將恐被人所顛覆。貴與高並列，則同下文「故必貴而以賤爲本，必高矣而以下爲基」，前後詞義恰相吻合。河上公經文作「侯王無以貴高將恐厲」，……注云：「言侯王當屈己以下人，汲汲求賢，不可但欲高於人，將恐顛覆失其位也。」〔註 2〕

毋已，義爲：「沒有休止地」、「沒有止盡地」「不停地」。《管子·度地》：「內爲之城，城外爲之郭……歲修增而毋已，時修增而毋已，福及孫子。」「毋已」，或作「無已」，《戰國策·韓策一》：「夫以有盡之地，而逆無已之求，此所謂示怨而賈禍者也。」亦有「不卷怠」之義，《詩·魏風·陟岵》：「予子行役，夙夜無已。」鄭玄箋：「無已，無懈倦。」漢簡本正作「無已」，「毋」、「無」音義皆同可互用。亦作「不已」，《詩·周頌·維天之命》：「維天之命，於穆不已。」孔穎達疏：「言天道轉運無極止時也。」《淮南子·精神》：「形勞而不休則蹶，精用而不已則竭。」

〔註 2〕 高明：《帛書老子校注》，北京：中華書局，1996 年，第 12～14 頁。

　　蓮爲來母元部字，裂爲來母月部字，「元」、「月」對轉，音通可借。《說文‧衣部》：「裂，繒餘也。从衣刿聲。」《玉篇‧衣部》：「裂，坼破也。」《禮記‧內則》：「衣裳綻裂，紉箴請補綴。」《晏子‧雜下篇》：「女子而男其飾者，裂其衣，斷其帶。」《廣雅‧釋詁一》：「裂，分也。」《墨子‧尚賢中》：「般爵以貴之，裂地以封之。」

　　《說文‧死部》：「死，澌也，人所離也。从歺从人。兂，古文死如此。」段玉裁注：「《方言》：『澌，索也，盡也。』是澌爲凡盡之稱。人盡曰死。」《釋名‧釋喪制》：「漢以來謂死爲物故，言其諸物皆就朽故也。」「天無已清將恐死」，言天地無休止的清寧下去將會走向滅亡和毀滅，天地萬物都有成住壞空，是無常的、非永恆的。「裂」與「死」意義相近，程度有不同。當從「裂」。「蓮」爲「裂」之假借。另外，「死」或爲「列」之誤寫，形近而誤。

　　渴（帛書甲乙、漢簡本）──竭（王弼本）
　　帛書甲：胃浴毋已盈將恐渴。（6-7）
　　帛書乙：谷毋已〔盈〕將渴。（3下）
　　漢簡本：谷無以盈將恐渴。（8）
　　王弼本：谷毋已盈將恐竭。（12-282）
　　渴、竭爲群母月部字，皆從曷得聲，音同可借。《說文‧水部》：「渴，盡也。从水曷聲。」段玉裁注：「渴、竭，古今字。古水竭字多用渴，今則用渴爲濒矣。」《廣韻‧水韻》：「渴，水盡也。」《周禮‧地官‧草人》：「凡糞種，……渴澤用鹿。」鄭玄注：「渴澤，故水處也。」孫詒讓《正義》：「渴澤，又竭澤也。澤故有水，今涸竭，則無水而可耕種。」本文言川谷之水盡也，涸也。

　　欬（帛書乙）──蹶（王弼本）
　　帛書甲：胃侯王毋已貴〔以高將恐欬〕。（7）
　　帛書乙：侯王毋已貴以高將恐欬。（3下）
　　漢簡本：侯王無已貴以高將恐厥。（8）
　　王弼本：侯王無以貴高將恐蹶。（12-282）
　　欬、厥、蹶皆屬見母月部字，音同可借。
　　欬，同「瘚」，《集韵‧月韵》：「瘚，《說文》：『逆氣也。』或省。」《列子‧湯問》：「吳楚有大木，其名爲櫾。食其皮汁已憤欬之疾。」《廣雅‧釋詁

三》：「欮，穿也。」王念孫《廣雅疏証》：「《玉篇》：『欮，掘也。』《隱公元年・左傳》：『欮地及泉。』」《廣韻・月韻》：「欮，發也。」

《說文・厂部》：「厥，發石也。」桂馥《說文義証》：「《廣韻》作『石厥』，云『發石』。漢律有蹷張士。蹷，發石；張，挽強。」厥，中醫上指氣閉，或四肢僵直，有「暈倒、暈厥」之義，《素問・厥論》：「厥或令人腹滿，或令人暴不知人。」

此義與「蹷」同，昏蹷也。《史記・扁鵲倉公列傳》：「蹷上為重，頭痛身熱，使人煩悶。」張守節《正義》：「蹷，逆氣上也。」亦有僵仆、跌倒之義，從蹷之本義引申而來，《說文・足部》：「蹷，僵也。從足厥聲。」《廣韻・月韻》：「蹷，失腳。」《篇海類編・身體類・足部》：「蹷，跌也。」《孟子・公孫丑上》：「今夫蹷者、趨者，是氣也，而反動其心。」朱熹集註：「蹷，躓也。」《淮南子・精神》：「形勞而不休則蹷，精用而不已則竭。」高誘注：「蹷，顛。」本文當從「蹷」。

    彙（帛書甲乙）──穀（漢簡本、王弼本）
    與（帛書甲乙）──邪（漢簡本、王弼本）
    也（帛書甲乙、漢簡本）──乎（王弼本）
    帛書甲：夫是以侯王自胃孤、寡、不彙，此亓賤〔之本〕與？非〔也〕。（7-8）
    帛書乙：夫是以侯王自胃孤、寡、不彙，此亓賤之本與？非也。（4上）
    漢簡本：是以侯王自謂孤、寡、不穀，此其賤之本邪？非也。（9）
    王弼本：是以侯王自謂孤、寡、不穀，此非以賤為本邪？非乎？（12-282）
    彙當為「穀」之省形。《說文・禾部》：「穀，續也。百穀之總名。從禾殼聲。」本文中釋為「善」，不穀，為不善也，謙辭。《禮記・曲禮》：「於內自稱曰不穀。」《左傳・僖公四年》：「豈不穀是為」，杜預注：「孤、寡、不穀，諸侯謙辭。」正如第四十二章所云：「人之所惡，唯孤、寡、不穀，而王公以為稱。」然形式上的所做所為，非老子所取同，故本文後曰：「此其賤之本與？非也。」《爾雅・釋詁上》：「穀，善也。」《詩・陳風・東門之枌》：「穀旦于差。」《管子・禁藏》：「氣情不營，則耳目穀，衣食足。」

「與」可做語氣詞，表示疑問，同「歟」，傅奕本如此。《集韻‧魚韻》：「與，語辭，通作歟。」《墨子‧明鬼下》：「豈女為之與？亦鮑為之與？」「邪」也可做語氣詞，表疑問或反詰。《廣韻‧麻韻》：「邪，俗作耶，亦語助。」嚴遵本正作「耶」。《莊子‧逍遙遊》：「天之蒼蒼，其色正邪？」與、邪皆為餘母魚部字，音同義通，可互用。

《玉篇‧乀部》：「也，所以窮上成文也。」《顏氏家訓‧書證》：「也，是語已及句助之辭，文籍備有之矣。」「也」在句末既可表示肯定的語氣，又可表示疑問或反詰的語氣，《詩‧邶風‧旄丘》：「叔兮伯兮，何多日也？」「乎」多表示疑問、反詰等語氣，但也可表示肯定語氣，《韓非子‧解老》：「故曰：『禮者，忠信之薄也，而亂之首乎。』」《列子‧周穆王》：「孔子曰：『此非汝所及乎。』」《說苑‧權謀》：「君之所得山戎之寶器者，中國之所鮮也，不可以不進周公之乎。」本文表示的是肯定義，但常用「也」，古本即如此，且前反問語氣後肯定語氣，用字前疑後釋，對比鮮明，而通行本及傅奕本前後皆為疑問反詰，語義不定，與後文「是故」的可定結論不一致。故當從古本。

河上公注：「言必欲尊貴，當以薄賤為本。」「言必欲尊高，當以下為本基。」

與（帛書甲）──輿（帛書乙、漢簡本、王弼本）──譽（吳澄、傅奕、范應元等本）
　　帛書甲：故致數與無與。（8）
　　帛書乙：故至數輿無輿。（4 上）
　　漢簡本（9）、**王弼本**（12-282）：**故致數輿無輿。**
　　傅奕、范應元等本：故致數譽無譽。
「譽」、「與」、「輿」皆為餘母魚部字，音同可借（見第 5 章）。「與」有稱贊、贊揚之義。《論語‧述而》：「與其進也，不與其退也。」《漢書‧翟方進傳》：「傳不云乎：朝過夕改，君子與之，君何疑焉？」顏師古注：「與，許也。」與有贊許之義，與「譽」義可通。《說文‧言部》：「譽，稱（言再）也。從言，與聲。」《論語‧衛靈公》：「吾之於人也，誰毀誰譽？如有所譽者，其有所試矣。」邢昺疏：「譽，謂稱揚。」「譽」亦與「與」通。《韻會

小補》：「譽，通作與。」《禮記・射義》：「詩曰：則燕則譽。」鄭玄註：「譽，或爲與。」陸德明《經典釋文》《老子》此處作「譽」，釋爲「毀譽」之意；《莊子・至樂》篇有「至譽無譽」，又云「天無爲以之清，地無爲以之寧」，正與此章義同。

　　　　祿（帛書甲乙、漢簡本）──琭（王弼本）
　　　　硌（帛書甲乙）──珞（王弼本）
　　帛書甲：是故不欲〔琭琭〕若玉，硌硌若石。（8）
　　帛書乙：是故不欲祿祿若玉，硌〔硌若石〕。（4 上）
　　漢簡本：不欲祿祿如玉，[珞珞如石]。（9-10）
　　王弼本：不欲琭琭如玉，珞珞如石。（12-282）
　　祿、琭皆爲來母屋部，從「彔」得聲，音同可借。《廣韻・屋韻》：「琭，玉名。」「祿」爲「琭」之假借。《說文・彔部》：「彔，刻木彔彔也。象形。」徐鍇《繫傳》：「彔彔，猶歷歷也，一一可數之皃。」可數則不多，不多則貴，故有珍貴義。

　　河上公注曰：「琭琭喻少，落落喻多。玉少故見貴，石多故見賤。言不欲如玉爲人所貴，如石爲人所賤，當處其中也。」嚴遵《指歸》亦曰：「夫玉之爲物也，微以寡；而石之爲物也，巨以眾。眾故賤，寡故貴。玉之與石，俱生一類；寡之與眾，或求或棄。故貴賤在於多少，成敗在於爲否。是以聖人爲之以反，守之以和，與時俯仰，因物變化。不爲石，不爲玉，常在玉石之間；不多不少，不貴不賤，一爲綱紀，道爲楨幹。故能專制天下而威不可勝，全活萬物而德不可量；貴而無憂，賤而無患，高而無殆，卑而愈安；審於反覆，歸於玄默；明於有無，反於太初。」此其莊子所說處於材與不材之間也，以啓下文「上德若谷，大白若辱」等「爲之以反，守之以和」之旨意。《後漢書・馮衍列傳》：「不碌碌如玉，落落如石。」李賢注云：「玉貌碌碌爲人所貴，石形落落爲人所賤。」亦有作「淥淥」者，「琭」當爲本字。

　　硌、珞皆爲來母鐸部，從「各」得聲，音同可借。「珞」爲「硌」之假借。《玉篇・石部》：「硌，山上大石。」《山海經・西山經》：「上申之山，上無草木，而多硌石。」「珞」與「礫」同。《集韻・錫韻》：「礫，《說文》：『小石也。』或作『珞』。」又「礫，石皃。或作珞。」

　　本章整理：昔之得一者，天得一以清，地得一以寧，神得一以靈，谷得一以盈，侯王得一以為天下正。其致之也，謂天毋已清將恐裂，地毋已寧將恐發，神毋已靈將恐歇，谷毋已盈將恐竭，侯王毋已貴以高將恐蹶。故必貴而以賤為本，必高矣而以下為基。夫是以侯王自謂孤、寡、不穀。此其賤之本與？非也。故致數譽无譽。是故不欲琭琭若玉、硌硌若石。

第四十章　同　異

　　昏（楚簡本）──聞（帛書甲乙、漢簡本、王弼本）

　　楚簡本：上士昏道。（乙9）

　　帛書乙：上〔士聞〕道。（4上-4下）

　　漢簡本（12）、王弼本（12-282）：上士聞道。

　　《說文・耳部》：「聞，知聞也。從耳門聲。䎽，古文，從昏。」朱駿聲《說文通訓定聲》：「古文從昏聲。」䎽從昏得聲，故䎽、昏、聞音同；聞爲明母文部字，昏爲曉母文部字，明母與曉母在出土文獻以及諧聲字裏多有互諧的例子。䎽、聞義皆從耳，義可通。故昏、聞音義通，可互用。

　　堇（楚簡本、漢簡本、帛書乙）──勤（王弼本）

　　能（楚簡本、帛書乙）──而（王弼本）

　　楚簡本：堇能行於丌中。（乙9）

　　帛書乙：堇能行之。（4下）

　　漢簡本：堇能行。（12）

　　王弼本：勤而行之。（12-282）

　　《說文・堇部》：「堇，黏土也。從土，從黃省。」堇爲見母文部，勤爲群母文部；勤從「堇」得聲，故音通可借。通行本《老子》第六章「用之不勤」，第五十二章「終身不勤」，「勤」字帛書本皆作「堇」，它本或作「懃」，如夏竦《古文四聲韻》卷一引《古老子》〔註1〕、敦煌文書 S6453 及范應元等，

〔註1〕　《汗簡　古文四聲韻》，李零、劉新光整理，北京：中華書局，2010 年 7 月第 2 版，第 77 頁下 b。

「勲」與「勤」音義皆同，《蘇軾・祭柳仲遠文》：「久而不試，理豈其然。雖不負米，實勞且勲。」其分爲上、中、下士，義理對比分明。故「勤」當爲本字，「蓳」乃借字耳。河上公注曰：「上士聞道，自勤苦竭力而行之。中士聞道，治身以長存，治國以太平，欣然而存之。退見財色榮譽，或於情欲而復亡之也。下士貪狠多欲，見道柔弱謂之恐懼，見道質樸謂之鄙陋，故大笑之。不爲下士所笑，不足以名爲道。」

能爲泥母蒸部字，而爲日母之部字，娘、日歸泥，聲母爲舌頭音。「蒸」、「之」對轉，「能」、「而」音通可借。

「能」與「而」古可通用。《易・履》：「眇能視，跛能履。」李鼎祚《周易集解》引虞翻曰：「能，本作而。」《詩・衛風・芄蘭》：「雖則佩觿，能不我知。」王引之《經傳釋詞》：「能，當讀爲而。古字多借能爲而。」《玉篇・而部》：「而，能也。」作能夠解，《論語・憲問》：「子路問事君，子曰：『勿欺也，而犯之。』」何晏注引孔曰：「事君之道，義不可欺，當能犯顏諫諍。」俞樾《評議》：「能與而古通用。」《戰國策・齊策六》：「齊多知而解此環不？」而，能夠也。《淮南子・原道》：「行柔而剛，用弱而強。」高誘注：「而，能也。」其實，在《老子》本文中，「能」作「能夠」也講得通。

昏（楚簡本）——存（帛書乙、漢簡本、王弼本）
楚簡本：中士昏道，若昏若亡。（乙9）
帛書乙（4下）、**漢簡本**（12）、**王弼本**（12-282）：中士聞道，若存若亡。

第二個「昏」，《郭店楚墓竹簡》釋爲「存」。廖名春云：「『昏』、『存』古韻同屬文部，故能互用。從下文『亡』看，故書當作『存』。『昏』當涉上下文『昏』而誤。」〔註2〕亦或爲『昏』、『聞（睯）』『存』相連而引起的音形誤。

芺（楚簡本、漢簡本）——笑（帛書乙、王弼本）
楚簡本：下士昏道，大芺之，弗大芺，不足以爲道矣。（乙9-10）
帛書乙：下士聞道，大芺之，弗芺，〔不足〕以爲道。（4下）

〔註2〕廖名春：《郭店楚簡老子校釋》，北京：清華大學出版社，2003年，第431頁。

漢簡本：下士聞道，大芺之，弗芺，不足以爲道。(12)

王弼本：下士聞道，大笑之，不笑，不足以爲道。(12-282)

笑。景龍碑本、遂州本、敦煌戊本作「咲」，易玄本、敦煌文書 S6453、P2420 作「㗛」。

曾憲通：楚帛書的芺字「即今之笑字。笑在先秦至兩漢有芺、笑兩種寫法」，楚帛書、秦簡、馬王堆帛書《老子》、《縱橫家書》、臨沂漢墓竹書《孫子》佚文「作芺，皆從艸從犬。戰國至秦漢從艸從竹往往易混」，「秦漢隸屬更加竹艸不分。據《唐韻》所引，《說文》當有從竹從犬的『笑』字，《玉篇》同，唐以前的字書皆如是作，至《九經字樣》才據楊承慶《字統》將『笑』、『笑』二體並列。唐以後則爲從竹從夭之笑字所專。帛文『爲邦芺』乃戰國恒語，《戰國策‧韓策》：『恃楚之虛名，輕絕強秦之敵，必爲天下笑矣。』『爲天下笑』與『爲邦芺』同義。」〔註 3〕

笑，《說文新附》：「此字本闕。臣鉉等案：孫愐《唐韻》引《說文》云：『喜也，從竹從夭。』而不述其義。今俗皆從犬。又案：李陽冰刊定《說文》『從竹從夭』，義云『竹得風其體夭屈如人之笑』。未知其審。」《玉篇‧口部》：「『㗛』，俗『笑』字。」易玄本、敦煌文書 S6453、P2420 作「㗛」。《說文‧竹部》：「竹，冬生艸也。象形。下垂者，箁箬也。」竹與艸在古文字裏可互用。景龍碑本、遂州本、敦煌戊本作「咲」，《集韻‧笑韻》：「笑，古作咲。」《易‧旅》：「旅人先笑後號咷。」《漢書‧外戚傳‧許皇后》引「笑」作「咲」，顏師古注：「笑，古咲字也。」

女（楚簡本）──如（帛書乙、漢簡本）──若（王弼本）

孛（楚簡本）──費（帛書乙）──沬（漢簡本）──昧（王弼本）

楚簡本：明道女孛。(乙 10)

帛書乙：明道如費。(5 上)

漢簡本：明道如沬。(13)

王弼本：明道若昧。(12-282)

女、如爲日母魚部字，若爲日母鐸部字，「魚」、「鐸」旁轉。故音通可借。

〔註 3〕 曾憲通：《長沙楚帛書文字編》，北京：中華書局，1993 年，第 44～45 頁。

《博雅》：「女，如也。言如男子之教，人之陽曰男，陰曰女。」《集韻·魚韻》：「如，古作女。」《說文·女部》：「女，婦人也。象形。王育說。凡女之屬皆从女。」如，從女，故能與「女」通用。《廣雅·釋言》：「如，若也。」段玉裁注：「如，反相似曰如。」《書·盤庚上》：「若網在綱，有條不紊。」如、若義同，可互用。

女、如、若三字皆可訓作「汝」，音近義通，故可通用。例不繁舉。

茀爲並母物部，費爲滂母物部，沬爲明母月部，昧爲明母物部，聲母皆爲雙唇音，物、月旁轉，故四字音通可借。

《穀梁傳·昭公十七年》：「茀之爲言猶沬也，隱蔽不見也。」《詩·衛風·碩人》：「翟茀以朝。」孔穎達疏：「婦人乘車不露見，車之前後設障以自蔽隱，謂之茀。」《詩·齊風·載驅》：「簟茀朱鞹。」毛傳：「車之蔽曰茀。」茀，車簾，此爲遮蔽的意思。

《郭店楚墓竹簡》釋文，「茀」讀作「曹」。註釋：茀，簡文與《古文四聲韻》引《古孝經》「悖」字同形。帛書乙本作「費」，帛書整理小組云：「費，疑當作曹。」可從。〔註4〕

《說文·目部》：「曹，目不明也。从目弗聲。」

鄭良樹：帛書「昧」若「費」；費、拂古通，《中庸》「君子之道費而隱」，《釋文》曰：「費，本又作拂。」即其比。《離騷》「折若木以拂日兮。」注：「拂，一云：蔽也。」是費與明義亦相反，猶下文進與退，夷與類之相反爲義也。〔註5〕

《說文·日部》：「昧，爽，且明也。从日未聲。一曰闇也。」王筠《釋例》：「昧爽之時，較日出之時言之則爲闇；較雞鳴時言之則爲明，本是一義，不須區別。」《玉篇·日部》：「昧，冥也。」《廣韻·隊韻》：「昧，暗昧。」《易·屯》：「天造草昧。」孔穎達疏：「昧謂冥昧。」《書·堯典》：「宅西，曰昧谷。」孔傳：「昧，冥也。日入於谷而天下冥，故曰昧谷。」《書·太甲》：「先王昧爽丕顯。」孔穎達疏：「昧是晦冥，爽是未明，謂夜向晨也。」

〔註4〕 荊門市博物館：《郭店楚墓竹簡》，北京：文物出版社，1998 年 5 月，第 118～119 頁。

〔註5〕 鄭良樹：《老子新校》，臺北：學生書局，1997 年。

由以上可知，圼、費皆輾轉相訓才能義達，不若「昧」之直接切入文義，當從「昧」。「沬」與暗義無關，爲「昧」之假借。

逷（楚簡本）──夷（帛書乙、漢簡本、王弼本）
纇（楚簡本）──類（帛書乙、漢簡本）──纇（王弼本）

楚簡本：逷道女纇。（乙 10）

帛書乙（5 上）、**漢簡本**（13）：夷道如類。

王弼本：夷道若纇。（12-282）

《郭店楚墓竹簡》註釋：遲，簡文字形同《說文》「遟」字古文，讀作夷。〔註 6〕

《說文‧辵部》：「遟，徐行也。从辵犀聲。《詩》曰：『行道遟遟。』逷，遟或从尸。」《康熙字典‧大字部》：「（夷），本作侇，一曰：古遟、夷通。」但未指出處和例句。

遲爲定母脂部字，夷爲餘母脂部字，在中古爲以母，「喻四歸定」，聲韻相同，故音同可借。《詩‧小雅‧四牡》：「周道倭遟。」「遟」，《韓詩》作「夷」。《史記‧平準書》：「選舉陵遲。」《漢書‧食貨志》「遲」作「夷」。

李家浩：「纇」從「糸」從「貴」聲，「纇」從「糸」從「頪」聲，二字形旁相同，聲旁音近。上古音「貴」屬見母物部，「頪」屬來母物部，二字韻部相同，聲母相近。在形聲字中，見、來二母的字有互諧的情況。……與此可見，「貴」、「頪」二字古音十分相近，可以通用。疑楚簡本「纇」當從王弼本讀爲「纇」。〔註 7〕類、纇爲來母物部，見、來二母的諧聲，也常常被看做複輔音〔gl〕存在的依據之一。

《說文‧糸部》：「纇，絲節也。从糸頪聲。」段玉裁注：「節者，竹約也。引申爲凡約結之稱。絲之約節不解者曰纇。」夷則平直暢通，節則不平阻滯。故纇有不平之義。《左傳‧昭公十六年》：「刑之頗纇」，服虔注：「類讀爲纇。纇，不平也。」又《左傳‧昭公二十八年》：「忿纇無期。」杜預注：「纇，又

〔註 6〕 荊門市博物館：《郭店楚墓竹簡》，北京：文物出版社，1998 年 5 月，第 118～119 頁。

〔註 7〕 李家浩：《關於郭店〈老子〉乙組一支殘簡的拼接》，《中國文物報》，1998-10-28，第三版。

作類，立對反，服作纇。」從文義和字義看，「類」爲「纇」之假借，故本字當作「纇」。

悳（楚簡本）——德（帛書乙、漢簡本、王弼本）

楚簡本：上悳女浴。（乙 11）

帛書乙：上德如浴。（5 上）

漢簡本：上德如谷。（13）

王弼本：上德若谷。（12-282）

《說文・心部》：「悳，外得於人，內得於己也。从直从心。惪，古文。」

《六書精薀》：「直心爲悳。生理本直，人行道而有得於心爲悳。小篆加彳，取行有所復之義。」《玉篇・心部》：「悳，今通用德。」《廣韻・德韻》：「德，德行。悳，古文。」《字彙・心部》：「惪，與德同。」《說文・彳部》：「德，升也。从彳惪聲。」段玉裁注：「升當作登。《辵部》曰：『遷，登也。』此當同之……今俗謂用力徙前曰德，古語也。」桂馥《說文義證》：「古升、登、陟、得、德五字皆義同。」《書・臯陶謨》：「九德……寬而栗，柔而立，愿而恭，亂而敬，擾而毅，直而溫，簡而廉，剛而塞，彊而義。」《洪範》：「三德，一曰正直，二曰剛克，三曰柔克。」《周禮・地官・大司徒》：「六德：知、仁、聖、義、中、和。」

《說文》及段玉裁、桂馥證注，義甚抽象，所指似有不明，或爲「上、進而有所得」之義，但終不知所指。《公羊傳・隱公五年》：「公曷爲遠而觀魚，登來之也。」何休註：「登，讀言得來，得來之者，齊人語也。齊人名求得爲得來。作登來者，其言大而急，由口授也。」徐彥疏：「謂齊人急語之時，得聲如登矣……至著竹帛時乃作登字，故言由口授矣。」升與登義通，有「登、進」之義。《詩・小雅・天保》：「如日之升。」《易・坎・彖》：「天險不可升也。」《集韻・韻》：「陟，得也。」《周禮・春官・大卜》：「掌三夢之灋：一曰致夢，二曰觭夢，三曰咸陟。」鄭玄註：「陟之爲言得也。讀如王德翟人之德。言夢之皆得也。」

從「德」的本義來看，《六書精薀》最爲切理。

《說文・乚部》：「直，正見也。从乚从十从目。㮓，古文直。」甲骨文作，「目」上加一「丨」，爲「直」，表正視、正直之義；「直」加「彳」，

為「德」之甲骨文德字形 𢛳，表行走正直之義；再加「心」，即「德」，表心行正直之義，平常心即道。這應該就是早期文字的衍生。「直」和「德」上古音通，可借用。甲骨文常有「德伐土方」之文，意即「以正義之師伐土方」。

《六祖壇經‧疑問第三》曰：「見性是功，平等是德。念念無滯，常見本性，眞實妙用，名為功德。內心謙下是功，外行於禮是德。自性建立萬法是功，心體離念是德。不離自性是功，應用無染是德。若覓功德法身，但依此作，是眞功德。若修功德之人，心即不輕，常行普敬。心常輕人，吾我不斷，即自無功；自性虛妄不實，即自無德，為吾我自大，常輕一切故。善知識，念念無間是功，心行平直是德。自修性是功，自修身是德。善知識，功德須自性內見，不是佈施、供養之所求也。」所說的「心行平直是德」即是「直心為惪」，「德」的最高標準是「道」，依道而行才能有德（得），其所表現的就是「外行於禮」，具體的正如上面所說的三德、六德、九德等。德並不是一個抽象的概念，它內在於人們的心性，及其從心性所表現出來的一種符合道德的行為。

𡎸（楚簡本）──廣（帛書乙、漢簡本、王弼本）
楚簡本：𡎸惪女不足。（11）
帛書乙（5上）、漢簡本（14）：廣德如不足。
王弼本：廣德若不足。（12-282）
𡎸即坒。坒，坣之古文。《說文‧之部》：「坣，艸木妄生也。从之在土上，讀若皇。」《說文‧广部》：「廣，殿之大屋也。从广黃聲。」《廣雅‧釋詁一》、《玉篇‧广部》：「廣，大也。」坒（皇）為匣母陽部字、廣為見母陽部字，聲母皆為舌根音，音通可借。𡎸為廣之借。

榆（漢簡本）──偷（王弼本）
楚簡本：建惪女〔偷〕。（11）
帛書乙：建德如〔偷〕。（5上）
漢簡本：建德如榆。（14）
王弼本：建德若偷。（12-282）

傅奕本作「建德若媮」，媮、榆皆爲餘母侯部字，偷爲透母侯部字，「喻四歸定」，榆、偷上古皆爲舌頭音，故音同可借。榆爲樹木名。建德就好像小偷偷東西一樣，要不爲人所知，所建之德，不以德爲德，即上德不德。故「榆」爲「偷」之借。

質（帛書乙、王弼本）——桎（漢簡本）

貞（楚簡本）——眞（漢簡本、王弼本）

愈（楚簡本）——輸（漢簡本）——渝（王弼本）

楚簡本：（質）貞女愈。（乙11）

帛書乙：質〔**眞如渝**〕。（5上）

漢簡本：桎眞如輸。（14）

王弼本：質眞若渝。（12-282）

質，有本體、性質、質樸之義。《易・繫辭下》：「原始要終，以爲質也。」韓康伯註：「質，體也。」《禮記・禮器》：「禮，釋回增，美質。」鄭玄註：「質，猶性也。」孔穎達疏：「禮非唯去邪而已，人有美性者，禮又能益之也。」《禮記・樂記》：「中正無邪，禮之質也。」鄭玄註：「質，猶本也。禮爲之文飾也。」《玉篇・貝部》：「質，樸也。」《韓非子・解老》：「夫君子取情而去貌，好質而惡飾。」

《說文・木部》：「桎，足械也。从木至聲。」引申爲窒礙、束縛之義。

質、桎皆爲章母質部字，「桎」爲「質」之借。

《玉篇・七部》：「眞，不虛假也。」《古今韻會舉要・眞部》：「眞，實也，僞之反也。」《正韻》：「眞，神也，淳也，精也，正也。」《字彙・目部》：「眞，淳也。」《莊子・漁父》：「眞者，精誠之至也。……眞在內者，神動於外，是所以貴眞也。」《莊子・田子方》：「其爲人也眞。」郭象注：「眞，無假也。」成玄英疏：「所謂眞道人也。」《莊子・秋水》：「謹守而勿失，是謂反其眞。」郭象注：「眞在性分之內。」成玄英疏：「謂反本還源，復於眞性者也。」

貞亦有「正」義，《廣雅・釋詁一》：「貞，正也。」《易・乾》：「元亨利貞。」孔穎達疏：「貞，正也。」《文言》：「貞者，事之幹也。」《書・太甲》：「一人元良，萬邦以貞。」孔穎達疏：「天子有大善，則天下得其正。」《釋名・釋言語》：「貞，定也，精定不動惑也。」亦有堅定不移，忠貞不二之義，

《禮記‧檀弓下》：「昔者衛國有難，夫子以死衛寡人，不亦貞乎！」也指從一而終的節操，《管子‧五輔》：「爲人夫者，敦懞以固；爲人妻者，勸勉以貞。」其他如「精誠」、「誠信」等義，皆有「不變」之義，與「渝」義反。

「貞」爲章母耕部字，「眞」爲章母眞部字，「耕」、「眞」通轉，音通可借。

《說文‧水部》：「渝，變汙也。从水俞聲。」《爾雅‧釋言》：「渝，變也。」《詩‧鄭風‧羔裘》：「羔裘如濡，洵直且侯。彼其之子，舍命不渝。」毛傳：「渝，變也。」鄭玄箋：「是子處命不變，謂守死善道，見危授命之等。」

《玉篇‧革部》：「輸，孽也。」《廣雅‧釋詁三》：「輸，餘也。」

「愈」、「輸」、「渝」皆爲餘母侯部字，音同可借。「愈」、「輸」、爲「渝」之借。

王弼本「質眞若渝」，帛書一本雖僅一字，殘三字，楚簡本存三字，殘一字，但可互爲補充，其文義與通行本無別。意爲：「質樸純眞的好像變污穢的樣子。」

禺（楚簡本、帛書乙）——隅（漢簡本、王弼本）
楚簡本：大方亡禺。（乙 12）
帛書乙：大方无禺。（5 下）
漢簡本（14）、王弼本（12-282）：大方無隅。

《說文‧㠯部》：「隅，陬也。从㠯禺聲。」《廣韻‧釋邱》：「隅，限也。」《玉篇‧阜部》：「隅，角也。」《書‧益稷》：「帝天之下，至于海隅蒼生。」《詩‧邶風‧靜女》：「俟我於城隅。」《論語‧述而》：「舉一隅不以三隅反，則不復也。」刑昺疏：「凡物有四隅者，舉一則三隅從可知。」

禺、隅皆屬疑母侯部，音同可借。「禺」乃「隅」之假借。

曼（楚簡本）——免（帛書乙）——勉（漢簡本）——晚（王弼本）
楚簡本：大器曼城。（乙 12）
帛書乙：大器免成。（5 下）
漢簡本：大器勉成。（14）
王弼本：大器晚成。（12-282）

陳柱：「晚」者，「免」之借。「免成」猶「無成」，與上文之「無隅」，下文之「希聲」、「無形」一例。「無隅」與「大方」相反，「希聲」與「大音」相反，「無形」與「大象」相反，故知「免成」與「大器」相反也。「晚」借為「免」，義通於「無」，猶「莫」本「朝暮」「本」字而訓為「無」也。〔註8〕

曼、免、勉、晚皆為明母元部字，故音同可借。

《廣韻‧釋言》：「曼，無。」揚雄《法言‧五百》：「周之人多行，秦之人多病。行有之也，病曼之也。」李軌註：「行有之者，周有德也；病曼之者，秦無道也。」《讀書通》：「無，通作勿、莫、末、沒、蔑、微、不、曼、瞀等字。」《集韻‧換韻》：「曼，曼衍，無極兒。」《莊子‧齊物論》：「和之以天倪，因之以曼衍。」陸德明《經典釋文》：「司馬云：曼衍，無極也。」又《集韻‧緩韻》：「曼，曼漶，不分明兒。」《漢書‧楊雄傳下》：「為其泰曼漶而不可知，故有《首》、……十一篇。」顏師古注：「漫漶，不分別貌。」朱駿聲《說文通訓定聲‧乾部》：「曼，發聲之詞。與用蔑、末、沒、靡、莫等字同。」《法言‧重黎》：「神怪茫茫，若存若亡，聖人曼云。」《寡見》：「譊譊者天下皆說也，奚其存？曼是為也。」

《廣雅‧釋詁四》：「免，脫也。」《正譌》：「从兔而脫其足。」《左傳‧成公十六年》：「免胄而趨風。」《漢書‧賈誼傳》：「免起阡陌之中。」顏師古注：「免者，言免脫徭役也。」成語「免開尊口」、「閒人免進」，其否定義更重。《增韻‧銑韻》：「免，事不相及。」《廣韻‧獮韻》：「免，黜也。」《正字通‧儿部》：「免，又罷黜也。」《汉书‧文帝纪》：「免丞相勃，遣就国。」所謂「大器免成」者，非謂不成也，是免於其成也，去其成也，脫其成也，无須成也，無所謂成與不成也。

《說文‧日部》：「晚，莫也。从日免聲。」又《茻部》：「莫者，日且冥也。从日在茻中。」其意象為白天即將結束，日落西山，為黃昏時分，已含否定義在其中矣。「莫」為本字和本義，「晚」只是引申義，後起字。「莫」表示白天的結束，天光還在；而「晚」是夜的開始。晚作為「遲」義，其義表示對於當天的一種延續，所以才稱之為「晚」，這是人們對於「晚」的一種習慣性理解，其真實義為白晝已不再。而相對於白天來講，則已是對白晝否定了，「晚」之構詞為會意，「免日」，即是對「日」的一種否定即日已去，日已不在。如此，「大器晚成」或可理解為「大器不在成」。

〔註8〕陳柱：《老子韓氏說》，上海：商務印書館，1939年。

《韻會》:「莫,無也,勿也,不可也。」《易‧繫辭下》:「莫之與,則傷之者至矣。」《博雅》:「莫,強也。」《論語‧述而》:「文莫吾猶人也。」《晉書‧欒肇‧論語駁曰》:「燕齊謂勉強爲文莫。」揚雄《方言》:「侔莫,强也,凡勞而相勉謂之侔莫。」《淮南子‧謬稱》:「猶未之莫與。」高誘註:「莫,勉之也。」此與嚴遵《指歸》釋「大器晚成」一句爲「勉勉而成」義一致,其所見《老子》此處文本當爲「勉」字。漢簡本此處正作「勉」。《說文‧力部》:「勉,彊也。从力免聲。」其意爲「力量不够而尽力做。」

意即:如果要說大器有所成的話,也即是勉強而成,大器不在於成功與否,有不得已而言說成。否定義及其明顯。

由以上可知,「曼」、「免」、「勉」、「晚」音同義通,故可通用。「免」當爲本字,亦最能表達《老子》文義。《道藏》對於「大器晚成」的理解,亦有與此相同的。

鼎(楚簡本)──希(帛書乙、漢簡本、王弼本)
楚簡本:大音鼎聖。(乙 12)
帛書乙(5 下)、漢簡本(14)、王弼本(12-282):大音希聲。

《郭店楚墓竹簡》釋文作「祗」。裘按:疑是作兩「甾」相抵形的「祗」字古文的訛形(參見《金文編》一〇頁「祗」字條所收者沢鐘及中山王器之「祗」字)。今本此字作「希」,「祗」、「希」音近。[註9]

此既從形來釋鼎,又從音來圓「希」、「祗」之關係。若從形上來看,「黹」的古文形與此字相近。《說文‧黹部》:「黹,箴縷所紩衣。从㡀,丵省。」段玉裁注:「《釋言》曰:『黹,紩也。』《皋陶謨》曰『絺繡』,鄭本作希,注曰:『希,讀爲黹。黹,紩也。』《周禮‧司服》『希冕』,鄭注……云:『希,讀爲黹。』……按:許(慎)多云希聲而無希篆,疑希者古文黹也。」(《說文解字注》第 386 頁)《爾雅‧釋言》:「黹,紩也。」郭璞註:「今人呼縫紩衣爲黹。」邢昺疏:「鄭玄註《周禮‧司服》云:『黼黻絺繡。』希,讀爲黹,謂刺繡也。」《周禮‧春官‧司服》:「祭社稷五祀則希冕。」鄭玄註:「希,或作黹。」《廣韻‧上旨》釋「黹」引《周禮》此文作「祭社稷五祀則用黹冕」「希」正寫作「黹」。《正韻》:「希,與黹同。」又「希」之古文「㣂」,從又

〔註 9〕 荊門市博物館:《郭店楚墓竹簡》,北京:文物出版社,1998 年 5 月,第 118
～119 頁。

從糸，會意字，象手拿絲線縫紉、相連綴之義，與「黹」義同。從字形和以上用例及注文、韻書來看，帛，當為「黹」，「希」之古文。黹為端母脂部，希為曉母微部，見組與端組可互諧，脂、微旁轉，音通可借。

坓（楚簡本）──刑（帛書乙、漢簡本）──形（王弼本）

楚簡本：天象亡坓。（乙12）

帛書乙：天象无刑。（5下）

漢簡本：天象無刑。（14）

王弼本：大象無形。（12-282）

《正字通・土部》：「坓，古文型（型）。見《六書統》。」《說文・土部》：「型，鑄器之法也。从土刑聲。」段玉裁注：「以木為之曰模，以竹為之曰笵，以土為之曰型。」

《說文・井部》：「荆，罰辠也。从井从刀。《易》曰：『井，法也。』井亦聲。」井，或為模具範圍之形。有限制之義，而後引申為刑罰之義也。荆，古文坓，同「刑」。《韻會》：「復古篇云：刑从刀开聲，剄也。荆从刀井，荆法也。今經史皆通作刑。」《集韻・青韻》：「荆，通作刑。」

「刑」與「型」通。朱駿聲《說文通訓定聲・鼎部》：「刑，叚借為型。」《爾雅・釋詁上》：「刑，法也。」郝懿行《義疏》：「刑者，型之叚音也。《說文》：『型，鑄器之灋也。』經典俱借作刑。」「刑」又與「形」通。《墨子・經上》：「生，刑與知處也。」畢沅注：「刑，同形，言人處世，惟形體與知識。」《馬王堆漢墓帛書・經法・道法》：「虛無刑，其裻冥冥，萬物之所從生。」

《說文・彡部》：「形，象形也。从彡开聲。」徐灝注箋：「象形者，畫成其物也，故從彡。彡者，飾畫文也。引申為形容之偁。」桂馥《義證》：「开聲者，當為井聲。」朱駿聲《說文通訓定聲・鼎部》謂「形」叚借為「刑」與「型」。《逸周書・武紀》：「其形慎而殺。」朱右曾校釋：「形當為刑，刑當其罪曰殺。形、刑古通。」《左傳・昭公十二年》：「形民之力。」杜預注：「言國之用民，當隨其力任，如治金之器，隨器而制形。」孔穎達疏：「鑄治之家，將作器而制模，謂之為形。」

坓（型）、刑、形皆為匣母耕部字，音同可借。型、刑乃形之假借字。

襃（帛書乙）──殷（漢簡本）──隱（王弼本）

帛書乙：道襃无名。（5 下）

漢簡本：道殷無名。（15）

王弼本：道隱無名。（12-282）

《說文‧衣部》：「襃，衣博裾。」段玉裁注：「博裾，謂大其裛囊也。」《漢書‧雋不疑傳》：「襃衣博帶，盛服至門上謁。」顏師古注：「襃，大裾也。言著襃大之衣，廣博之帶也。」又引申爲廣大之義，《淮南子‧主術》：「一人被之而不襃，萬人蒙之而不褊。」高誘注：「襃，大；褊，小也。」「隱」有蔽和微之義，與「襃」義反。

帛書研究組注：「襃」義爲大爲盛，嚴遵《道德指歸》釋此句云：「是知道盛無號，德豐無謚。」蓋其經文作「襃」，與乙本同，經文後人改作「隱」。「隱」，蔽也。「道隱」猶言道小，與「大方無隅」四句意正相反，疑是誤字。〔註10〕此說可從。《說文‧冃部》：「殷，作樂之盛稱殷。从冃从殳。《易》曰：『殷薦之上帝。』」《易‧豫卦》：「先王以作樂崇德，殷薦之上帝。」又凡盛皆曰殷。《書‧洛誥》：「肇稱殷禮，祀于新邑。」又《呂刑》：「三后成功，惟殷于民。」《廣雅‧釋詁一》：「殷，大也。」王念孫疏証：「殷者，《喪大禮》：『主人具殷奠之禮』鄭注云：『殷，猶大也。』《莊子‧秋水篇》云：『夫精，小之微也；垺，殷之大也。』微亦小也，殷亦大也。《山木篇》云：『翼殷不逝，目大不覩。』」

由上可知，「襃」與「殷」義同可互用。隱、殷皆爲影母文部字，「隱」爲「殷」之假借，沿用至今被誤作本字。

始（帛書乙）──貪（漢簡本）──貸（王弼本）

帛書乙：夫唯道，善始且善成。（5 下）

漢簡本：善貪且成。（15）

王弼本：夫唯道，善貸且善成。（12-282）

始爲書母之部字，貪爲透母職部字，貸爲透母之部字，聲母皆爲舌頭音，之、職對轉，故音通可借。

〔註10〕馬王堆漢墓帛書整理小組編：《馬王堆漢墓帛書〈老子〉》，北京：文物出版社，1976 年 3 月，第 8～49 頁。

于省吾：敦煌（戊本）「貸」作「始」，乃聲之轉。《周語》「純明則終」，注：「終，成也。」又「故高明令終」，注：「終，猶成也。」《書·皋陶謨》「簫韶九成」，鄭玄注：「成，猶終也。」是「成」、「終」互訓，義同。然則「善始且成」即善始且終也。〔註11〕

《說文·貝部》：「貣，從人求物也。从貝弋聲。」段玉裁注：「從人，猶向人也，謂向人求物曰貣。」「代、弋同聲，古無去、入之別。求人施人，古無貣、貸之分。由貣字或作貸，因分其義，又分其聲，……經史內貣、貸錯出，恐皆俗增人旁。」《廣韻·德韻》：「貣，假貣，謂從官借本賈也。」《漢書·主父偃傳》：「家貧，借貣無所得。」由此說明，同貣即貸也。《說文·貝部》：「貸，施也。从貝代聲。」《廣雅·釋詁三》：「貸，予也。」《左傳·文公十六年》：「宋公子鮑禮于國人，宋饑，竭其粟而貸之。」《釋名·釋言語》：「始，息也，言滋昔也。」《禮記·檀弓下》：「喪禮哀戚之至也，節哀順變也，君子念始之者也。」鄭玄注：「始，猶生也。念父母生己，不欲喪其性。」

大道，既施予、生長了萬物，又成功了萬物，最後又不主宰萬物。

本章整理：上士聞道，勤能行之；中士聞道，若存若亡；下士聞道，大笑之。弗笑，不足以為道。是以建言有之曰：明道如昧，進道如退，夷道如纇。上德如谷，大白如辱，廣德如不足。建德如偷，質眞如渝。大方无隅，大器免成，大音希聲，大象无形，道褒无名。夫唯道，善始且善成。

第四十一章　去　用

返（楚簡本）——反（帛書甲乙、漢簡本、王弼本）

僮（楚簡本）——動（帛書甲乙、漢簡本、王弼本）

溺（楚簡本）——弱（帛書甲乙、漢簡本、王弼本）

楚簡本：返也者，道僮也，溺也者，道之甬也。（甲37）

帛書甲：〔反也者〕，道之動也；弱也者，道之用也。（12）

帛書乙：反也者，道之動也；〔弱也〕者，道之用也。（6上）

漢簡本：反者道之動也，弱者道之用也。（11）

王弼本：反者，道之動；弱者，道之用。（12-282）

《說文‧辵部》：「返，還也。从辵从反，反亦聲。《商書》曰：『祖甲返。』彶，《春秋傳》返从彳。」承培元《引經例證》：「祖甲無返事，大甲有返事而無其文，此當爲『祖伊返』之僞也。返，今經傳多作反。」《古今韻會舉要‧阮韻》：「返，歸也。通作反。」《說文‧又部》：「反，覆也。从又，厂反形。」反同返，《論語‧子罕》：「吾自衛反魯。」

僮、動皆屬定母東部，音同可借。「僮」爲「動」之假借。《馬王堆漢墓帛書‧經法‧論》：「一曰觀，二曰論，三曰僮，四曰轉，五曰變，六曰化。」

溺爲泥母藥部字，弱爲日母藥部字，娘、日歸泥，聲母皆爲舌頭音；且「溺」從弱得聲，故與弱音通可借。清許槤《讀〈說文〉記》：「蓋弱、溺古本一字，故《易‧大過》王弼注『拯弱興衰』救其弱，《釋文》『弱，本作溺』。《春秋‧昭八年》『陳侯溺』，《漢書‧古今人表》作『弱』，是其證也。」《楚

辭‧大招》：「東有大海，溺水瀸瀸只。」朱熹《集注》：「溺，一作弱。」王夫之《通釋》：「溺，與弱通，水無力不能浮物也。」又「弱」與「溺」通，王弼注《易‧大過》「剛過而中」云：「拯弱興衰。」陸德明《經典釋文》：「弱，本亦作溺。」《墨子‧大取》：「雖其一人之盜，苟不智其所在，盡惡其弱也。」譚戒甫《墨辯發微》：「弱，溺之省文。《說文》：『溺，沒也。』蓋沒入於水爲溺，隱匿似之。」本文「弱」爲本字。

楚簡本的「天下之勿生於又，生於亡。」「又」下奪一重文符號「=」。

「天下之物生於有，有生於无。」《文子‧原道》云：「有形者，遂事也；無形者，作始也。遂事者成器也，作始者樸也。有形則有聲，無形則無聲。有形產於無形，故無形者，有形之始也；……有名產於無名，無名者，有名之母也。」

本章整理：反也者，道之動也；弱也者，道之用也。天下之物生於有，有生於无。

第四十二章　道　化

中（帛書甲、漢簡本）──沖（王弼本）

帛書甲（13）、漢簡本（16）：中氣以爲和。

帛書乙：〔中氣〕以爲和。（6下）

王弼本：沖氣以爲和。（12-283）

中屬端母多部，沖屬定母多部，聲母皆爲舌面前音；沖，從中得聲。故「中」、「沖」音同可借。中，亦指沖和之氣，《太平經‧和三氣興帝王法》：「元氣有三名，太陽、太陰、中和。」《左傳‧成公十三年》：「民受天地之中以生，所謂命也。」《漢書‧律曆志上》引此文，顏師古注：「中，謂中和之氣也。」《禮記‧中庸》：「喜怒哀樂之未發謂之中，發而皆中節謂之和。中也者，天下之大本也，和也者，天下之達道也。致中和，天地位焉，萬物育焉。」《老子》本文帛書本作「中」，王弼本作「沖」，皆用作動詞。「中」當爲「沖」之假借。

蔣錫昌：按《說文》：「沖，涌搖也。」此老子用以形容牝牡相合時，搖動精氣之狀，甚爲確切。「氣」指陰陽之精氣而言。「和」者，陰陽精氣互相調和也。《莊子‧田子方》：「至陰肅肅，至陽赫赫……兩者交通成和而物生焉。」《荀子‧天論》：「萬物各得其和以生。」《賈子‧道術》：「剛柔得適調之和。」並與此誼相同。「沖氣以爲和」，言搖動精氣以爲調和也。「萬物負陰而抱陽，沖氣以爲和」，即萬物生育之理，乃所以釋上文生生之義者也。〔註1〕

〔註1〕 蔣錫昌：《老子校詁》，商務印書館，1937年，第280～281頁。

名（帛書甲）──命（漢簡本）──稱（王弼本）

帛書甲：而王公以自名也。（13）

帛書乙：而王公以自〔名也〕。（6下）

漢簡本：而王公以自命也。（17）

王弼本：而王公以爲稱。（12-283）

稱，義爲名稱、稱謂，「以自名」、「以爲稱」皆可譯作「以此作爲自己的名稱和稱謂。」義實無區別。《說文・口部》：「名，自命也。从口从夕。夕者，冥也。冥不相見，故以口自名。」《廣雅・釋詁三》：「命，名也。」王念孫疏証：「命即名也。名、命同聲同義。」也作動詞，《左傳・桓公二年》：「命之曰仇，」阮元《校勘記》：「《漢書・五行志》中引作『名之曰仇。』案：名，即命也。」名、命皆爲明母耕部字，命爲名之借。

勞健：「『而王公以爲稱』，諸唐本、河上本皆如此。此作『王公』，乃與『稱』字諧韻，亦如第三十二章『侯』、『守』字，第三十九章『王貞』、『王稱』字。當從諸唐本。」稱爲昌母蒸部字，公爲見母東部字，蒸、東、耕旁轉，皆可諧韻，故不應該僅以諧韻與否來判斷，而要重點考察文字的意義來決斷。稱也有稱爲、叫做某某之義，但不是本義，二古本作「名」是其初始義，「稱」或爲後來改動之字，故當從「名」。

敓（帛書甲）──云（帛書乙）──損（漢簡本、王弼本）

帛書甲：勿或敓之（而益，益）之而敓。（13-14）

帛書乙：〔物或益之而〕云，云之而益。（6下）

漢簡本：是故物或損而益，或益而損。（17）

王弼本：故物或損之而益，或益之而損。（12-283）

《說文・攴部》：「攴，小擊也。从又卜聲。凡攴之屬皆从攴。」《五經文字》：「攴，石經作攵。」《九經字樣》：「攵，音撲。《說文》作攴，隸省作攵。」《正字通》：「九經字樣作攴，今依石經作攵，與文別。」《廣韻・屋韻》：「攴，凡从攴者，作攵。」《說文・攴部》：「攴，小擊也。从又卜聲。」徐灝箋：「疑本象手有所執持之形。故凡舉手作事之義，皆从之，因用爲撲擊字耳。」「攴」、「攵」、「又」、「扌」皆从手形，古漢字中，皆可作从手之義的形旁。如《說文・手部》：「扶，左也。从手夫聲。扶，古文扶。」又「揚，飛舉也。从手易聲。敭，古文。」敭，亦古文揚。故敓、「損」爲一字之異體。

損爲心母文部，員、云皆爲匣母文部；心母與匣母互諧，《老子》出土文本中多見，「損」從「員」得聲，故音通可借。「云」爲「損」之假借。

夕（帛書甲）──亦（漢簡本、王弼本）
議（帛書甲）──我（漢簡本、王弼本）
帛書甲：故人〔之所〕教，夕議而教人。（14）
漢簡本：人之所教，亦我而教人。（17）
王弼本：人之所教，我亦教人。（12-283）

嚴遵（12-349）、司馬本（12-268）：人之所教，亦我教之。
易玄、磻溪、樓正（石刻本）、敦煌己等本：人之所教，亦我義教之。
顧歡（13-317）、邵若愚本（12-251）：人之所教，我亦義教之。
宋‧呂知常《道德經講義》（北圖館藏）：人之所教，而我義教之。
傅奕本：人之所以教我，亦我之所以教人。（11-485）
范應元：人之所以教我，而亦我之所以教人。（《中華道藏》11-534）
以上所列諸本，其最主要差別在於是否有「義」字。其中嚴遵、司馬本，傅奕本，范應元本和王弼本義同，義甚明了。
高明：「甲本『故人之所教，夕議而教人』，『故』、『夕』、『議』三字皆爲假借字。『故』字當假爲『古』，『故人』應讀作『古人』。『夕』字當假爲『亦』，『夕』古爲邪紐鐸部字，『亦』爲喻紐鐸部字，聲近韻同，可互相假用。『議』字乃『我』之假借字，『議』從『義』得聲，『義』從『我』得聲，古讀音相同，皆爲疑紐歌部字，均屬雙聲疊韻，故而在此『議』當讀爲『我』……『而』在此作『以』用。王引之《經傳釋詞》卷七：『家大人曰：『而猶以也。』』正如奚侗所云：『上『人』字謂古人。凡古人流傳之善言以教我者，我亦以之教人，述而不作也。』」〔註2〕
夕爲邪母鐸部字，亦爲餘母（喻四）鐸部字，「邪紐古歸定紐」，「喻四歸定」，聲母皆爲舌頭音，故音通可借。
議、我皆爲疑母歌部字，音同可借。「議」與從「我」之字可借。《莊子‧山木》：「合則離，成則毀，廉則挫，尊則議。」俞樾《評議》：「議當讀爲俄。

〔註2〕高明：《帛書老子校注》，北京：中華書局，1996年，第33～34頁。

《詩‧賓之初筵》篇『側弁之俄』，鄭箋云：『俄，傾貌。』『尊則俄』，謂崇高必傾側也。」《管子‧法禁》：「法制不議，則民不相私。」《說文‧我部》：「我，頃頓也。」段玉裁注：「謂傾側也。頃，頭不正也。頓，下首也。故引申爲頃側之意。……然則古文以『我』爲『俄』也。古文叚借如此。」

「故」非假借爲「古」，帛書本無此它例，「故」、「古」區分甚明。此句式與第 20 章「人之所畏，亦不可以不畏人」句式同。

良（帛書甲）——梁（漢簡本）——梁（王弼本）

帛書甲：故強良者不得死。（14）

漢簡本：故強梁者不得死。（18）

王弼本：強梁者不得其死。（12-283）

良、梁、梁皆爲來母陽部，音同可借，「良」、「梁」乃「梁」之假借字。

《說文‧木部》：「梁，水橋也。从木从水，刅聲。渿，古文」徐鍇《繫傳》：「（古文）從兩木，一，梁之中橫象。從水，指事。」段玉裁注：「梁之字，用木跨水，則今之橋也。」《禮記‧月令》：「孟冬謹關梁。」《詩‧大雅‧大明》：「造舟爲梁，不顯其光。」孔穎達疏：「造其舟以爲橋樑。」《爾雅‧釋地》：「梁莫大于溴梁。」郭璞注：「溴，水名；梁，隄也。」邢昺疏：「《詩》傳云：『石絕水曰梁』然則以土石爲隄障絕水者名梁，雖所在皆有，而無大於溴水之旁者。」《爾雅‧釋地》：「隄謂之梁。」又屋脊柱曰棟，負棟曰梁。《爾雅‧釋宮》：「楣謂之梁。」可見，無論是橋樑，堤堰還是屋梁，「梁」，皆爲承重之物，前加一「強」字，則謂不堪負重，久則必絕，故曰「彊梁者不得其死」，此爲古諺。或許老子正是從此現象看到了強與弱的不同，故以此作爲教學的開始。

劉向《說苑‧敬愼》載《金人銘》：「彊梁者不得其死，好勝者必遇其敵。」魏源《老子本義》：「焦氏竑曰：『木絕水曰梁，負棟曰梁，皆取其力之強。』《墨子‧魯問》：「譬有人於此，其子強梁不材，故其父笞之，其鄰家之父舉木而擊之。」《後漢書‧蘇竟傳》：「良醫不能救無命，強梁不能與天爭。」

彊良，獸名。《山海經‧大荒北經》：「有神銜蛇操蛇，其狀虎首人身，四蹄長肘，名曰彊良。」郝懿行箋疏：「《後漢書‧禮儀志》說十二神云：『強梁、祖明，共食磔死寄生。』疑強梁即彊良，古字通也。」傅奕本作「彊梁者不得其死」。兩古本皆無「其」字，文意截然相反。從以上分析，當有「其」字。

學（帛書甲、漢簡本）──教（王弼本）

帛書甲：我將以爲學父。（14）

帛書乙：我將以爲學父。（7上）

漢簡本：吾將以爲學父。（18）

王弼本：吾將以爲教父。（12-283）

學爲匣母藥部字，教爲見母宵部字，聲母皆爲舌面後音，「宵」、「藥」對轉，故音通可借。

《說文・教部》：「斅，覺悟也。从教从冂。冂，尙矇也。臼聲。學，篆文斅省。」《玉篇・子部》：「學，覺也。」《白虎通・辟雍》：「學之爲言覺也，以覺悟所不知也。」

《說文・又部》：「父，矩也。家長率教者。从又舉杖。」父象手持矩杖之形，立法度以遵循之、教導之。矩爲法度、準則之義。故「學父」義爲「覺悟的法度或準則」。《釋名・釋親屬》：「父，甫也。始生己者。」故「父」又可訓爲「始」，「學父」即爲覺悟的開始。以此法度來開教於人，令人覺悟也。斅即手持矩杖以教而令人覺悟也，與「學」還是有區別的，一爲主動，一爲被動，《正字通》：「學與斅別。」成玄英疏曰：「將爲學道之先，『父』亦『本』也。」「本」與「父」一樣，都有初始、根本之義，亦與「矩」通，即以其「根本」爲法度、準則也。「學父」即爲「以此作爲覺悟的根本」。

范應元云：「《音辯》云：『古本作『學父』，河上公作『教父』』。按《尙書》『惟斅學半』，古本並作『學』字，則『學』宜音『斅』，亦『教』也，義同。父，始也。今並從古本。」「教」字與「斅」字應該義同，「教」從爻從子從攴，《說文》「从攴从孝」，義有不通。「教」之古文「𣪠」、「𢼃」皆從爻從子。《說文・教部》：「教，上所施下所效也。从攴从孝。凡教之屬皆从教。」徐鍇《繫傳》：「攴，所執以教道人也……（從）言……以言教之。」段玉裁注：「上施，故从攴；下效，故从孝（字形爲『上爻下子』）。」此當爲《尙書》「惟斅學半」之本義。

故「斅」當爲「教」義；「學」當爲「覺」義。教育的目的是爲了效法準則；學習的目的是爲了覺悟。當從「學」。

本章整理：道生一，一生二，二生三，三生萬物。萬物負陰而抱陽，沖氣以爲和。人之所惡，唯孤、寡、不穀，而王公以自名也。物或損之而益，益之而損。故人之所教，亦我而教人，故強梁者不得其死，我將以爲學父。

第四十三章　偏　用

於（帛書甲、漢簡本）──乎（帛書乙）

致（帛書甲）──至（漢簡本、王弼本）

帛書甲：天下之至柔，（馳）𨊳於天下之致堅。（14-15）

帛書乙：天下之至〔柔〕，馳騁乎天下〔之至堅〕。（7上）

漢簡本：天下之至柔，馳騁於天下之至堅。（19）

王弼本：天下之至柔，馳騁天下之至堅。（12-283）

於，古文象烏形，今多用作語辭和介詞等。《爾雅・釋詁註》：「於、乎皆語之韻絕。」「於」爲影母魚部字，「乎」爲匣母魚部字，聲母皆爲舌面後音，音通可借。

《說文・兮部》：「乎，語之餘也。从兮，象聲上越揚之形也。」故「乎」常作語辭用，但典籍中也用作介詞，與「於」同義。《易・繫辭上》：「吉凶者，言乎其失得也⋯⋯是故貴賤者存乎位詼，齊小大者存乎卦，辨吉凶者存乎辭。」《戰國策・燕策二》：「擢之乎賓客之中，而立之乎群臣之上。」於、乎音意通可互用。

至、致可通用，見第 10、39 章。本章「致」乃「至」之假借字。《玉篇・至部》：「至，極也。」《易・坤・象》：「至哉坤元。」孔穎達疏：「至，謂至極也。」《易・繫辭上》：「易其至矣乎。」《莊子・逍遙遊》：「故曰：至人無己。」「致」也有「極」義，《國語・吳語》：「飲食不致味，聽樂不盡聲。」韋昭注：「致，極也。不極五味之調。」《論語・子張》：「人未有自致者也，必也，親喪乎」朱熹《论语集注》：「致，盡其極也。」

五（帛書甲）——吾（帛書乙、漢簡本、王弼本）

帛書甲：**无有入於无閒，五是以知无爲（之有）益也**。（15）

帛書乙：〔**无有入於**〕**无閒，吾是以**（**知无爲之有益**）**也**。（7 上-7 下）

漢簡本：無有入於無閒，吾是以智無爲之有益也。（19）

王弼本：無有入無閒，吾是以知無爲之有益。（12-283）

《說文・五部》：「五，五行也。从二，陰陽在天地閒交午也。乂，古文五省。」《說文・口部》：「吾，我，自稱也。从口五聲。」五、吾皆爲疑母魚部字，音同可借，「五」爲「吾」之借。

《文子・自然》：「天地之道，無爲而備，無求而得，是以知無爲而有益也。」

王弼注：「虛無柔弱，無所不通。無有不可窮，至柔不可折。」

帛書甲：**不**〔**言之**〕**教，无爲之益，**〔**天**〕**下希能及之矣**。（15-16）

帛書乙：**不**〔**言之教，无爲之益，天**〕**下希能及之矣**。（7 下）

漢簡本：不言之教，無爲之益，天下希及之矣。（20）

王弼本：不言之教，無爲之益，天下希及之。（12-283）

傅奕本「希」字寫作「稀」。《爾雅・釋詁下》：「希，罕也。」《集韻・微韻》：「希，寡也。」《論語・公冶長》：「不念舊惡，怨是用希。」黃侃義疏：「希，少也。」《文選・曹植〈朔風詩〉》：「昔我初遷，朱華未希。」李善注：「希，與『稀』同。古字通也。」

《說文・禾部》：「稀，疏也。从禾希聲。」徐鍇《繫傳》：「當言从爻从巾，無聲字。爻者，稀疏之義，與爽同意。巾，象禾之根莖。至於莃、晞，皆當从稀省。何以知之？《說文》無希字故也。」又「概既以禾爲準，稀亦同也。」徐灝箋：「稀之本義爲禾之稀疏。」從「稀疏」之義又可引申爲稀少之義。《字彙・禾部》：「稀，少也。」《集韻》：「稀，通作希。」故「希」、「稀」音義皆同，可通用。

本章整理：天下之至柔，馳騁於天下之至堅。无有入於无間，吾是以知无爲之有益也。不言之教，无爲之益，天下希能及之矣。

第四十四章　立　戒

箮（楚簡本）——孰（帛書甲、漢簡本、王弼本）

新（楚簡本）——亲（帛書甲）——親（漢簡本、王弼本）

楚簡本：名與身，箮新？身與貨，箮多？（甲35）

帛書甲：名與身，孰亲？身與貨，孰多？（16）

帛書乙：名與〔身，孰亲？身與貨，孰多〕？（7下）

漢簡本：身與名，孰親？身與貨，孰多？（21）

王弼本：名於身，孰親？身與貨，孰多？（12-283）

《說文・竹部》：「箮，厚也。从亯竹聲，讀若篤。」段玉裁注：「箮、篤亦古今字。箮與《二部》竺意義皆同。今字篤行而箮、竺廢矣。」《集韻・沃韻》：「竺，或作箮，通作篤。」

《爾雅・釋詁下》：「竺，厚也。」陸德明《經典釋文》：「竺，字又作篤。」《書・微子之命》：「予嘉乃德，曰篤不忘。」《經典釋文》：「篤，本又作竺。」

箮、竺、篤皆為端母覺部字，孰為禪母覺部。聲母皆為舌頭音，故音通可借。「箮」、「孰」從亯，故二字義可通。《說文・亯部》：「亯，獻也。从高省，曰象進孰物形。《孝經》曰：『祭則鬼亯之。』凡亯之屬皆从亯。享，篆文亯」《玉篇》：「亯，古文亨字。」又《集韻》：「亯，古文烹字。」吳大澂《古籀補》：「古亯字象宗廟之形。」從其字之演化可知，享、亨、烹可能為亯之分化。祭祀進獻之物皆須孰物，故與「孰」通，故從「亯」。《禮記・禮運》：「腥其俎，孰其殽。」《特牲饋食禮》註：「祭祀自孰始。」「箮」、「孰」音通義同，可互用。

《爾雅・釋詁下》：「孰，誰也。」段玉裁《說文解字注・孔部》：「孰，與誰雙聲，故一曰誰也。」字當從「孰」。

朱駿聲《說文通訓定聲・坤部》：「新，叚借爲親。」《書・金縢》：「惟朕小子其新逆。」陸德明《經典釋文》：「新逆，馬本作『親迎』。」「親」亦同「新」，《韓非子・亡徵》：「親臣進而故人退，不肖用事而賢良伏。」王先愼《集解》：「親讀爲新。」「亲」爲「親」之省。

新爲心母眞部字，親、亲爲清母眞部字，聲母皆爲舌尖前音。又「新」、「親」皆從「亲」得聲，故音通可借。

斊（楚簡本）──得（帛書甲、漢簡本、王弼本）
貟（楚簡本）──亡（帛書甲、漢簡本、王弼本）
疕（楚簡本）──病（帛書甲、漢簡本、王弼本）
楚簡本：**斊與貟，管疕。**（36）
帛書甲（16）、漢簡本（21）、王弼本（12-283）：**得與亡，孰病。**

之、止古文形同。**斊**，從之從貝，或從止從貝，爲會意字，止于貝或之（至）於貝（行至於貝），皆爲「得」，亦即《說文・彳部》所說：「得，行有所得也。」「得」亦爲會意字，爲「行至於貝而手持之也」，皆從「手」之義符。**斊**上之「之」（或「止」）與「得」之「彳」，皆與行走有關，義相同，故**斊**當爲「得」之古文，與楚簡本對應的第 13 章夐同。《新蔡葛陵竹簡乙四》第 13 簡：「八月有女子之**斊**。」**斊**應爲「得」，爲八月份得子之義。

貟亦會意字，從亡從貝，爲「亡貝」、「失貝」之義，故讀爲今「亡失」之「亡」，與「得」義反。《集韻・陽韻》：「亡，或作亾。」《說文・亾部》：「亾，逃也。从入从乚。」段玉裁注：「會意，謂入於迂曲隱蔽之處也。」朱駿聲《說文通訓定聲》：「乚者，隱也。」《增韻・陽韻》：「亡，失也。」《易・旅》：「射雉一矢亡。」孔穎達疏：「射之而復亡失其矢。」

《郭店楚墓竹簡》釋疕字爲「病」。註釋：疕字亦見於《包山楚簡》第二四三號、二四五號、二四七號簡，均讀爲「病」。《說文》：「病，疾加也。」

周鳳五：疕字既然與疾病有關，且從方聲，循音、義加以推求，應當就是「病」字。「病」從丙聲，古音方與丙皆屬並紐陽部，從方與從丙的字往往

互通。如《左傳·隱公八年》：「鄭伯使宛來歸枋。」《公羊傳》與《穀梁傳》「枋」作「邴」……皆其證。〔註1〕

「方」、「病」上古皆爲並母陽部，「丙」爲幫母耕部，聲母皆爲重唇音（古無輕唇音）。夏竦《古文四聲韻》中《古孝經》和《古老子》之「疕」字讀爲「病」，〔註2〕即其例。

王弼注：「尙名好高，其身必疏；貪貨無厭，其身必少。得名利而亡其身，何者爲病。」《說文·疒部》：「病，疾加也。」《玉篇》：「病，疾甚也。」故「病」有甚義，即哪個危害更大？

　　𠰷（楚簡本）——甚（帛書甲、漢簡本、王弼本）

　　㤅（楚簡本）——愛（漢簡本、王弼本）

　　賹（楚簡本）——費（漢簡本、王弼本）

楚簡本：𠰷㤅必大賹。（甲36）

帛書甲：甚（愛必大費）。（16）

漢簡本（21）、**王弼本**（12-283）：是故甚愛必大費。

《郭店楚墓竹簡》釋文「𠰷」作「甚」。〔註3〕

《說文·甘部》：「甚，尤安樂也。從甘，從匹，匹耦也。昆，古文甚。」《汗簡》「甚」字，爲其古文「昆」〔註4〕。《古文四聲韻》引《林罕集》「甚」字亦爲「昆」〔註5〕。楚系文字「甚」多作𠰷〔註6〕，「八」與「口」上下顛倒互換，與「期」之古文「㫒」和「**具**」可以上下顛倒互換一樣。

〔註1〕 周鳳五《包山楚簡文字初考》，《王叔岷先生八十壽辰論文集》，台北：大安出版社，1993，第364頁。

〔註2〕 《汗簡　古文四聲韻》，李零，劉新光整理，北京：中華書局，2010年，第127頁上b。

〔註3〕 荊門市博物館：《郭店楚墓竹簡》，北京：文物出版社，1998年5月，第113頁。

〔註4〕 《汗簡　古文四聲韻》，李零，劉新光整理，北京：中華書局，2010年，第6頁上a。

〔註5〕 《汗簡　古文四聲韻》，李零，劉新光整理，北京：中華書局，2010年，第108頁下b。

〔註6〕 滕壬生：《楚系簡帛文字編》，武漢：湖北教育出版社，2008年10月，第464～465頁。

《郭店楚墓竹簡》釋文「悉」作「愛」。〔註7〕

《說文・夊部》：「愛，行皃。从夊，悉聲。」又《心部》：「悉，惠也。从心旡聲。㤅，古文。」徐鍇《繫傳》：「古以悉爲慈愛，故以此爲行皃。」《玉篇・心部》：「悉，今作愛。」「悉」與「愛」當爲古今字。《字彙・心部》：「愛，吝也。」《孟子・梁惠王上》：「百姓皆以王爲愛也。」趙岐注：「愛，嗇也。」此處「愛」作「吝嗇」義。

《郭店楚墓竹簡》釋文「覿」作「費」。〔註8〕

覿從貝弼聲（見《漢語大字典》「弼」之古文異體〔楊淮表記〕），《說文・弜部》：「弼，輔也。重也。从弜丙聲。」又徐鍇《繫傳》：「丙，舌也，非聲。」丙屬幫母微部，費爲滂母微部，聲母皆爲唇音，故弼、丙、費音通可借。又費同「鄪」，《廣韻・至韻》：「鄪，邑名，在魯。費，同鄪。」音讀作 bi，與「弼」音同。弗爲幫母物部，弼爲並母物部，聲母皆爲唇音，音通可借。

故「覿」讀作「費」。《說文・貝部》：「費，散財用也。从貝弗聲。」《廣雅・釋言》：「費，損也。」文意爲：越吝嗇就越耗費。

厚（楚簡本）──厚（漢簡本、王弼本）
贊（楚簡本）──藏（漢簡本、王弼本）
楚簡本：厚贊必多寅。（甲 36）
帛書甲：〔多藏必厚〕亡。（16-17）
漢簡本（21）、**王弼本**（12-283）：多藏必厚亡。（12-283）

《郭店楚墓竹簡》註釋：厚，從「厂」「句」聲，讀作「厚」。〔註9〕

《說文・句部》：「句，曲也。从口丩聲。」段玉裁注：「古音總如鉤。後人句曲音鉤，章句音屨。又改句曲字爲勾。」厚從「句」得聲，「句「爲見母侯部，「厚」爲匣母侯部，皆爲舌根音，故音通可借。

〔註7〕 荊門市博物館：《郭店楚墓竹簡》，北京：文物出版社，1998 年 5 月，第 113 頁。

〔註8〕 荊門市博物館：《郭店楚墓竹簡》，北京：文物出版社，1998 年 5 月，第 113 頁。

〔註9〕 荊門市博物館：《郭店楚墓竹簡》，北京：文物出版社，1998 年 5 月，第 17 頁。

但楚簡原字形當從「后」從「土」，爲「厚」之古文。《說文‧𠬝部》：「厚，山陵之厚也。从𠦝从厂。垕，古文厚从后土。」故垕、厚爲古今字。

贅字上部乃「臟」之省。贅與「臟」乃一字之異體。《正字通‧貝部》：「臟，盜取所物。凡非理所得財賄皆曰臟。」《廣韻‧唐韻》：「臟，納賄曰臟。」「臟」義爲盜取或受賄之物；藏爲蓄藏、隱匿之義。《說文‧艸部》：「藏，匿也。」徐鉉等案：「《漢書》通用臧字。从『艸』後人所加。」《玉篇‧貝部》：「臟，藏也。」

臟爲精母陽部、藏爲從母陽部，聲母皆爲齒頭音，且皆從「臧」得聲，音同義通，故可假借，「贅（臟）」乃「藏」之借。

𣥠（楚簡本）——止（帛書甲、漢簡本、王弼本）
怠（楚簡本）——殆（帛書甲、漢簡本、王弼本）
楚簡本：古智足不辱，智𣥠不怠。（甲 36）
帛書甲：故知足不辱，知止不殆。（17）
漢簡本：故智足不辱，智止不殆。（22）
王弼本：知足不辱，知止不殆。（12-283）

𣥠爲上下兩足趾之形，或當隸作「趾」，讀爲「止」。《釋名‧釋形體》：「趾，止也。言行一進一止也。」《管子‧弟子職》：「先生將息，弟子皆起，敬奉枕席，問所何趾。」郭沫若等《集校》引王紹蘭云：「《說文》無趾字，止即是。問足所止何方，非趾之謂。」

《郭店楚墓竹簡》釋文「怠」作「怠」，讀作「殆」。〔註10〕

「怠」爲「怠」之省形。「怠」與「殆」通，《左傳‧昭公五年》：「滋敝邑休怠。」朱駿聲《說文通訓定聲‧頤部》：「殆，假借爲怠。」《詩‧商頌‧玄鳥》：「商之先后，受命不殆。」鄭玄箋：「商之先君受天命而不解殆。」馬瑞辰《通釋》：「《論語》：『思而不學則殆。』《釋文》：『殆，本作怠。』此詩殆即怠借字。」

《說文‧心部》：「怠，慢也。从心台聲。」《玉篇‧心部》：「怠，懈怠也。」又《說文‧歹部》：「殆，危也。从歹台聲。」怠、殆皆爲定母之部字，「怠（怠）」乃「殆」之假借。

〔註10〕　荊門市博物館：《郭店楚墓竹簡》，北京：文物出版社，1998 年 5 月，第 113 頁。

舊（楚簡本）──久（帛書甲、漢簡本、王弼本）

楚簡本：可以長舊。（甲36-37）

帛書甲（17）、**漢簡本**（22）、**王弼本**（12-283）：可以長久。

舊爲羣母之部字，久爲見母之部字，聲母皆爲舌面後音，音通可借。

「舊」有「長久」之義。《小爾雅・廣詁》：「舊，久也。」《詩・大雅・抑》：「於乎小子，告爾舊止。」箋：「舊，久也。」《書・無逸》：「其在高宗，時舊勞于外，爰暨小人。」孔傳：「武丁，其父小乙使之久居民間，勞是稼穡。」《漢書・雋不疑傳》：「竊伏海瀕，聞暴公子威名舊矣。」顏師古注：「舊，久也。」「久」又通「舊」，《孔子家語・顏回》：「不忘久德，不思久怨。」

《說文・久部》：「久，以後灸之，象人兩脛後有距也。」段玉裁改爲「從後灸之也。」注曰：「久、灸疊韻。《火部》曰：『灸，灼也。』灸有迫著之義，故以灸訓久。」《廣韻・有韻》：「久，長久也。」

故「舊」與「久」音義皆同，可通用。字當作「久」。

本章整理：名與身孰親？身與貨孰多？得與亡孰病？甚愛必大費，多藏必厚亡。故知足不辱，知止不殆，可以長久。

第四十五章　洪　德

犬（楚簡本）──缺（帛書甲、漢簡本、王弼本）

帗（楚簡本）──幣（帛書甲）──敝（漢簡本）──弊（王弼本）

楚簡本： 大城若犬，丌甬不帗。（乙 13-14）

帛書甲： 大成若缺，亓用不幣。（17）

漢簡本： 大成如缺，其用不敝。（23）

王弼本： 大成若缺，其用不弊。（12-283）

　　《說文・缶部》：「缺，器破也。从缶，決省聲。」徐灝注箋：「《六書故》引唐本『夬聲』。」故「缺」從「夬」得聲，夬爲見母月部，缺爲溪母月部，皆爲舌面後音，故音同可借。王弼等通行本第 58 章：「其民缺缺。」帛書甲本作「其邦夬夬。」「夬」與「缺」義猶可通，《說文・又部》：「夬，分決也。」亦有損傷義，《睡虎地秦墓竹簡・秦律雜抄》：「傷乘輿馬，夬革一寸，貲一甲。」又《秦律十八種・置吏律》：「其有死亡及故有夬者，爲補之，毋須待。」整理組注云：「（故有夬者，）故有缺，因故出缺。」故「夬」、「缺」音同義通，可互用。

　　《郭店楚墓竹簡》註釋：簡文帗字從「巾」「釆」聲。金文「番」上部所從之「釆」與簡文形同。《古文四聲韻》引《古老子》「獘」字從「釆」從「巾」從「口」，僅比簡文多出「口」。帗，讀作「敝」。「釆」屬元部並母，「敝」屬月部並母，古音相近。〔註1〕

〔註 1〕　荊門市博物館：《郭店楚墓竹簡》，北京：文物出版社，1998 年 5 月，第 118 頁。

采，亦有作「幣」義。《史記・周本紀》：「召公奭贊采。」張守節《正義》曰：「贊，佐也；采，幣也。」《說文・巾部》：「幣，帛也。从巾敝聲。」故帗或爲「幣」之形省。

《玉篇》：「弊，壞也，敗也。」《國語・鄭語》：「公曰：『周其弊乎』對曰：『殆於必弊者也。』」韋昭注：「弊，敗也。」《楚辭・天問》：「胡終弊於有扈，牧夫牛羊？」《史記・倉公傳》：「脈法曰：不平不鼓形弊。」揚雄《逐貧賦》：「禮薄義弊。」

《說文・㞷部》：「敝，帗也。一曰敗衣。從攴從㞷，㞷亦聲。」徐灝注箋：「因其敗而攴治之也。」李孝定《甲骨文字集釋》：「㞷象敗巾之形……契文正從攴、從㞷，會意。」敝或爲本字，爲敗壞之義。

故「幣」乃「弊」之假借字。

涅（楚簡本）──盈（帛書甲乙、漢簡本、王弼本）
中（楚簡本）──㳶（帛書甲）──沖（帛書乙、漢簡本、王弼本）
穿（楚簡本）──鄆（帛書甲）──窮（漢簡本、王弼本）
楚簡本：大涅若中，亓甬不穿。（乙 14）
帛書甲：大盈若㳶，亓用不鄆。（17）
帛書乙：〔大〕盈如沖，亓〔用不窮〕。（8 下）
漢簡本：大盈如沖，其用不窮。（23）
王弼本：大盈若沖，其用不窮。（12-283）

涅，從水從呈，會意字。「呈」字古文象杯中水滿之形，或爲「涅」字之本義。《字彙補・水部》：「涅，音盈。」《管子・宙合》有「詘信，涅儒」句，王念孫《讀書雜志》云：「涅當爲逞，儒當爲偄，皆字之誤也。逞與盈同。偄與緛同。盈緛猶盈縮也……盈縮與詘伸義相因也。」《包山楚簡（二）》第 156 號簡：「不涅」，《郭店楚簡・語叢四》第 24 簡：「金玉涅室，不如謀。」《太一生水》第 7 簡：「一缺一涅。」楚簡本《老子》對應通行本第二章：「高下之相涅也。」第 9 章：「栫而涅之。」「金玉涅室，莫能獸也。」即本章「大涅若中。」楚系文字「涅」皆讀爲「盈」。帛書老子乙本卷前《古佚書》：「夫雄節者，涅之徒也。」整理組注云：「涅，疑讀爲逞或盈。」涅爲水滿之義，盈爲任何物類裝滿器物之義，義猶寬泛，此「涅」與「盈」二字意義的細微區別之處。涅、盈皆爲影母耕部字，故「涅」、「盈」音同義通，可通用。（亦見第 2 章說解）

　　《郭店楚墓竹簡》釋文「中」釋爲「盅」。「涅」釋爲「盈」。〔註2〕

　　中爲端母多部字，盅爲透母多部字，沖爲定母多部字，聲母皆爲舌尖中音，音通可借。

　　傅奕、范應元本「沖」作「盅」，亦爲現在學者所認同，而棄王弼等通行本不顧。《說文・皿部》：「盅，器虛也。從皿中聲。《老子》曰：『道盅而用之。』」又「盈，滿器也。從皿、及。」盅、盈義正相反，義爲至大的盈滿好像空虛的樣子。這種翻譯、理解顯得有點機械生硬。楚簡本作「中」，中爲端母多部字，盅爲透母多部字，聲韻同，故可借。「中」爲「盅」或「沖」之借。而段玉裁注「盅」字曰：「盅虛字，今作沖。」似「沖」字爲通行義，而在注「沖」字時又曰：「沖，凡用沖虛字者，皆盅之假借。」將「盅」字視爲本字。「盅」可視爲會意字，謂器皿之中爲空、爲虛也。而「沖」亦有「虛」義，沖爲兩山之間狹長而空曠的條形地帶，爲空氣和水可以流通之處，即像老子所形容的「天地之間其猶橐籥」一樣，這種「虛」的範圍更大更流動一些。《說文・水部》：「沖，涌搖也。從水中。讀若動。」故「沖」又有「動」之義，「安以動之徐生，保此道者不欲盈。」正是此意。故《玉篇・水部》云：「沖，沖虛。」把動和靜結合起來解釋了。而「盅」只有「虛」義，沒有「動」義，這是兩字區別的地方。帛書甲本作溋，從皿從沖，義含「動」、「涌搖」之義，即器皿的空虛之處有了湧動。如此看來，溋字更應該讀爲「沖」。老子強調的是一種不盈滿的狀態，否則，滿則溢，「物壯則老，謂之不道」，爲老子所不取。而且兩山之間的狹長空曠之處的「沖」地始終保持了一種不盈滿的狀態，如《淮南子・原道》多說「源流泉浡，沖而徐盈。」而且還是未盈而又沖走，不會盈溢，則始終保持著一種生機勃勃的狀態，故謂之「其用不窮」。亦如嚴遵《老子指歸》所說：「盈而若沖，實而若虛。……其用不窮，流而不衰。」如果始終爲虛，則「其用」無來源矣，無來源則窮，怎可說是「萬物之宗」呢？。

　　帛書乙、漢簡本作「沖」，故當從王弼等通行本作「沖」。

　　《郭店楚墓竹簡》註釋：穾，「窮」字省形，讀爲「窮」。《古文四聲韻》引《道經》「窮」字從「宀」從「躬」。〔註3〕

〔註2〕　荊門市博物館：《郭店楚墓竹簡》，北京：文物出版社，1998 年 5 月，第 118 頁。
〔註3〕　荊門市博物館：《郭店楚墓竹簡》，北京：文物出版社，1998 年 5 月，第 120 頁。

「宀」與「穴」義通。《說文・宀部》:「宀,交覆深屋也。象形。」田藝衡曰:「古者穴居野處,未有宮室,先有宀,而後有穴。宀,當象上阜高凸,其下有冂可藏身之形,故穴字从此。室家宮宁之制,皆因之。」《說文・宀部》:「穴,土室也。」《易・繫辭下》:「上古穴居而野處,後世聖人易之以宮室。」《詩・大雅・緜》:「陶復陶穴。」鄭玄箋:「未有寢廟,故覆穴而居。」

《說文・穴部》:「窮,極也。从穴躳聲。」《韻會小補》:「〈說文〉本作竆。从穴躬聲。隸作窮。」邵英《群經正字》:「今經典作窮。蓋『躬』字《說文》或體作『躳』,經典『窮』字從或體『躳』也。漢隸亦時有之。《五經文字》竆、窮同。」《五經文字》:「躬,俗躳字。今經典通用。」《說文・呂部》:「躳,身也。从身从呂。躬,躳或从弓。」《易・蒙》:「見金夫不有躬。」又《艮》:「艮其身,止諸躬也。」孔穎達疏:「躬,猶身也。」《書・太甲》:「惟尹躬克,左右厥辟。」《詩・邶風・谷風》:「我躬不閱。」故窀當爲「窮」之省。窀、窀、竆、窮,皆爲會意字,表示身處岩穴土圍之中受束縛之形,

窀,帛書整理組釋爲「窘」〔註4〕。正如窀爲「窮」之形省一樣,「窘」爲窀之形省。《說文・穴部》:「窘,迫也。从穴君聲。」故有窮、困之義,《詩・小雅・正月》:「終其永懷,又窘陰雨。」毛傳:「窘,困也。」《莊子・列禦寇》:「夫處窮閭阨巷,困窘織屨。」窮亦有貧、困義。《廣雅・釋詁四》:「窮,貧也。」《左傳・昭公十四年》:「分貧振窮。」孔穎達疏:「大體貧窮相類,細言窮困於貧。貧者家少財貨,窮謂全無生業。」

窮,漢簡本「躬」、「躳」或从「阝」,同「阜」,甲骨文爲城墙階梯之形,或代表國之防禦城墙,同「邑」,《說文・邑部》:「邑,國也。从囗;先王之制,尊卑有大小,从卪。」朱芳圃《甲骨學》引葉玉森曰:「(卜辭邑)从囗象畺域。(下面)象人跽形,乃人之變體,即指人民。有土有人,斯成一邑。許君从卪說未塙。」邑上之「囗」或爲城墙之形。身困於土穴墙壁之中,爲窮或窘。

《說文・邑部》:「竆,夏后時諸侯夷羿國也。从邑,窮省聲。」

君爲見母文部,躬、躳爲見母多部;窘爲群母文部,窮爲群母多部。「文」、「多」通轉,音通可借。故窘與窮音義同,可通用。

〔註 4〕 國家文物局古文獻研究室:《馬王堆漢墓帛書》〔壹〕,北京:文物出版社,1980,第 3 頁。

槀（楚簡本）──直（帛書甲、漢簡本、王弼本）

屈（楚簡本、帛書乙、王弼本）──詘（帛書甲、漢簡本）

楚簡本：大槀若屈。（乙 14-15）

帛書甲（17-18）、**漢簡本**（23）：大直如詘。

帛書乙：大直如屈。（8 下）

王弼本：大直若屈。（12-283）

槀，當為「植」，一字之異體。植為禪母職部，直為定母職部，上古皆為舌頭音，故音同可通。《說文·木部》：「植，戶植也。从木直聲。櫃，或从置。」植有平直之意，與橫、曲、邪相對。《詩·大雅·靈臺》：「虡業維樅。」毛傳：「植者曰虡，橫者曰栒。」《詩·周頌·有瞽》：「設業設虡。」鄭玄箋：「畫之植者為虡，衡者為栒。」

《說文·乚部》：「直，正見也。从乚从十从目。槀，古文直。」《玉篇·乚部》：「直，不曲也。」《詩·大雅·綿》：「其繩則直，縮版以載。」直當為本字。

屈、詘皆為溪母物部，從「出」得聲，音同可借。《史記·晏嬰傳》：「詘於不知己，而信於知己。」《說文·言部》：「詘，詰詘也。一曰屈襞。从言出聲。誳，詘或从屈。」段玉裁注：「二字雙聲，屈曲之意。」邵英《群經正義》：「詘，今經典多用屈字。」《韻會》：「詘，通作屈。」《荀子·勸學》：「若挈裘領，詘五指而頓之。」楊倞注：「詘與屈同。」《禮記·樂記》：「執其干戚，習其俯仰屈伸，容貌得莊焉。」《玉篇·出部》：「屈，曲也。」《易·繫辭下》：「尺蠖之屈，以求信也。」屈為常用字。

攷（楚簡本）──巧（帛書甲乙、漢簡本、王弼本）

仳（楚簡本）──拙（帛書甲乙、漢簡本、王弼本）

楚簡本：大攷若仳。（乙 15）

帛書甲（18）、**漢簡本**（23）：大巧如拙。

帛書乙：大巧如拙。（8 下）

王弼本：大巧若拙。（12-283）

攷、巧、考皆為溪母幽部，皆從「丂」得聲，故音同可借。《集韻》：「考，古作攷。」《周禮·天官·小宰》：「攷乃灋。」《說文·攴部》：「攷，敏也。」

《廣雅・釋詁三》：「攷，擊也。」王念孫《疏證》：「考與攷通。」《玉篇・支部》：「攷，今作考。」段玉裁《說文解字注・攴部》：「考，引伸之義爲考課。《周禮》多作攷，他經攷擊、攷課皆作考，假借也。」考、攷當爲古今字，後考行而攷廢。朱駿聲《說文通訓定聲・孚部》：「考，叚借爲巧。」《國語・越語下》：「上帝不考，時反是守。」王引之《經義述聞》：「考當讀爲巧，反猶變也。言上帝不尙機巧，惟當守時變也。《漢書・司馬遷傳》：『聖人不巧，時變是守。』師古注曰：『無機巧之心，但順時也。』是也。古字考與巧通。」

又《釋名・釋言語》：「巧，考也。考合異類共成一體也。」王先謙《疏證補》引王啓原云：「巧，攷（考）古通。《書・金縢》：」『予仁若考』，《史記・魯周公世家》『考』作『巧』，是其證。」

《說文・工部》：「巧，技也。从工丂聲。」《廣韻・巧韻》：「巧，能也。」又「善也」。「攷」爲「巧」之借。

《郭店楚墓竹簡》釋文「仳」讀爲「拙」。〔註5〕

仳，同「𫘜」，《集韻・術韻》：「𫘜，短兒。或從人。」

劉信芳：「《廣韻》入聲六術『䘏』又作『仳』，『短兒』，竹律切。『大重若仳』謂大重之物，若有所短。」因短，或顯出笨拙、笨重之義。

《說文・手部》：「拙，不巧也。从手出聲。」段玉裁注：「不能爲技巧也。」《廣雅・釋詁三》：「拙，鈍也。」拙爲章母物部字，仳（𫘜）爲章母月部字（《廣韻》又「職悅切」），聲母皆爲舌頭音，物、月對轉，音通可借，「仳」、「拙」皆從「出」得聲，音通可借。「仳」爲「拙」之借。

城（楚簡本）——嬴（帛書甲）——涅（帛書乙）——盛（漢簡本）——辯（王弼本）

詘（楚簡本）——炳（帛書甲）——紲（帛書乙）——訥（王弼本）

楚簡本：大城若詘。（乙15）

帛書甲：大嬴如炳。（18）

帛書乙：大涅如紲。（8下）

漢簡本：大盛如紲。（23）

王弼本：大辯若訥。（12-283）

〔註5〕荊門市博物館：《郭店楚墓竹簡》，北京：文物出版社，1998年5月，第118頁。

城、盛皆屬禪母耕部，嬴、涅皆屬餘母耕部，喻四歸定，四字聲母皆爲舌頭音，故音通可借。辯爲并母元部，與前三字音有距離。

詘、紬皆爲透母物部，炳爲泥母文部，訥爲泥母緝部，聲母皆爲舌頭音，物、文對轉，緝與文、物通轉，故詘、紬、炳、訥四字音通可借。

嬴紬，指增減，豐歉，多少。唐甄《潛書‧食難》：「是故君子不言貨幣，不問嬴紬。」《正字通‧糸部》：「紬，音屈。嬴紬，猶盈歉也。」紬有短缺、不足之義，與「嬴」的有餘之義正好相對，《說文‧貝部》：「嬴，有餘、賈利也。從貝羸聲。」《左傳‧昭元年》：「賈而欲嬴，而惡囂乎。」註：「言譬如商賈求嬴利者，不得惡誼囂之聲。」《漢書‧食貨志》：「操其奇嬴，日游都市。」師古注曰：「奇嬴，謂有餘財，而餘聚奇異也。」

《鶡冠子‧世兵》：「早晚嬴紬，反相殖生。」嚴遵《老子指歸》解讀此文也是以「嬴」、「紬」，「得」、「喪」對比，表示多少、豐歉。其文曰：「天道自卑，無律曆而陰陽和，無正朔而四時節，無法度而天下賓，無賞罰而名實得。隱武藏威，無所不勝；棄捐戰伐，無所不克。無號令而民自正，無文章而海內自明，無符璽而天下自信，無度數而萬物自均。是以嬴而若拙，得之若喪。無鐘鼓而民娛樂，無五味而民食甘，無服色而民美好，無畜積而民多盈。夫何故哉？因道任天，不事知故，使民自然也。」包含了陰陽四時和治國戰爭的伸屈、嬴紬以及盈虧得失等象，涵蓋範圍也較廣泛，這也是「嬴紬」所能夠表達的，而「辯訥」卻只能表達語言一個概念，並不能涵蓋以上諸多內容。故當爲「大嬴如紬」。

《玉篇‧火部》：「炳，熱也」，《廣雅‧釋詁三》：「炳，煖也。」

《說文‧言部》：「訥，言難也。從言從內。」《論語》：「君子欲訥於言而敏於行。」

《說文‧言部》：「詘，詰詘也。一曰屈襞。從言出聲。諞，詘或從屈。」詘有缺少、短縮之義，《周髀算經》：「往者詘，來者信也，故屈信相感。」趙君卿注：「從夏至南往，日益短，故曰詘。」朱駿聲《說文通訓定聲‧履部》：「詘，字從言，當與吃同意。」《史記‧李斯列傳》：「輕財重士，辯於心而詘於口。」王弼本或因口吃之「詘」、「訥」而改「嬴」爲「辯」。這是很有可能的。細究嚴遵《指歸》解讀《老子》此文，毫無「辯」、「訥」之意。

由以上分析可知，「城」、「盛」乃「嬴」之借；詘、炳、訥乃「紬」之借。故當從帛書本，作「大嬴如紬」。

杲（楚簡本）——趮（帛書甲、漢簡本）——躁（王弼本）

秀（楚簡本）——勝（帛書甲、漢簡本、王弼本）——朕（帛書乙）

蒼（楚簡本）——寒（帛書甲乙、漢簡本、王弼本）

楚簡本：杲秀蒼。（乙 15）

帛書甲（18）、漢簡本（24）：趮勝寒。

帛書乙：趮朕寒。（8 下）

王弼本：躁勝寒。（12-283）

《說文·走部》：「趮，疾也。从走杲聲。」段玉裁注：「趮，今字作躁。」《五經文字》：「趮同躁。」既然從走或從足，則與動有關。《釋名·釋言語》：「躁，燥也。物燥乃動而飛揚也。」《易·繫辭下》：「躁人之辭多。」《禮記·月令》：「君子齋戒，處必掩身毋躁。」鄭玄註：「躁，猶動也。」嚴遵《老子指歸》注此云：「動體勞形，則是理泄汗流，捐衣出室，暖有餘身矣。」說的就是運動產生熱量能抵禦嚴寒。故「趮」當爲本字，高明云：「『趮』、『躁』同字異體，古文足旁與走旁通用，如『踰』字可寫作『逾』，『跋』字可寫作『趓』，即其證。」杲爲心母宵部，趮、躁爲精母宵部，聲母皆爲舌頭音，音通可借。《郭店楚墓竹簡》釋「杲」爲「燥」，非。當用今字「躁」。

楚簡本秀與勑（31 章）爲一字之異體。從力乘聲，與「剩」音同。《說文·力部》：「勝，任也。从力朕聲。」秀、勝皆有以力克任之義，乘爲船母蒸部，勝爲書母蒸部，朕爲定母侵部，聲母皆爲舌頭音，故秀與「勝」音義皆通而可借用。「勝」從「朕」得聲，與「朕」音同而假。詳見第 31 章。

《郭店楚墓竹簡》註釋：蒼，簡文下部與《說文》「蒼」字古文同，讀作「滄」《說文》：「滄，寒也。」參看《太一生水》篇注七。〔註6〕

李零：簡文「寒」多作「倉」或「蒼」，楚文字「寒」、「倉」字形近。〔註7〕

《韻會》：「蒼，采朗切，倉上聲。莽蒼，寒狀。」蒼作寒意解時與「滄」同。《說文·仌部》：「滄，寒也。从仌，倉聲。」《逸周書·周祝》：「天地之閒有滄熱，用其道者終無竭。」《列子·湯問》：「日初出則滄滄涼涼。」《荀

〔註 6〕 荊門市博物館：《郭店楚墓竹簡》，北京：文物出版社，1998 年 5 月，第 120 頁。

〔註 7〕 李零：《郭店楚簡校讀記》，《道家文化研究》第 17 輯，第 473 頁。

子·正名》：「疾養、滄熱、滑鈹、輕重，以形體異。」《漢書·枚乘傳》：「欲湯之滄，一人吹之，百人揚之，無益也。不如絕薪止火而已。」「滄」皆爲「寒、涼」之義。

青（楚簡本）──靚（帛書甲）──靜（漢簡本、王弼本）
然（楚簡本）──炅（帛書甲）──熱（漢簡本、王弼本）
楚簡本：青勑然。（乙 15）
帛書甲：靚勝炅。（18）
漢簡本（24）、**王弼本：靜勝熱。**（12-283）
青同「靜」。《文選·潘岳〈射雉賦〉》：「涉青林以遊覽兮，樂羽族之群飛。」李善注引薛君《韓詩章句》曰：「青，靜也。」楚簡有「我好青而民自正」句（對應於帛書及王弼本第 57 章），「好青」即「好靜」。「靚」也與「靜」同，《增云·靜韻》：「靚，又與靜同。」朱駿聲《說文通訓定聲·鼎部》：「靚，叚借爲靜。」賈誼《服鳥賦》：「澹乎若深淵之靚。」揚雄《甘泉賦》：「稍暗暗而靚深。」顏師古注：「靚，即靜字。」青爲清母耕部，靚、靜爲從母耕部，聲母皆爲舌尖前音，且從「青」得聲。故音同可借。本字當作「靜」。意如嚴遵《指歸》所云：「解心釋意，託神清淨，形捐四海之外，遊志無有之內，心平氣和，涼有餘矣。」此即俗話所說的「心靜自然涼」。

然爲日母元部字，熱爲日母月部字，「元」、「月」對轉，音通可借。
《說文·火部》：「然，燒也。从火肰聲。」又「熱，溫也。从火埶聲。」《釋名·釋天》：「熱，爇也。如火所燒爇。」又《說文·火部》「爇，燒也。」又「炅，見也。从火、日。」「然」、「炅」、「熱」三字皆從火，故義有所通。然、熱皆可訓爲「燒爇」之義。炅亦可訓「熱」，《黃帝內經·素問·舉痛論》：「卒然而痛，得炅則痛立止。」王冰注：「炅，熱也。」三本之字爲義同而替換。帛書第 29 章，其相對應的文字，甲本作「炅」，乙本作「熱」，即其證。

清（楚簡本、漢簡本、王弼本）──請（帛書甲）
青（楚簡本）──靚（帛書甲）──靜（漢簡本、王弼本）
楚簡本：清青爲天下定。（乙 15）
帛書甲：請靚可以爲天下正。（18）

漢簡本：清靜爲天下政。（24）

王弼本：清靜爲天下正。（12-283）

《說文·青部》：「請，謁也。从言青聲。」清、請皆爲清母耕部字，從「青」得聲，故音同可借。《漢書·賈誼傳》：「故其在大譴大何之域者，聞譴何則白冠氂纓，盤水加劍，造請室而請辠耳。」顏師古注引蘇林曰：「音絜清。胡公《漢官》車駕出有請室令在前驅，此官有別獄也。」王先謙補注：「盧文弨云：如蘇言，則《漢書》請室亦有作清室者。建本《新書》此文正作清室，知蘇言非謬矣。」

「清」本身即有「靜」義，爲清淨之義。《莊子·天下》：「芴乎若亡，寂乎若清。」《禮記·孔子閒居》：「清明在躬，氣志如神。」孔穎達疏：「清謂清靜。」故清、靜音義同，可互用。「青」、「靚」、「靜」字見上注。

本章之義亦強調無爲清淨，嚴遵《指歸》云：「是以聖人去知去慮，虛心專氣，清靜因應，則天之心，順地之意。」清靜則天下定，亦如《荀子·解蔽》所云：「中心不定則外物不清。」則可以水之動靜作比也，靜則清明可鑒，動則混濁不堪，「清明亂於上，則不可以得大形之正也。」

本章整理：大成若缺，其用不弊；大盈若沖，其用不窮。大直若詘，大巧若拙，大贏若絀。躁勝寒，靜勝熱。清靜可以爲天下正。

第四十六章　儉　欲

生（帛書甲乙、王弼本）──產（漢簡本）

郊（帛書甲乙、王弼本）──鄗（漢簡本）

帛書甲：天下有道，〔卻〕走馬以糞；天下无道，戎馬生於郊。(18-19)

帛書乙：〔天下有〕道，卻走馬〔以〕糞；无道，戎馬生於郊。(9上)

漢簡本：天下有道，卻走馬以糞；天下無道，戎馬產於鄗。(25)

王弼本：天下有道，卻走馬以糞；天下無道，戎馬生於郊。(12-283)

《說文·》：「糞，棄除也。从廾推華糞采也。官溥說：似米而非米者，矢字。」段玉裁注：「合三字，會意。」「古人除穢曰糞，今人直謂穢曰糞，此古義今義之別也。」《廣雅·釋詁三》：「𡏳（糞），除也。」復旦整理組釋作「𡏳」，無「廾」推華糞采，當爲「𡏳」之形省。《廣雅·釋詁四》：「糞，饒也。」王念孫《廣雅疏証》：「糞之言肥饒也。」《周禮·地官·草人》：「凡糞種，騂剛用牛，赤緹用羊，墳壤用麋，渴澤用鹿。」孫詒讓《周禮正義》：「江永云：『種』字當讀去聲。凡糞種，讀糞其地以種禾也。」《禮記·月令》：「（季夏之月）可以糞田疇，可以美土彊。」《荀子·致仕篇》：「樹落糞本。」

戎，復旦整理組釋作「弋」，或當釋作「式」可能更符合圖形，戎爲日母多部，式爲日母脂部，式爲書母職部，聲母相通。或爲音通形近而誤。

《說文·生部》：「生，進也。象艸木生出土上。」段玉裁注：「下象土，上象出。」徐灝注箋：「《廣雅》曰：『生，出也。』生與出同義，故皆訓爲進。」《廣韻·庚韻》：「生，生長也。」《詩·大雅·卷阿》：「梧桐生矣，于彼朝陽。」《玉篇·生部》：「生，產也。」《廣雅·釋親》：「人一月而膏，二月二脂……十月二生。」《書·舜典》：「舜生三十徵庸。」《說文·生部》：「產，生也。从生，彥省聲。」《正字通·生部》：「產，本其所生長之地曰產。」《左傳·

僖公二年》：「晉荀息請以屈產之乘與垂棘之璧假道於虞以伐虢」杜預注：「屈地生良馬，垂棘出美玉。」生爲山母耕部，產爲山母元部，耕、元旁對轉，音義通，可互用，「產」有原產地之義，故當從「生」。

鄗爲匣母宵部，郊爲見母宵部，聲母皆爲喉音，音通可借。「鄗」與「郊」通，城外之義，《史記・秦本紀》：「取王官及鄗。」《左傳・文公三年》作「郊」。《說文・邑部》：「郊，距國百里爲郊。从邑交聲。」《爾雅・釋地》：「邑外謂之郊。」

《周禮・地官・載師》：「以田宅、士田、賈田、任近郊之地，以官田、牛田、賞田、牧田任遠郊之地。」鄭玄註引杜子春云：「五十里爲近郊，百里爲遠郊。」「鄗」爲「郊」借。

辠（楚簡本）——罪（帛書甲乙、漢簡本）
厚（楚簡本）——大（帛書甲乙、漢簡本）
虗（楚簡本）——於（帛書甲、漢簡本）
𠂤（楚簡本）——可（帛書甲、漢簡本）

楚簡本：辠莫厚虗𠂤欲。（甲5）

帛書甲：罪莫大於可欲。（19）

帛書乙：罪莫大可欲。（9上）

漢簡本：故罪莫大於可欲。（25）

王弼本無此句。與眾本比較，帛書乙本奪一「於」字。

《說文・辛部》：「辠，犯法也。从辛从自，言辠人蹙鼻苦辛之憂。秦以辠似皇字，改爲罪。」徐灝箋：「辠人蹙鼻苦辛，說近穿鑿，辠、罪古字通，見於經傳者不可枚舉，亦非秦人始改用之。竊謂辠從辛者，辛即辠也，自當爲聲。」《周禮・天官・甸師》：「王之同姓有辠，則死刑焉。」鄭玄注引鄭司農云：「王同姓有罪當刑者，斷其獄於甸師之官也。」《楚辭・九章・惜往日》：「何貞臣之無辠兮，被離謗而見尤。」王逸注：「辠，一作罪。」

《說文・网部》：「罪，捕魚竹网。从网、非。秦以罪爲辠字。」段玉裁注：「本形聲之字，始皇改爲會意字也……《文字音義》云：『始皇以辠字似皇，乃改爲罪。』按經典多出秦後，故皆作罪。罪之本義少見於竹帛。」《書・大禹謨》：「罪疑惟輕。」《易・解・象》：「君子以赦過宥罪。」

故「辠」爲本字，罪、辠皆爲從母微部字，當從「罪」。

厚，楚簡本與帛書本相對應的第 44、66 章亦見：「亓在民上也，民弗厚也。」楚簡本三處「厚」的字形相近，上部與「厚」的上部相同，如「后」字形，下部略有區別，或作「昌」。當讀爲「厚」。《說文‧㫗部》：「厚，山陵之厚也。从㫗从厂。垕，古文厚从后土。」

「厚」與「大」義可通，《戰國策‧秦策一》：「非能厚勝之也。」高誘註：「厚，猶大也。」

唬，從口，虎聲，當爲「唬」之異文。《說文‧口部》：「唬，嗁聲也。一曰虎聲。从口从虎。讀若暠。」

唬、唬猶虖也，《三體石經‧多方》「虖」字從口形，「虖」爲「乎」字古文，《集韻‧模韻》：「乎，古作虖。」《說文‧虍部》：「虖，哮虖也。」段玉裁注：「《風俗通》曰：『虎聲謂之哮唬。』疑此『哮虎』當作『哮唬』。」

《說文‧兮部》：「乎，語之餘也。从兮，象聲上越揚之形也。」乎聲從口發出，且「虎」、「唬」、「虖」、「乎」皆爲曉母魚部，音同，故音義可通。《集韻‧模韻》：「乎，古作虖。」義相當於「於」、「于」，作介詞用。《墨子‧尚同上》：「夫明虖天下之所以亂者，生于無政長。」《楚辭‧惜誓》：「馳騖於杳冥之中兮，休息虖崑崙之墟。」「於」、「虖」對應，義同。《易‧繫辭上》：「吉凶者，言乎其失得也……是故列貴賤者存乎位，齊小大者存乎卦，辯吉凶者存乎辭。」

故唬（唬）爲「乎（虖）」之借。乎、於爲同義互用。

《說文‧欠部》：「欲，貪欲也。从欠谷聲。」徐鍇曰：「欲者，貪欲。欲之言續也。貪而不已，於文欠谷爲欲。欠者開口也。谷，欲聲。」段玉裁注：「從欠者，取慕液之意；從谷者，取虛受之意。」帛書本「可欲」當爲「追求令人升起慾望的東西或事物」之義，與下兩句「欲得」、「不知足」皆爲動詞一律。第三章有「不見可欲，使民不亂」，此處「可欲」又作名詞，爲「令人升起慾望的東西或事物」。

本章當從楚簡本順序：可欲——欲得——不知足。三者層層遞進：有了可令人追求的東西（原罪），便會希望有所得（災患伏也），有所得而不知足，就會引起最終的禍患。「不知足」後緊接下文的「故知足之足恒足矣」，文義通曉暢然。有欲則產生咎，有咎而不知止則有禍。

　　關於「甚欲」和「可欲」，其意似有程度的深淺不同，並不矛盾。楚簡本整理者讀爲「甚」，張桂光云：「編者釋『甚』，竊以爲於字形不合。聯繫到《老子》甲組第二十一簡『獨立不改，可以爲天下母』之『可』字反書作叵，馬王堆帛書《老子》乙前『□苛事，節賦斂，毋奪民時，治之安』之『苛』字作苟等情形，我以爲字當釋『苛』。」〔註1〕

　　「苛」亦有「煩」、「重」等義，與「甚」義可通，表示程度之深。「苛」爲匣母歌部字，「可」爲母母歌部字，聲母皆爲舌根音，音通可借。朱駿聲《說文通訓定聲·隨部》：「可、肯、堪，一聲之轉。」「可欲」或「甚欲」爲引起禍患的初始原因。葛洪《抱朴子·詰鮑》：「見可欲則眞正之心亂，勢力陳則劫奪之塗開。」《袁氏世範》：「中人之性，目見可欲，其心必亂，況下愚之人，見酒食聲色之美，安得不動其心？」劉獻廷《廣陽雜記》：「蓋賢也，貨也，皆可欲也。」但𦣞字當作「甚」，見上一章𦣞字說解。

　　𧮫（楚簡本）──憯（帛書甲）──灥（漢簡本）──大（王弼本）
　　楚簡本：咎莫𧮫𪒠谷㝵。（甲5）
　　帛書甲：咎莫憯於欲得。（19）
　　王弼本：咎莫大於欲得。（12-283）
　　漢簡本：咎莫灥於欲得。（26）

　　𧮫與楚簡本原字形不類。原字當從僉從甚，爲會意字。其後眾本或作「憯」（帛書甲、傅奕、范應元、韓非子等本），或作「甚」（遂州、顧歡、敦煌己本），或隸定爲「僉」（《郭店楚墓竹簡》），則皆有其來源，於文義亦可通。

　　作「僉」。僉有過甚之義。《方言》卷一：「自關而西，秦晉之間，凡人語而過謂之遇，或曰僉。」又卷十二：「僉，劇也。僉，夥也。」《廣雅·釋詁三》：「僉，多也。」劇、夥、多皆有甚義。僉甚猶劇甚，爲過多之義。

　　畢沅：「李約『憯』作『甚』。《說文解字》：『憯，痛也』，古音甚、憯同。」甚爲禪母侵部字；憯爲清母侵部字，舌頭音和齒頭音（舌面前音和舌尖前音）互諧，音近韻同，可借用。馬敍倫：「臧疏、羅卷作『甚』，成疏曰：『其爲咎責，莫甚於斯』，是成亦作『甚』。『甚』借爲『憯』，聲同侵類。《說文》『糂』重文作『糣』，是其例證。」《說文·米部》：「糂……从米甚聲。糣，籀文糂

〔註1〕　張桂光：《〈郭店楚墓竹簡·老子〉釋注商榷》，《江漢論壇》，1999年1期，第73頁。

从朁。穆，古文糗从參。」其實，「憯」作「痛（慘痛）」或作「曾（竟然）」等義，皆有程度副詞「甚」之義。故「憯」、「甚」音義皆可通，可互用。「大」與「僉」、「甚」義近可通用。

灊從水蠶聲，蠶爲從母侵部字，憯爲清母侵部字，聲母皆爲齒頭音，灊爲借字。

化（楚簡本）──祻（帛書甲）──禍（帛書乙、漢簡本、王弼本）
楚簡本：化莫大唇不智足。（甲6）
帛書甲：祻莫大於不知足。（19）
帛書乙：禍〔莫大於不知足〕。（9 上）
漢簡本：禍莫大于不智足。（25-26）
王弼本：禍莫大於不知足。（12-283）

禍爲匣母歌部，化爲曉母歌部，皆爲舌面後音（喉音），故音通可借。「化」與「貨」同，即其例，《字彙補‧七部》：「化，與貨同。《六書索隱》曰：古文貨亦作化。《尚書》『懋遷有無化居』，化即貨也。」帛書甲本第 12 章「難得之貲使人行方」之貲即「貨」字，貲之上部與「化」同，從人，凸聲。讀爲貨聲。故「化」爲「禍」之音借。

祻當爲「旤」之繁寫。「旤」爲「禍」之古文。《玉篇‧旡部》：「旤，神不福也。今作禍。」《戰國策‧齊策六》：「國弊旤多，民心無所歸。」《漢書‧五行志》：「數其旤福。」顏師古註：「旤，古禍字。」祻（旤）、禍爲古今字。

本章整理：天下有道，卻走馬以糞；天下无道，戎馬生於郊。罪莫厚於可欲，咎莫憯於欲得，禍莫大於不知足。故知足之足，恒足矣。

第四十七章　鑒　遠

規（帛書甲、漢簡本）──規（帛書乙）──窺（王弼本）

知（帛書甲乙）──智（漢簡本）──見（王弼本）

帛書甲：不出於戶，以知天下；不規於牖，以知天道。（20）

帛書乙：不出於戶，以知天下；不規於〔牖，以〕知天道。（9下）

漢簡本：不出於戶，以智天下；不規於牖，以智天道。（27）

王弼本：不出戶，知天下；不窺牖，見天道。（12-283）

圭、規為見母支部，闚為溪母支部，聲母皆為舌根音，闚從規得聲。故音同可借。其他通行本皆作「窺」。「規」與「窺」通。《管子‧君臣上》：「大臣假女之能以規主情。」丁士涵注：「規，古窺字。」《韓非子‧外儲說上》：「惟無為可以規之。」《商君書‧境內》：「不能死之，千人環規，諫黥劓於城下。」

《玉篇》：「窺，亦作闚。」又「闚，相視也，與窺同。」《莊子‧秋水》：「用管闚天。」《集韻》：「窺，通作闚。」《方言》卷十：「凡相窺視，南楚謂之闚。」《易‧觀》：「闚觀，利女貞。」王弼註：「所見者狹，故曰闚觀。」孔穎達疏：「闚竊而觀也。」《列子‧黃帝》：「夫至人者，上闚青天。」《經典釋文》：「闚同窺。」《說文‧門部》：「闚，閃也。」又「閃，窺頭門中也。」沈濤《古本攷》：「闚、閃互訓。」慧琳《一切經音義》卷一百：「闚，《集韻》云：『門中竊見也。』」

規，從圭、從見、圭亦聲。從「圭」得聲，讀若閨，與「規」音同；又從「見」。故與「闚」、「窺」音義通，可通用。

　　「見」是「知」的前提，即有實踐才能有眞知，故「窺」才有「知」。故帛書本前後文義相承；「窺」與「見」義屬同類，不窺而見，從感官上來說似有相違，不如「不窺而知」。本文上下皆爲「知」，或受六朝駢文的影響，後世諸通行本改後一「知」爲「見」，以與前一「知」相駢偶而不相重複，義雖可明，然於邏輯有違；「知」、「見」渾言之無別，析言之則有差。傅奕本作「知天道」，《韓非子·喻老》、《文子·精誠》、《呂氏春秋·君守》、《淮南子·主術》皆引作「知天道」。漢簡本作「智」，知、智皆爲端母支部，「智」爲假借。

　　河上公注：「聖人不出戶以知天下者，以己身知人身，以己家知人家，所以見天下也。」但是這種「知」、「見」是有條件的，必須要先修德，有德於身，如《老子》第54章所說「修之身，其德乃眞；……」然後才談得上「以身觀身，以家觀家，以鄉觀鄉，以邦觀邦，以天下觀天下。吾何以知天下之然哉？以此。」

　　另外，此類之「知」，與日常生活中的「知」又有區別，爲道家所獨有。成玄英疏云：「戶者，謂知覺攀緣分別等門戶也。有道之人虛懷內靜，不馳於世境，而天下之事悉知，此以眞照俗也。」又云：「牖，根竅也。天道自然之理，隳體坐忘，不窺根竅而眞心內朗，覩見自然之道，此以智照眞也。」所謂「以智照眞」、「以眞照俗」，皆因有德（得一、守靜）才能做到，離開了「道」與「德」而談知見，皆爲虛妄不實之談。

　　彈（帛書甲、漢簡本）──籋（帛書乙）──彌（王弼本）
　　帛書甲：亓出也彈遠，亓〔知彌少〕。（20）
　　帛書乙：亓出籋遠者，亓知籋〔少〕。（9下-10上）
　　漢簡本：其出彈遠，其智彈少。（27）
　　王弼本：其出彌遠，其知彌少。（12-283）
　　《廣韻》：「彌，益也。」《論語》：「仰之彌高，鑽之彌堅。」「彌」乃「彈」之省，一字之異體。《集韻·紙韻》：「彈，馳弓。」朱駿聲《說文通訓定聲》：「彈，馳弓也。字亦作彌。」

　　籋，與「篸」同。《集韻·支韻》：「篸，《說文》：笮也。笮，竹篾也。或作籤、籋、籋。」「籋」爲明母支部字，「彌」爲明母脂部字，「脂」、「支」通轉，音通可借，爲「彌」之假借。

名（帛書乙、王弼本）──命（漢簡本）──明

帛書甲：〔是以聖〕人弗〔行而知，弗見〕而〔名〕，不爲而〔成〕。（20-21）

帛書乙：〔是以聖人弗行而知，弗見〕而名，弗爲而成。（10 上）

漢簡本：是以聖人弗行而智，弗見而命，弗爲而成。（28）

王弼本：是以聖人不行而知，不見而名，不爲而成。（12-283）

《韓非子‧喻老》、元張嗣成《道德眞經章句訓頌》及明危大有、王守正等「名」作「明」。從此章文義來看，當爲「明」，《老子》第 22 章有「不自見，故明。」52 章有「見小曰明。」皆是「見」與「明」對。如若作「名」，則有「命名」和「成名」、「名聲」、「名譽」之義，在此處頗與老子文義不合。不見而可命名，於義則不類；老子反對尚賢，追逐功名，則不見而有盛名，與整個《老子》義相違背。「名」與「明」可通。《釋名‧釋言語》：「名，明也。」朱駿聲《說文通訓定聲‧鼎部》：「名，叚借爲明。」《墨子‧兼愛下》：「分名乎天下，愛人而利人者，別與？兼與？」王弼本雖作「名」，但在解釋時，則作「明理」解：「得物之致，故雖不行，而慮可知也。識物之宗，故雖不見，而是非之理可得而名也。」河上公作「明察」解：「聖人原小而知大，察內而知外也。」嚴遵《指歸》亦曰：「故聖人不見一家之好惡而命萬家之事，無有千里之行而命九州之變；足不上天而知九天之心，身不入地而知九地之意……審內以知外，原小以知大，因我以然彼，明近以喻遠也。」此段話中，「命」與「知」、「然」、「明」相呼應，有明白之義，毫無「命名」或「名聲」之義。名、命皆爲明母耕部字，明爲明母陽部字，「耕」、「陽」旁轉，音通可借。故「名」、「命」當爲「明」之假借。

本章整理：不出於戶，以知天下；不窺於牖，以知天道。其出彌遠者，其知彌少。是以聖人弗行而知，弗見而明，弗爲而成。

第四十八章　忘　知

蒜（楚簡本）———益（帛書乙、漢簡本、王弼本）

楚簡本：學者日蒜。（乙3）

帛書甲：爲〔學者日益〕。（21-22）

帛書乙（10上）、漢簡本（29）：爲學者日益。

王弼本：爲學日益。（12-283）

《說文・口部》：「嗌，咽也。从口益聲。蒜，籀文嗌，上象口，下象頸脈理也。」後之典籍「蒜」多作「益」。《漢簡》之「蒜」，隸作「益」，郭忠恕云見《尙書》（第28頁），《古文四聲韻》之「蒜」亦作「益」，夏竦云出自《古老子》和《古尙書》（第138頁）。郭店楚簡「蒜」多作「益」（例見《滕壬生《楚系簡帛文字編》第99頁）。《漢書・百官公卿表》：「蒜作朕虞。」顏師古注：「蒜，古益字。」應劭曰：「蒜，伯益也。」如鄭珍所說「借嗌作益」，不如說是「借蒜作益」。「蒜」指人體腸胃之物或胃氣湧向頸脈和口部，爲指事字。如此，則與溢滿之「益」古文形同。只不過一個從「口」作「嗌」，有咽喉、哽噎之義；一個從水作「溢」，爲滿溢之義。《說文・皿部》：「益，饒也。从水皿。皿，益之意也。」李孝定《甲骨文字集釋》按語：「益用爲饒益、增益之義既久，而本義轉晦，遂別製溢字……此字當以氾溢爲本義。」

益、溢、嗌皆爲影母錫部字，故「蒜」、「嗌」爲借字。

爲（楚簡本、漢簡本、王弼本）——聞（帛書乙）

鼎（楚簡本）——云（帛書乙）——損（漢簡本、王弼本）

楚簡本：爲道者日鼏。（乙3）

帛書甲：〔爲〕道〔者日損〕。（22）

帛書乙：聞道者日云。（10上）

漢簡本：爲道者日損。（29）

王弼本：爲道日損。（12-284）

「爲道」是踐行之；「聞道」只是聽聞之不見得有行動。這是二者的區別。「上士聞道，勤而行之」是知行結合。道者，不可爲也，「爲之者敗之，執之者失之」（第29、64章），或因如此，故用「聞」而不用「爲」。然第65章有「古之爲道者，非以明民也」，帛書乙第15章有「古之善爲道者」，第53章有「行於大道」。道可爲、可行，且只有爲道才能損之，聞而不行焉能損？道雖無爲，但無人的主觀能動性，也不能致其事。故當從楚簡本和通行本作「爲」。

《說文·員部》：「員，物數也。从貝口聲。凡員之屬皆从員。鼏，籀文从鼎。」籀文「鼏」爲「員」之古文。

云、員皆爲匣母文部，故音同可借。《詩·鄭風·出其東門》：「聊樂我員。」陸德明《經典釋文》：「員音云，本亦作云。」孔穎達疏：「云、員，古今字，助句辭也。」《詩·商頌·玄鳥》：「景員維河。」箋：「員古文作云。」《經典釋文》：「員，毛音圓，鄭音云：二音皆可讀。」《廣雅·釋詁一》：「或、員、云，有也。」《書·秦誓》：「日月逾邁，若弗員來。」孔穎達疏：「員，即云也。」

「損」爲心母，從「員」得聲，韻母皆爲文部，故音通可借。「鼏（員）」、「云」爲「損」之假借。

或（楚簡本）──有（漢簡本、帛書乙）──又（王弼本）

楚簡本：鼏之或鼏。（乙3）

帛書甲：〔損之又損〕（22）

帛書乙：云之有云。（10上）

漢簡本：[損]之有損之。（29）

王弼本：損之又損。（12-284）

《廣雅·釋詁一》：「或、員、云，有也。」《書·五子之歌》：「有一於此，未或不亡。」《呂氏春秋·貴公》：「無或作好，遵人之道。」《後漢書·應劭

傳》：「開關以來，莫或茲酷。」「或」皆作「有」。《說文》「有……从月又聲」，從又得聲，故可與「又」通。朱駿聲《說文通訓定聲‧頤部》：「有，叚借爲又。」《書‧堯典》：「暮三百有六旬有六日。」《詩‧邶風‧終風》：「不日有曀。」鄭玄箋：「有，又也。」「又」亦與「有」通。《漢書‧韓信傳》：「淮陰少年又侮信曰：『雖長大，好帶劍，怯耳。』」王念孫《讀書雜志》：「此又字非承上之詞。又，讀爲有，言少年中有侮信者也。古字通以又爲有，《史記》正作『少年有侮信者。』」馬王堆漢墓帛書《經法‧國次》：「功成而不止，身危又央（殃）。」

有、又爲匣母之部，或爲匣母職部，之、職對轉，故三字音通可借。又，有「再」義，表重複，《莊子‧達生》：「形精不虧，是謂能移；精而又精，反以相天。」本文當作「又」。

漢簡本：以至亡爲也，亡爲而亡不爲。（乙3-4）
帛書甲：〔以至於无爲，无爲〕而无不〔爲。聖人〕取天下也，恒〔无事，及其有事也，又不足以取天下矣〕。（22）
帛書乙：以至於无〔爲，无爲而无不〕爲也。耶人之取天下，恒无事，及亓有事也，有不足以取天下矣。（10上-10下）
漢簡本：至於無〔爲，無爲而無不爲，聖人取天下恒〕無事，及其有事，有不足以取天下。（19-30）
王弼本：以至於無爲，無爲而無不爲，取天下常以無事，及其有事，不足以取天下。（12-284）

本章有「無爲而無不爲」與「無爲而無以爲」之爭論。「無爲」和「無以爲」是並列的關係，「無以爲」就是「沒有什麼可爲的」，即無爲的意思。而「無爲」與「無不爲」是因果關係，因爲「無爲」，任其事物的自然發展，不干預，事物循其應有的自然軌跡運行，從而達到一種無所不爲的效果，這種無所不爲，不是人爲的干預而成，而是事物的內在的運行規律。按照佛家的因緣規律來講，一切皆有因才有果，如若過多的人爲干預，必然是又造新因，則必有新果，循環往復以至於無窮，人世間的事便沒有了盡頭，並且會愈演愈烈。這或許不是佛家或老子所願意看到的。兩者皆是強調「無爲」，強調「無不爲」是果，「無不爲」是「無爲」自然而然結的果；強調「無以爲」是強調「無爲」這個因，即「本來、本應該沒有什麼可爲的」意思，按六祖慧能的

話說，「本來無一物」。從因果律來講，「無以爲」更如出世間法，而「無不爲」更像入世間法。兩者並沒有高低的區別，都可說得通。但因有楚簡本的支持，及復旦整理組有對帛書甲的釋文「而無不」，當作「無爲而無不爲」。

本章整理：爲學者日益，爲道者日損，損之又損，以至於无爲，无爲而无不爲也。聖人之取天下也，恒无事，及其有事也，又不足以取天下矣。

第四十九章　任　德

恒无心（帛書乙）──恒無心（漢簡本）──無常心（王弼本）

帛書乙： 耵人恒无心。（10下）

漢簡本： 聖人恒無心。（31）

王弼本： 聖人無常心。（12-284）

　　世傳通行本多作「常無心」，此與帛書乙本「恒无心」、漢簡本「無恒心」旨意大相乖謬，顧歡本、景龍碑本、敦煌己本作「無心」，與「恒无心」義不悖。考河上公注：「聖人重改更，若自無心。」雖說是「無心」，但還是那顆「重改更」之心，仍然是「無常心」。只有嚴遵《指歸》注才合「恒無心」之義：「道德無形而王萬天者，無心之心存也；天地無爲而萬物順之者，無慮之慮運也。由此觀之，無心之心，心之主也；不用之用，用之母也。」可見在嚴遵看來，無心與無爲同。無心之心，猶無爲之爲，如嬰兒般和而無欲也。又云：「夫以一人之身，去心則危者復寧，用心則安者將亡，而況乎奉道德，順神明，承天心，養群生者哉！是以聖人建無身之身，懷無心之心，有無有之有，託無存之存，上含道德之化，下包萬民之心。無惡無好，無愛無憎。」無心之心，實爲無分別之心，無分別心，則無好惡，無愛憎，進而無善人與不善人，無信者亦無不信者，故能一視同仁，皆能善待之、誠信之，則無棄人矣。又云：「託道之術，留神之方，清淨爲本，虛無爲常，非心意之所能致，非思慮之所能然也。故知者之居也，耳目視聽，心意思慮，飲食時節，窮通志欲，聰明並作，不釋晝夜。」此乃解釋「百姓皆注其耳目」之病也，如此則失去更多，反之則得到身心安泰。故又云：「視無所見，聽無所聞。遺精忘志，以主爲心。與之俯仰，與之浮沉；隨之臥起，放之屈伸。不言而天下應，

不爲而萬物存。四海之內無有號令，皆變其心：善者至於大善，日深以明；惡者性變，浸以平和。信者大信，至於無私；僞者情變，日以至誠。殘賊反善，邪僞反眞。善惡信否，皆歸自然。」放棄、不追求耳目之觀，如嬰孩般的無心、無爲，才能達於自然之道，德化於無形，此爲上德之德也，「上德不德，是以有德」矣。

本文王弼本、帛書本作「德善」、「德信」，其它通行本有作「德」者，亦有作「得」者。德、得故可通用，然此處講的無心無爲之化，是無善惡、無眞僞的同等對待，是爲德化，是爲上德之善、上德之信。如《論語》所云：「子欲善而民善矣。君子之德風，小人之德草，草上之風必偃。」或許可以用來闡釋這種無心、無爲之上德的功效。

　　省（帛書乙）──生（漢簡本）──姓（王弼本）
帛書甲：以百姓之心爲〔心〕。（22-23）
帛書乙：以百省之心爲心。（10下-11上）
漢簡本：以百生之心爲心。（31）
王弼本：以百姓心爲心。（12-284）
　　省、生爲山母耕部字，姓爲心母耕部字，根據「照二歸精」，三字聲母相同。清朱駿聲《說文通訓定聲·鼎部》：「生，叚借爲姓。」《管子·大匡》：「夫君以怒逐禍，不畏惡親，開容昏生，無醜也。」戴望《校正》：「生讀爲姓。」《廣韻·庚韻》：「生，姓。出《姓苑》。」《說文·女部》：「姓，人所生也。古之神聖母，感天而生子，故稱天子。从女从生，生亦聲。《春秋傳》曰：『天子因生以賜姓。』」徐灝《說文解字注箋》：「姓之本義謂生，故古通作生，其後因生以賜姓，遂爲姓氏字耳。」省、生爲姓之借，當從姓。

　　虖（漢簡本）──吾（王弼本）
　　德（帛書乙、王弼本）──直（漢簡本）
帛書甲：〔信者信之，不信者〕亦信〔之，德〕信也。（23-24）
帛書乙：信者信之，不信者亦信之，德信也。（11上）
漢簡本：信者虖信之，不信者虖亦信之，直信也。（32）
王弼本：信者吾信之，不信者吾亦信之，德信。（12-284）

《說文·虍部》：「虖，哮虖也。从虍乎聲。」《說文·口部》：「吾，我，自稱也。从口五聲。」虖爲曉母魚部字，吾爲疑母魚部字，聲母皆爲舌面後音（喉牙音），音通可借。虖爲吾之借。帛書本無「吾」字，傅奕本及世傳本皆有。本章主語是聖人或得道者，不應當有「吾」字，故當從帛書本。

清朱駿聲《說文通訓定聲·頤部》：「德，叚借爲直。」《左傳·襄公二十九年》：「辯而不德，必加於戮。」俞樾《平議》：「德當讀爲直。德字古文作悳，本从直聲，故即與直通。」德，又與「得」通，嚴遵本、傅奕本等作「得」。《廣雅·釋詁三》：「德，得也。」《墨子·節用上》：「是故用財不費，民德不勞，其興利多矣。」孫詒讓《墨子閒詁》：「德與得通。」

直爲定母職部，德、得爲端母職部，直爲「德」之假借。

愉（帛書甲）——欿（帛書乙）——医（漢簡本）——歙（王弼本）
帛書甲：聖人之在天下，愉愉焉，爲天下渾心。（24）
帛書乙：耵人之在天下也，欿欿焉，〔爲天下渾心〕。（11 上-11 下）
漢簡本：聖人之在天下也，医医然，爲天下渾〔心〕。（32）
王弼本：聖人在天下，歙歙，爲天下渾其心。（12-284）

《說文·欠部》：「歙，縮鼻也。从欠翕聲。」王筠《說文句讀》：「歙與吸同音，其引氣入內亦同。惟吸氣自口入、歙氣自鼻入爲不同耳。吸者口無形，故曰內息也。歙者作意如此，則鼻微有形，故曰縮鼻。縮者蹴也。」縮，則引申爲收斂、斂藏之義。《說文·羽部》：「翕，起也。从羽合聲。」段玉裁注：「翕从合者，鳥將起必斂翼也。」《易·繫辭上》：「夫坤，其靜也翕。」韓康伯注：「翕，斂也。」

本章開始即是講心，爲聖人之在天下，要收斂其自個的心意，以百姓之心爲心，不能放縱自己的心意。蹴者，有敬懼之義，《集韻·葉韻》：「歙，懼皃。」河上公等作「怵怵」，注曰：「聖人在天下，怵怵常恐怖，富貴不敢驕奢。言聖人爲天下百姓混濁其心，若愚闇不通也。」同樣講的是修心，並且強調修心的不易，「戰戰兢兢，如履薄冰。」稍不注意，就會落入這個五濁世間的欲海之中而不能自拔。故爲天下渾心，渾心者，一其心也，使心無旁鶩，收其放心，歸於渾沌之樸也。如王弼注云：「是以聖人之於天下歙歙焉，心無所主也；爲天下渾心焉，意無所適莫。」所謂「心無所主」、「意無所適」即是「無所住而用其心」，無己心，無分別心，以眾人之心爲心，即是「歙歙」

—383—

的本義：投合眾心，無所偏執，也即「渾心」：混同其心。與第 15 章「渾兮其若濁」、第 4 章「和其光，同其塵」意思一致。

　　欰、歙皆爲曉母緝部字。欰與歙義相同，皆有「吸」、「合」、「收斂」之義。《說文・欠部》：「欰，歙也。从欠合聲。」段玉裁注：「欰與吸意相近，與歙爲反對。」如班固《東都賦》：「欰野歙山。」張衡《西京賦》：「欰灃吐鎬。」「欰」爲吸、飲之義。《張衡・南都賦》：「總括趨欰，箭馳風疾。」李善註：「言江海斂受諸水，故總括而趣之。」同「翕」，合也。揚雄《太玄》：「上欰下欰，出入九虛。」范望注：「欰，猶合也。」故欰、歙皆同，可通用。

　　《說文・匸部》：「匧，藏也。从匸夾聲。篋，匧或从竹。」藏引申開來也有收斂之義。匧爲溪母葉部字，與歙之聲母皆爲牙喉音，緝、葉旁轉，音義皆通可互用。

　　愜，從心翕聲，翕爲曉母緝部，與歙音通，可借。《玉篇・心部》：「愜，心熱也。」愜爲歙之假借。

　　　屬（帛書甲、漢簡本）——注（帛書乙、王弼本）
　　　咳（漢簡本）——孩（王弼本）
　　帛書甲：百姓皆屬耳目焉，聖人皆〔孩〕之。（24）
　　帛書乙：〔百〕生皆注亓〔耳目焉，聖〕人皆〔孩〕之。（11 下）
　　漢簡本：而百姓皆屬其耳目焉，聖人而皆咳之。（33）
　　王弼本：〔百姓皆注其耳目〕，聖人皆孩之。（12-284）
　　朱駿聲《說文通訓聽聲・需部》：「屬，叚借爲注。」《五音集韻》：「屬，朱戍切，音著。注也。」《儀禮・士昏禮》：「酌玄酒，三屬於尊。」鄭玄註：「屬，註也。」《國語・晉語》：「若先，則恐國人之屬耳目於我也。」韋昭註：「屬，猶注也。」《周禮・考工記・匠人》：「凡溝逆地防，謂之不行；水屬不理孫，謂之不行。」鄭玄注：「屬，讀爲注。」注爲章母侯部，屬爲禪母屋部，侯、屋對轉，音通可借。

　　《說文・水部》：「注，灌也。从水主聲。」《集韻・逾韻》：「注，屬也。」《爾雅・釋天》：「注旄首曰旌。」郭璞註：「言以旄牛尾屬之竿首。」《戰國策・秦策四》：「一舉眾而注地於楚。」高誘注：「注，屬。」無論作「灌注」義，還是作「注目」義，注、屬義皆可通，故可通用。本文當爲「注目」之義，即向外攀援其眼耳鼻舌身意六根，王弼注「百姓皆注其耳目」云：「各用

聰明。」即此意。注「聖人皆孩之」云：「皆使和而無欲，如嬰兒也。」漢簡本有「而」字，以百姓與聖人對比，文意鮮明，當從之。

　　《說文‧日部》：「晐，兼晐也。从日亥聲。」徐鍇《繫傳》：「日之光兼復也。」段玉裁注：「此晐備正字，今字則該、賅行，而晐廢矣。」《玉篇‧日部》：「晐，兼也。」《廣雅‧釋言》：「晐，包也。」《廣韻‧咍韻》：「晐，備也。」《國語‧吳語》：「一介嫡女執箕箒，以晐姓於王宮。」韋昭注：「晐，備也。」雖然也能夠用這種意義屈解釋：聖人皆包含之。但失去了《老子》無為、無欲的宗旨。

　　晐為見母之部，傅奕本作「咳」、嚴遵本作「駭」，與「孩」皆為匣母之部，聲母皆為牙喉音，「咳」為「孩」之假借。

　　本章整理：聖人恒无心，以百姓之心為心。善者善之，不善者亦善之，德善也。信者信之，不信者亦信之，德信也。聖人之在天下也，歙歙焉，為天下渾心。而百姓皆注其耳目焉，聖人皆孩之。

第五十章　貴　生

民（帛書甲乙、漢簡本）——人（王弼本）

勤（帛書甲）——僮（帛書乙）——動（漢簡本、王弼本）

帛書甲：而民生生，**勤**皆之死地之十有三。（25）

帛書乙：而民生生，**僮**皆之死地之十有三。（11下-12上）

漢簡本：而民姓生焉，**動**皆之死地之十有三。（34-35）

王弼本：人之生，**動**之死地亦十有三。（12-284）

《說文・民部》：「民，眾萌也。从古文之象。」郭沫若《甲骨文字研究》：「（周代彝器）作一左目形，而有刃物以刺之。」「周人初以敵囚爲民時，乃盲其左目以爲奴徵。」是以「民」相對於「人」，有卑微之義。或謂萌而無知無識，爲未開化之民。「民」有人之總稱義，如《詩》「天生蒸民」、「厥初生民」《左傳・成公十三年》：「民受天地之中以生。」孔穎達疏：「民者，人也，言人受此天地中和之氣以得生育。」有對君臣等在位者而言，如《書》「民惟邦本」，《詩・大雅・假樂》：「宜民宜人，受祿於天。」朱熹注：「民，庶民也。人，在位者也。」

《說文・人部》：「人，天地之性最貴者也。此籀文，象臂脛之形。」甲骨文象人側面站立打躬作揖之形，爲有禮儀者也。故《釋名》：「人，仁也，仁，生物也。」《禮記・禮運》：「人者，天地之德，陰陽之交，鬼神之會，五行之秀氣也。」就其初文看來，「人」有褒義，「民」有貶義，後作爲人之總稱無分別，但還是殘留有高低貴賤之別。總之，時代越往後越無分別，義可相通。

勤、動、僮皆爲定母東部，故音同可借。《集韻·董韻》：「動，或作勤。」《銀雀山漢墓竹簡·王兵》：「勤如雷神，起如蚩鳥，往如風雨，莫當其前，莫害其後。」僮與動通，《馬王堆漢墓帛書·經法·論》：「一曰觀，二曰論，三曰僮，四曰轉，五曰變，六曰化。」「僮」、「勤」爲「動」之假借。

關於「十有三」的解讀。韓非子、河上公、嚴遵、碧虛子等釋爲「十三」。王弼始釋作「十分有三分」，即分數的十分之三。此兩派對其義都沒有一個滿意的解釋。但從古人對數字的用法來看，當作「十三」。如，《書·堯典》：「朞三百有六旬有六日。」《周禮·地官·大司徒》：「以荒政十有二，聚萬民……六曰去幾。」鄭玄注：「去幾，去其稅耳。」《韓非子·五蠹》：「割地而朝著三十有六國。」三國諸葛亮《前出師表》：「受任於敗軍之際，奉命於危難之間，爾來二十有一年矣。」此皆作爲整數的數字解。而當作分數的數字時，則無「有」字，如《尉繚子·兵令下》：「臣聞古之善用兵者，能殺士卒之半，其次殺其十三，其下殺其十一。」殺其十三、十一，即是殺其十分之三、十分之一。奇怪的是，眾家解讀者卻沒有注意到這種數字的表達法，只是以一己之義來強爲解讀《老子》此文意。

韓非子 13 解讀爲四肢九竅。《韓非子·解老》：「人之身三百六十節，四肢九竅，其大具也。四肢與九竅十有三者，十有三者之動靜盡屬於生焉。屬之謂徒也，故曰『生之徒十有三者』。至其死也，十有三具皆還而屬之於死，死之徒亦十有三。故曰『生之徒十有三，死之徒十有三』。」「凡民之生，生而生者，固動，動盡則損也；而動不止，是損而不止也；損而不止，則生盡，生盡之謂死。」

嚴遵結合中國早期的醫學成果和《老子》的思想，對「十有三」進行了合理而詳細的解讀：「道德神明，清濁太和。渾同淪而爲體，萬物以形。形之所托，英英榮榮，不覩其字，號之曰生。……夫生之於形也，神爲之蒂，精爲之根，營爽爲宮室，九竅爲戶門，聰明爲侯使，情意爲乘輿，魂魄爲左右，血氣爲卒徒。進與道推移，退與德卷舒，翱翔柔弱，棲息虛無，屈伸俯仰，與時和俱。輕死與之反，欲生與之仇；無以爲利則不可去，有以爲用則不可留。故，無爲，生之宅；有爲，死之家也。」並從治身、志家、治國、治天下這五個方面的無爲和有爲進行了詳細的闡釋，「是故，虛、無、清、靜、微、寡、柔、弱、卑、損、時、和、嗇，凡此十三，生之徒；實、有、濁、擾、

顯、眾、剛、強、高、滿、過、泰、費，此十三者，死之徒也。夫何故哉？
聖人之道，動有所因，靜有所應。四肢九竅，凡此十三，死生之外具也；虛
實之事，剛柔之變，死生之內數也。故以十三言諸。」四肢九竅，說的是能
生滅的這個肉身，而虛實等十三之內數，則是指出入四肢九竅、掌控生死的
具體方法：「夫虛生充實，無生常存，清則聰達，靜則內明，微生彰顯，寡則
生眾，柔生剛健，弱生堅強，卑則生高，損則生益，時則生達，和則得中，
嗇則有餘。是謂益生（按：第55章有「益生曰祥」）。能行此道，與天地同，
為身者久，為國者長，雖欲不然，造化不聽。實生空虛，有生消亡，濁則聰
塞，擾則失明，顯則生微，眾則生寡，剛生柔毳，強生弱殃，高生卑賤，滿
生損空，過則閉塞，泰則困窮，費則招禍。是俱不詳。有行此道，動而之窮，
為身不久，為國不平，雖欲不然，天地不從。」又從現實的角度描述了眾生
愛益其生身不已的狀況，皆因有其身而忘其道矣：「而民皆有其生而益之不
止，皆有其身而愛之不已。動歸有為，智慮常起。故，去虛就實，絕無依有，
出清如濁，背靜治擾，變微為顯，化寡為眾，離柔反剛，廢弱興強，損卑歸
高，棄損取盈，縱時造禍，釋和作泰，將以有為，除嗇施費。夫何故哉？大
有其身而忘生之道也。」最後闡釋了善攝生的態度和效果，蓋能置生死與度
外者，則能全其生矣，道德內充與身，則外害不能加。「是故，攝生之士，超
然大度，卓爾遠逝。不拘於俗，不繫於世。損形與無境，浮神於無內。不以
生為利，不以死為害。兼施無窮，物無細大，視之如身，無所憎愛。精神隆
盛，福德並會，道為中主，光見於外。自然之變感而應之，天地人物莫之能
敗。陸行則兕虎不能傷，入軍則五兵不能害。非加之而不能克、投之而不能
制也，神氣相通，傷害之心素自為廢。夫何故哉？聲響相應，物從其類，兕
虎不加無形，而五兵不擊無質。攝生之士，賊害之心亡於中，而死傷之形亦
亡於外也。」之所以能不被傷害者，為道德神氣內充滿與身，而感應於外也，
故外害不加，如第55章所說的「含德之厚」的赤子，蟲蛇無心施其毒，虎狼
無意展其搏。《韓非子‧解老》云：「聖人之遊世也，無害人之心，則必無人
害；無人害，則不備人。故曰『陸行不遇兕虎』。入山不恃備以救害，故曰：
『入軍不備甲兵』。」王弼亦云：「故物，苟不以求離其本，不以欲渝其真，
雖入軍而不害，陸行而不犯可也。赤子之可則而貴，信矣。」當然，這種現
象對於我們現代人來講，是不可理喻的。這種「厚德」，於我們來講，似乎是
一個空洞的概念，但在古代文化中的儒釋道來講，卻是一種實實在在的存在。

如果我們相信佛家的因果律，也可以得到答案。有一個故事說，文殊菩薩有一次把一顆價值連城的珠寶放於鬧市中，幾天幾夜而沒有人去偷拿。文殊菩薩解釋道：因為我從無始以來，沒有偷拿過任何人的東西，沒有占過任何人的便宜，故，別人也不會偷拿我的珠寶。這就是無欲、無求而而積累的厚德。唐孫思邈亦云：「故養性者，不但餌藥餐霞，足以遐年，德行不充，縱服玉液金丹，未能延壽。故《老子》曰：『善攝生者，陸行不遇虎兕』。此則道德之祐也，豈假服餌而祈遐年哉？聖人所以製藥餌者，以救過行之人也。」

執（帛書甲乙）──聶（王弼本）──攝（王弼本）
陵（帛書甲乙、漢簡本）──陸（王弼本）
辟（帛書乙）──避（漢簡本）──遇（王弼本）
矢（帛書甲）──㺵（帛書乙、漢簡本）──兕（王弼本）
帛書甲：蓋〔聞善〕執生者，陵行不〔避〕矢虎。（25-26）
帛書乙：蓋聞善執生者，陵行不辟㺵虎。（12 上）
漢簡本：蓋聞善聶生者，陵行不避㺵虎。（35）
王弼本：蓋聞善攝生者，陸行不遇兕虎。（12-284）

由以上分析可知，所謂的「攝生」，並非釋讀為「養生」那麼簡單。並不只針對與身體，更針對生命，是從道德層面上來講的「攝生」，所以才有「不避」之說。《廣韻・緝韻》：「執，守也。」《書・大禹謨》：「惟精惟一，允執厥中。」《禮記・曲禮上》：「坐必安執爾顏。」鄭玄注：「執，守也。」《說文・手部》：「攝，引持也。」段玉裁注：「謂引進而持之也。」《集韻・帖韻》：「攝，持也。」《國語・魯語》：「其為後世昭前之令聞也，使長監於世，故能攝固，不解以久。」攝、固連言，攝猶固也，固謂能守也。《戰國策・楚策四》：「左挾彈，右攝丸。」鮑彪注：「攝，引持也。」《史記・司馬相如列傳》：「皆攝弓而馳，荷兵而走。」持、守義同，故執、攝義通，可互用。河上公注：「攝，養也。」義無不通，但過於狹隘。

執為章母緝部字，攝為書母葉部字，聶為泥母葉部字，聲母皆為舌頭音，「緝」、「葉」旁轉，故音通可借。

《說文・自部》：「陵，大自也。」《爾雅・釋地》：「大阜曰陵。」《書・堯典》：「蕩蕩懷山襄陵。」《詩・小雅・十月之交》：「高岸為谷，深谷為陵。」

《說文‧𨸏部》：「陸，高平地。从𨸏从坴，坴亦聲。」《爾雅‧釋地》：「高平曰陸。」陸亦有大土山之義，《詩‧衛風‧考槃》：「考槃在陸，碩人之軸。」孔穎達疏：「陸與阜類。」《楚辭‧劉向〈憂苦〉》：「巡陸夷之曲衍兮，幽空虛以寂寞。」王逸注：「大阜曰陸。」故陵與陸義同，可通用。但陵多爲尖形之高山，更易藏虎等兇猛大型之獸，故當從「陵」。

帛書本「辟」，嚴遵本作「避」，「避」從「辟」得聲，皆爲幫母錫部字，故辟、避可假借，朱駿聲《說文通訓定聲‧解部》：「辟，叚借爲避。」《左傳‧僖公二十八年》：「微楚之惠不及此，退三舍辟之，所以報也。」《漢書‧武五子傳》：「時上疾，辟暑甘泉宮。」《玉篇‧辵部》：「避，迴避也。」「辟」爲「避」之借。王弼本作「遇」。《說文‧辵部》：「遇，逢也。」《爾雅‧釋詁下》：「遇，見也。」《釋言》：「遇，偶也。」郭璞注：「偶爾相值遇。」《玉篇‧辵部》：「遇，見也，道路相逢也。」《廣韻》：「遇，不期而會也。」避與遇義相反。然根據文義，皆有「不會被兇虎傷害到」之義。「不會遇到」與「無須迴避」，義有差別，當作「避」。

矢爲書母脂部字，兕爲邪母脂部字，錢玄同《古無邪紐證》根據《說文》認爲「邪紐古歸定紐」，如此則矢、兕的聲母皆爲舌頭音，故音同可假借，矢爲兕之借。《說文》：「兕，狀如野牛而青。象形。與禽、离頭同。」𡔝，兕古文。

甲（帛書甲、王弼本）──革（帛書乙、漢簡本）
帛書甲（26）、**王弼本**（12-284）：入軍不被甲兵。
帛書乙（12 上）、**漢簡本**（35-36）：入軍不被兵革。
　玄應《一切經音義》卷一：「革，三革，賈逵曰：『甲、冑、盾，三也。』」故甲爲革之一，《詩‧鄭風‧出其東門序》：「兵革不息，男女相棄。」孔穎達疏：「革，謂甲冑之屬，以皮革爲之。」
　　《周禮‧夏官‧司弓矢》：「王弓弧弓，以授射甲革椹質者。」鄭玄註：「革，革甲也。」《禮記‧中庸》：「袵金革，死而不厭。」鄭玄註：「革，甲冑之屬。」
　　《廣雅‧釋器》：「甲，鎧也。」王念孫《疏證》：「《周官‧司甲》注：『甲，今時鎧也。』疏云：『今古用物不同，其名亦異，古用皮謂之甲，今用金謂之

鎧。』」革爲見母職部，甲爲見母葉部，聲同韻近。故革、甲音近義通，可互用。

     椯（帛書甲、漢簡本）──投（王弼本）
     昔（帛書甲）──錯（漢簡本）──措（王弼本）
     蚤（帛書甲乙、漢簡本）──爪（王弼本）
     帛書甲：矢无所椯亓角，虎无所昔亓蚤。（26）
     帛書乙：兕无〔所椯亓角，虎无所昔〕亓蚤。（12下-12下）
     漢簡本：虎無所錯其蚤，𤉡無所椯其角。（36）
     王弼本：兕無所投其角，虎無所措其爪。（12-284）

《說文·木部》：「椯，箠也。从木耑聲。一曰椯度也。一曰剟也。」又《竹部》：「箠，擊馬也。」故「椯」有用鞭擊打之義，此作「用角衝刺」之義。「剟」亦有刺義。《史記·張耳陳餘傳》：「吏治榜笞，數千刺剟，身無可擊者。」椯用作「椯度」，爲度量之義，度量之時，必須加於其上。《說文·手部》：「投，擿也。从手从殳。」擿，即投擲，有擊打義，也有加於其上義。故椯、投義通，可通用。椯爲端母歌部，投爲定母侯部，歌、侯旁對轉，音或通可借。

《說文·手部》：「措，置也。从手昔聲。」《廣韻》：「舉也，投也。」「措」從「昔」得聲。《集韻》：「倉各切，音錯。㧈也。」《周禮·冬官考工記·弓人》：「老牛之角紾而昔。」鄭玄註：「昔讀爲交錯之錯，謂牛角㧈理錯也。」錯、措皆爲清母魚部字，昔爲心母鐸部字，聲母皆爲舌尖前音，「魚」、「鐸」對轉，故「錯」、「措」、「昔」音通可借。《廣韻》：「措，舉也，投也。」義與「椯」、「投」同。《洪武正韻·暮韻》：「錯，同措。」清朱駿聲《說文通訓定聲·豫部》：「錯，假借爲措。」段玉裁《說文解字注·金部》：「錯，或借爲措字。措者，置也。」《易·繫辭上》：「苟錯諸地而可矣。」《儀禮·士虞禮》：「匜水錯於盤中。」鄭玄注：「錯，置也。」昔、錯爲措之借字。

蚤爲莊母幽部字，爪爲莊母宵部字，「宵」、「幽」旁轉。故蚤、爪音同可借。《集韻·巧韻》：「叉，或作蚤，通作爪。」朱駿聲《說文通訓定聲·字部》：「蚤，叚借爲爪。」《儀禮·士喪禮》：「蚤揃如他日。」鄭玄注：「蚤讀爲爪，

斷爪揃鬚也。」《禮記·曲禮》：「不蚤鬋。」鄭玄註：「蚤讀爲爪。」孔穎達
疏：「謂除手足爪也。」《周禮·多官·考工記》：「眡其綆，欲其蚤之正也。」
鄭玄註：「蚤當爲爪，謂幅入牙中者也。」蚤爲爪之借。

　　本章整理：出生入死。生之徒十有三，死之徒十有三。而民生生，动皆
之死地之十有三。夫何故也？以其生生也。盖闻善摄生者，陵行不避兕虎，
入军不被甲兵。兕无所投其角，虎无所措其爪，兵无所容其刃。夫何故也？
以其无死地焉。

第五十一章　養　德

器（帛書甲乙）──熱（漢簡本）──勢（王弼本）

帛書甲乙：物刑之而器成之。（27，12 下-13 上）

漢簡本：物刑之，熱成之。（37）

王弼本：物形之，勢成之。（12-284）

《說文新附》：「勢，盛力，權也。从力埶聲。」鄭珍《說文新附考》：「勢，經典本皆借作埶。古無勢字，今例皆從俗書。《史》、《漢》尚多作埶。《外黃令高彪碑》、《先生郭輔碑》並有勢，是漢世字。」器爲溪母質部字，埶爲疑母月部字，勢爲書母月部字，熱爲日母月部字，聲母是見組和章組互諧，不僅出土文獻、諧聲字有一些，在閩方言、湘方言中也可看到見組、章組互諧的情況，「質」、「月」旁轉，故音通可借。高明亦云：「『器』、『勢』古讀音相同，可互相假用，但是彼此意義不同。」〔註1〕

《說文》：「埶，種也。」吳大澂《愙齋集古錄》：「古埶字從木從土，以手持木種之土也。」「埶」加「力」，即所種之物在外力的作用下，陰陽濕熱沖氣以爲和，形成了一種長勢。故陳柱謂：「勢者，力也。」這種外因形成的合力，即是「勢」。「勢」爲會意字。

高明認爲當從「器」〔註2〕，其所說理由無以成邏輯。器已經是成形成就的東西了，它本身不能再成就什麼。《老子》第 28 章曰：「樸散則爲器。」在物與器或樸與器之間必然有一個使之成型、成器的勢力促使它成長爲一個結果（器），如我們說「作物的長勢良好」，即是指的這個中間的過程，這個過

〔註 1〕　高明：《帛書老子校注》，北京：中華書局，1996 年，第 70 頁。

〔註 2〕　高明：《帛書老子校注》，北京：中華書局，1996 年，第 70 頁。

程就是當時的「勢」，即「時勢」。所謂「時勢造英雄」，英雄爲器，時勢造之、成之。《郭・性・一三》：「勿（物）之埶（勢）者之胃（謂）埶（勢）。」《上（一）・性・六》：「勿之埶者之胃埶。」（《楚系簡帛文字編》第261頁）說的就是這樣一個中間的過程。王弼注云：「何因而形？物也。何使而成，勢也。唯因也，故能無物而不形；唯勢也，故能無物而不成。」所謂「無物而不成」，成就的就是結果（器）。河上公謂爲「寒暑之勢」，說的都是這樣一個成器之前的過程和眾多合力之趨勢。勢與器爲因果關係，「器」是眾緣和合而成。故本字當爲「勢」。「器」當爲「勢」之假借字。

　　　　尉（帛書甲）——爵（帛書乙、漢簡本）——命（王弼本）
　　　帛書甲：夫莫之尉，而恒自然也。（28）
　　　帛書乙：夫莫之爵也，而恒自然也。（13上）
　　　漢簡本：夫莫之爵而恒自然。（38）
　　　王弼本：莫之命而常自然。（12-284）
　　尉，手持杯碗飲食之之形，當爲「爵」之省形。
　　《集韻・藥韻》：「爵，爵位也。」《周禮・天官・大宰》：「以八柄詔王馭羣臣，一曰爵，以馭其貴。」鄭玄註：「爵，謂公、侯、伯、子、男、卿、大夫、士也。」孔穎達疏：「以德詔爵，以賢乃受爵也。」《埤雅》：「大夫以上與燕賞。然後賜爵，以章有德，故謂命秩爲爵祿爵位。」《書・武成》：「列爵惟五。」孔傳：「公侯伯子男也。」《廣韻》：「爵，封也。」唯以爵位封之也。《韓非子・五蠹》：「以其有功也爵之。」
　　封爵即有授命之義，故與「命」可通，作動詞，意爲授命品位官職。《周禮・春官・大宗伯》：「典命。」鄭玄註：「命，謂王遷秩羣臣之書。」《文心雕龍・詔策》：「命喻自天，故授官錫胤。」黃叔琳注：「命以授官，《書》（之）《微子之命》、《蔡仲之命》、《畢命》、《冏命》是也。」《論語・先進》：「賜不受命而貨殖焉。」皇侃疏引王弼曰：「命，爵命也。」
　　故爵、命義同可通用。
　　成玄英云：「世上尊榮必須品秩，所以非久，而道德尊貴無關爵命，常自然。」世間的爵位尊貴，然而是人爲的封爵命官而顯尊貴，非無爲之自然也。故不可與道德之尊貴相比。

遂（帛書甲）──逐（漢簡本）──育（王弼本）

毒（帛書乙、王弼本）──孰（漢簡本）

復（帛書乙、漢簡本）──覆（王弼本）

帛書甲：道生之畜之，長之遂之，亭之〔毒〕之，〔養之覆〕之。(28)

帛書乙：道生之畜之，〔長之〕遂之，亭之毒之，養之復（之）。(13上-13下)

漢簡本：故道生之畜之，長之逐之，亭之孰之，養之復之。(38)

王弼本：故道生之，德畜之，長之育之，亭之毒之，養之覆之。(12-284，285)

《說文・田部》：「畜，田畜也。《淮南子》曰：『玄田爲畜。』𤲑，《魯郊禮》畜从田从茲。茲，益也。」段玉裁注：「田畜謂力田之蓄積也……俗用畜爲六畜字。」「古文本从茲，小篆乃省其半。」《廣雅・釋詁一》：「畜，養也。」《詩・邶風・日月》：「父兮母兮，畜我不卒。」《孟子・梁惠王上》：「仰不足以事父母，俯不足以畜妻子。」《易・離》：「亨，畜牝牛吉。」又，《廣雅・釋言》：「孝，畜也。」王念孫《疏証》：「《祭統》云：『孝者，畜也。順於道，不逆於倫，是之謂畜。』」「孝、畜，古同聲，故孝訓爲畜，畜亦訓爲孝。」

《說文・𠫔部》：「育，養子使作善也。从𠫔肉聲。《虞書》曰：『教育子。』毓，育或从每。」「遂」亦有養育之義。《廣雅・釋言》：「遂，育也。」《管子・兵法》：「定宗廟，遂男女，官四分，則可以定威行德。」許維遹案：「遂與育同義。」《國語・齊語》：「遂滋民，與無財，而敬百姓，則國安矣。」韋昭注：「遂，育也。」《禮記・樂記》：「氣衰則生物不遂。」《史記・樂書》「遂」作「育」。故「遂」、「育」義同可通用。而《說文・辵部》：「逐，亾也。从辵豕聲。𨓱，古文逐。」逐有滅亡之義，與「育」義相反。「逐」，當爲「遂」之誤。遂爲邪母物部，逐爲定母覺部，育爲餘母覺部，「邪紐古歸定紐」，「喻四歸定」，三字聲母可通，逐、育音通可借，物、覺或旁對轉，三字或音通韻近，可諧用。

《說文・襾部》：「覆，覂也。一曰蓋也。」第二義爲覆蓋、遍及之義，《孟子・離婁上》：「既竭心思焉，繼之以不忍人之政，而仁覆天下矣。」《漢書・鄒陽傳》：「故功業覆於天下。」顏師古注：「覆，猶被也。」「覆」爲滂紐藥部，「復」爲並紐藥部，聲母皆爲唇音，音通可借。《易・乾・象》：「終日乾乾，反復道也。」王弼注作「覆」。阮元《校勘記》：「《釋文》『復』，本亦作

『覆』。」《荀子・臣道》:「以德復君而化之,大忠也。」俞樾《評議》:「《韓詩外傳》『復』作『覆』,當從之。以德覆君,謂其德甚大,君德在其覆冒之中,故足以化之。」但於「覆,禹也。」下,段玉裁注曰:「《又部》『反』下曰:『覆也。』反覆者,倒易其上下。」《荀子・王制》:「水則載舟,水則覆舟。」《左傳・僖公二十四年》:「沐則心覆,心覆則圖反。」引申爲顛覆、滅亡之義,《禮記・緇衣》:「毋越厥命以自覆也。」鄭玄注:「覆,敗也。」《論語・陽貨》:「惡紫之奪朱也,惡鄭聲之亂雅樂也,惡利口之覆邦家者。」朱熹《論語集註》:「覆,傾敗也。」

　　「覆」與「養」義反。

　　覆爲滂母覺部,復爲並母覺部,聲母皆爲唇音,音通可借。《說文・彳部》:「復,往來也。从彳复聲。」復爲覆之借。

　　《說文・高部》:「亭,民所安定也。亭有樓,从高省,丁聲。」段玉裁注:「《風俗通》曰:『亭,留也,蓋行旅宿會之所館。』《釋名》曰:『亭,停也,人所停集。』按:云『民所安定』者,謂居民於是備盜賊,行旅於是止宿也。」亭,傳世本或作「成」;毒,傳世本或作「熟」。高亨《老子正詁》:「『亭』當讀爲『成』,『毒』當讀爲『熟』,皆音同通用。」〔註3〕

　　亭爲定母耕部,成爲禪母耕部;毒爲定母覺部,孰、熟爲禪母覺部。上古聲母皆爲舌頭音,音通可借。

　　「身毒」,西域國名。在大夏東南。又名「捐毒」、「天篤」。顏師古注:「今之天竺。」蓋「身毒」聲轉爲「天篤」,「篤」,省文作「竺」,又轉爲竺音。《山海經・海內經》:「東海之內。北海之隅,有國名曰朝鮮,天毒,其人水居。」郭璞註:「天毒,即天竺國。」「竺」又與「孰」通(見前注解)。故「毒」、「熟」音通。

　　《說文・屮部》:「毒,厚也。害人之艸,往往而生。从屮从毒。𧄑,古文毒從刀葍。」段玉裁注:「往往猶歷歷也。其生蕃多,則其害尤厚,故字从屮。」徐灝箋:「毒之本義爲毒艸。」《廣雅・釋詁三》:「毒,猶惡也。」《廣雅・釋詁二》:「毒,痛也。」《廣韻・沃韻》:「毒,害也。」又「痛也,苦也。」《書・湯誥》:「爾萬方百姓罹其凶害,弗忍荼毒。」孔傳:「荼毒,苦也。不能堪忍虐之甚。」

〔註3〕 高亨《老子正詁》,北京:清華大學出版社,2011年,第79頁。

可見，「毒」與「亭」義相反。亭、毒當爲本字。

按照通行的觀點來解釋，文本應該是「長之育之，成之熟之，養之覆之」，每對詞的意義都一樣，甚至前後的「育」和「養」的意義都有重複，這在《老子》一書的邏輯上是講不通的。從「亭」、「毒」的釋讀來看，似乎不能自圓其說。歷來一般都做「成熟」、「化育」來解釋的。除了音近相通外，我們又找不到早期經典的解釋例證。按照字的本義來解釋，或與後世之解讀大相逕庭。如「長之，遂之。」《說文·辵部》：「遂，亡也。」與「長」之生長、長久之義反；「亭之，毒之。」《說文·辵部》：「毒，厚也。害人之艸，往往而生。」爲苦痛、毒害之義，與「亭」之「民所安定」之義反；「養之，覆之。」《說文·襾部》：「覆，覂也。」「覂，反覆也。」即翻轉、傾敗之義，與「養」之義反。其文義則應該爲：既能給它生長，又能讓它消亡；既能給它安定之所，又能讓它苦痛、荼毒無存身之地；既能養育它，又能傾覆它。如此看來，如果這種解釋能站得住腳的化，那麼，遂和育、亭和成、毒和熟的相對應性是成問題的，尤其是亭和成、毒和熟，找不到早期經典的例證，而且王弼本、焦竑本以及傅奕、范應元二古本作「亭之，毒之。」與帛書本漢簡本（孰爲毒之借）一致。與本章結構相似的其他章節有第 2 章、第 10 章、第 79 章。基本上都是先有相反相成的對應性詞組，如第 2 章的「美惡」、「有無」、「難易」等，然後是「是以聖人居無爲之事，行不言之教。萬物作而弗始也，爲而弗恃也，成功而弗居也。」第 79 章的先有「高下」、「有餘和不足」，然後是「是以聖人爲而弗有，成功而弗居。」而本章（第 51 章）也應該是先有「長遂」、「亭毒」、「養覆」等相反相成之對應性詞組，然後是歸納總結性的結論，闡釋「上德」、「玄德」的特徵：「生而弗有也，爲而弗恃也，長而弗宰也。是謂玄德。」第 10 章也是以無爲自然來處世，「治國毋以智，明達毋以知」等，最後是：「生之畜之，生而弗有，長而弗宰也，是謂玄德。」第 65 章也提到「不以智治國」，「此謂玄德。玄德深矣，遠矣，與物反矣，乃至大順」。第 9 章也說「不盈、不銳、不驕」，最後「功遂身退，天之道也。」第 34 章也說道無所不在，「成功遂事而弗名有也，萬物歸焉而弗爲主」，講的也是聖人之德。既不以成功爲有，也不以敗亡爲失，無心於成敗，無意於得失，是謂玄德。嚴遵《指歸》釋此章云：「其於萬物也，豈直生之而已哉！生之形之，設而成之，品而流之；停而就之，終而始之，先而後之。」生、形，設、成，

品、流,皆順延之詞;停、就,終、始,先、後,皆相反相成之詞。「殊類異族皆以之存,變化相背皆以之亡……皆以之始,皆以之終」此處嚴遵用「存」、「亡」,「始」、「終」來說明「道」的自然無爲的作用與功效,在「道」的作用下,萬事萬物既生長又滅亡、既安定又毒害、既養育又傾覆。正如《老子》第5章所說:「天地不仁,以萬物爲芻狗,聖人不仁,以百姓爲芻狗。」無心於爲,才能無爲自然,「生之而不以爲貲,爲之而不以有求,長之而無以爲有」,如此,才能成就玄德。

寺(帛書甲)——之心(帛書乙)——持(漢簡本)——恃(王弼本)

帛書甲:〔生而〕弗有也,爲而弗寺也。(29)

帛書乙:〔生而弗有,爲〕而弗之心。(13下)

漢簡本:故生而弗有,爲而弗持。(39)

王弼本:生而不有,爲而不恃。(12-285)

寺爲邪母之部,持爲定母之部,恃爲禪母之部,根據錢玄同的「邪紐古歸定紐」,寺、持、恃三字聲母皆爲舌頭音;且「持」、「恃」從「寺」得聲,故音同可借。《說文·心部》:「恃,賴也。從心寺聲。」《集韻·志韻》:「恃,仗也。」《廣韻·止韻》:「恃,依也,賴也。」《詩·小雅·蓼莪》:「無母何恃?」陸德明《經典釋文》:「恃,恃負也。」《馬王堆漢墓帛書·經·三禁》:「柔不足寺。」

《說文·手部》:「持,握也。從手寺聲。」「之心」當爲「志」的上下分寫,《說文》:「志,意也。從心之聲。」志爲章母之部,與恃音通可借。

「寺」、「志」、「持」當爲「恃」之借。

王弼注此章云:「凡言『玄德』,皆有德而不知其主,出乎幽冥。」「玄德」即爲第38章所講之「上德」。

本章整理:道生之而德畜之,物形之而勢成之。是以萬物尊道而貴德。道之尊也,德之貴也,夫莫之爵而恒自然也。道生之,畜之;長之,遂之;亭之,毒之;養之,覆之。生而弗有也,爲而弗恃也,長而弗宰也,是謂玄德。

第五十二章　歸　元

　　懇（帛書甲）——既（帛書乙、漢簡本、王弼本）
　　帛書甲：懇得亓母，以知亓〔子〕。（29）
　　帛書乙：既得亓母，以知亓子。（14上）
　　漢簡本：既得其母，以智其子。（40）
　　王弼本：既得其母，以知其子。（12-285）
　　《說文》：「既，小食也。从皀，旡聲。《論語》曰：『不使勝食既。』」
　　懇，即「懇」，或爲「慨」字。《集韻》：「愛，古作懇。」大篆愛字；悉，小篆愛字。懇從「既」得聲，故與「既」音通可借；慨爲溪母微部字，既爲見母微部字，聲母皆爲舌面後音，音通可借。

　　沒（帛書甲乙、王弼本）——歿（漢簡本）
　　殆（帛書甲、漢簡本、王弼本）——怡（帛書乙）
　　帛書甲：復守亓母，沒身不殆。（30）
　　帛書乙：既知亓子，復守亓母，沒身不怡。（14上）
　　漢簡本：既智其子，復守其母，歿身不殆。（40-41）
　　王弼本：既知其子，復守其母，沒身不殆。（12-285）
　　帛書甲脫「既知其子」一句。
　　《廣韻・沒韻》：「歿，又作歾。」《說文・歺部》：「歾，終也。从歺勿聲。歿，歾或从旻。」《左傳・僖公二十二年》：「叔詹曰：『楚王其不歿乎！』」杜預注：「不歿，言不以壽終也。」《說文・水部》：「沒，沈也。从水从旻。」

－401－

段玉裁注：「沒者，全入水中，故引申之義訓盡。」《小爾雅・廣言》：「沒，終也。」《詩・小雅・漸漸之石》：「山川悠遠，曷其沒矣。」毛傳：「沒，盡也。」鄭玄箋：「廣闊之處，何時其可盡服。」沒、歿皆爲明母物部字，故音義同可互用。

　　佁爲餘母之部，殆爲定母之部，喻四歸定，故聲母皆爲舌頭音；殆、佁皆從「台」得聲，故音通可借。《說文・歺部》：「殆，危也。从歺台聲。」佁爲殆之假借。

　　　閟（楚簡本）──閉（帛書甲乙、漢簡本、王弼本）
　　楚簡本：閟亓門。（乙13）
　　帛書甲乙：閉亓門。（30，14上）
　　漢簡本（41）、**王弼本**（12-285）：**閉其門。**
　　閟、閉皆爲幫母質部字，音同可借。
　　《說文・門部》：「閟，閉門也。从門必聲。《春秋傳》曰：『閟門而與之言。』」《詩・鄘風・載馳》：「視爾不臧，我思不閟。」毛傳：「閟，閉也。」《左傳・莊三十二年》：「初，公築臺臨黨氏，見孟任，從之，閟。」又《閔公二年》：「狐突曰：命以時卒，閟其事也。」杜預註：「冬十二月爲閟盡之時。」《說文・門部》：「閉，闔門也。从門；才，所以距門也。」古文「閉」中之「才」象十字形，爲閉門栓也。故爲會意字。《易・復・象》：「先王以至日閉關，商旅不行。」孔穎達疏：「關門掩閉，商旅不行。」《禮記・月令》：「修鍵閉。」鄭玄註：「鍵，牡；閉，牝也。」孔穎達疏：「何氏曰：鍵是門扇，後樹兩木，穿上端爲孔，閉者將局關門，以內孔中。」《左傳・桓公五年》：「閉蟄而烝。」杜預註：「建亥之月，昆蟲閉戶。」
　　閟、閉音義皆同可互用。

　　　賽（楚簡本）──塞（帛書甲乙、漢簡本、王弼本）
　　　逡（楚簡本）──悶（帛書甲）──垸（帛書乙）──脫（漢簡本）──兌（王弼本）
　　楚簡本：賽亓逡。（乙13）
　　帛書甲：塞亓悶。（30）

帛書乙：塞亓垷。（14 上）
漢簡本：塞其脫。（41）
王弼本：塞其兌。（12-285）

賽爲心母之部字，塞爲心母職部字，「之」、「職」對轉，音通可借。

《說文‧土部》：「塞，隔也。从土从寁。」段玉裁注：「凡填塞字皆當作寁。自塞行而寁、寒皆廢矣。」徐灝箋：「寁隸變作寅，寅、塞古今字。寅訓窒，與隔義相因也，邊塞亦隔絕閉塞之義。」《禮記‧月令》：「孟冬，天地不通，閉塞成冬。」《詩‧豳風‧七月》：「穹窒熏鼠，塞向墐戶。」

《說文‧貝部》：「賽，報也。从貝，塞省聲。」《韻會》：「賽，通作塞。」《周禮‧春官‧都宗人》：「旣祭，反命於國。」鄭玄註：「祭謂報塞也。」《漢書‧郊祀志》：「冬塞禱祠。」顏師古注：「塞，謂報其所祈也。」《史記‧封禪書》：「冬塞禱祠。」司馬貞《索隱》：「（塞）與賽同。賽，今報神福也。」王念孫《讀書雜志》：「賽本作塞，古無賽字，借塞爲之。」故「賽」爲「塞」之假借字。

高明：甲本中之「閔」字乃閌之省，正體當寫作閌，讀音必與「兌」字相同。閌字由二、門、心三者組成。《說文‧門部》：「兩，登也。从門二。二，古文下字。讀若軍陳之陳。」段玉裁注：「按『从門二』當作『从門二』……（兩）讀音如「陳」（陣）。古聲在定紐，韻在眞部，恰與「兌」字同音。「兌」古亦定紐字，韻爲入聲月部，「眞」、「月」乃一聲之轉。帛書甲本閌字，乙本垷字，今本「兌」字，古皆爲雙聲疊韻，可互相通假，此字與門字連用，可訓作「穴」、「隧」、「徑」、「口」。〔註1〕

從門二，乃「門」字，《汗簡》引王存乂《切韻》正是如此〔註2〕，故閌即閔字。既然「閔」字乃閌之省，閔、門皆爲明母文部字，故音同可借。且「閔」從「心」，爲心之門，可當作會意字解。心爲人身體君主之官，亦可統領身體各竅之門戶，故「閔」與「兌」義同，皆表示人身體之九竅門戶，故可互用。第56章楚簡本「閉」、「塞」與帛書及通行本「塞」、「閉」互換，則閔、門與兌亦可如此。

〔註 1〕　高明：《帛書老子校注》，北京：中華書局，1996 年，第 76～77 頁。
〔註 2〕　《汗簡　古文四聲韻》，李零、劉新光整理，北京：中華書局，2010 年，第 35 頁上 b。

　　兌、垸爲定母月部字，脫爲透母月部字，逫、垸、脫皆從兌得聲，與「兌」音通，故可通借。逫、垸、脫爲「兌」之假借字。

　　《說文・儿部》：「兌，說也。从儿㕣聲。」《康熙字典》：「臣鉉等曰：㕣，古文㕚字，非聲。當从口从八，象气之分散。《易》曰：『兌，爲巫爲口。』」其說是，兌，當從人、從口、從八，會意，象人口中出氣之形，即「說」也。

　　《易・說卦》：「兌爲口。」《淮南子・道應》：「王若欲久持之，則塞民兌。」高誘注：「兌，耳目鼻口也。《老子》曰：『塞其兌』也。」即如佛家所說之閉塞眼耳鼻舌身意，以絕向外攀援。王弼注《老子》此句云：「兌，事欲之所由生。」《子華子・大道》：「謹窒其兌，專一不分，其氣乃存。」

久（楚簡本）──終（帛書甲、漢簡本、王弼本）──冬（王弼本）

矛（楚簡本）──堇（帛書甲乙）──僅（漢簡本）──勤（王弼本）

楚簡本：久身不矛。（乙 13）

帛書甲：終身不堇。（30）

帛書乙：冬身不堇。（14 上）

漢簡本：終身不僅。（41）

王弼本：終身不勤。（12-285）

　　矛爲上下結構；堇亦爲上下結構，上爲「革」形，下爲土。「革」與「矛」，戰國時期古文字極相同〔註3〕。《堇伯鼎》之「堇」下部「土」象「山」形〔註4〕。故楚簡此處的「矛」應釋讀爲「堇」字。通行本《老子》第 17 章有「其次侮之」，楚簡本此處的「侮」字從「矛」從「人」。可見古文「矛」也可作別形，寫成相近的「革」形也不足爲怪。

　　《說文・力部》：「勤，勞也。从力堇聲。」堇、僅、勤皆爲群母文部，堇、僅乃勤之借。（見第 6 章釋解）。

　　《說文・仌部》：「冬，四時盡也。从仌从夂。夂，古文終字。冬，古文冬从日。」故「夂」、「終」、「冬」爲古今字。《漢書・律曆志》：「冬，終也。」《集韻・東韻》：「終，古作冬，隸作夂。」《釋名・釋天》：「冬，終也，物終

〔註3〕高明、涂白奎：《古文字類編》，上海：上海古籍出版社，2008 年，第 814、1363 頁。

〔註4〕高明、涂白奎：《古文字類編》，上海：上海古籍出版社，2008 年，第 356 頁。

成也。」郭沫若《金文叢考》：「（夂、終）象二榛實相聯而下垂之形」，「用爲始終及夂夏字者，均假借也。」「（金文中）夂字多見，但均用爲終。」《卜辭通纂‧別錄之二〈東京帝國大學教室所藏甲骨第三片〉》：「夂日雨。」其《考釋》云：「『夂日雨』讀爲『終日雨』。」《馬王堆漢墓帛書‧稱》：「誥誥作事，毋從我夂始。」「夂始」即「終始」也。

夊、終爲章母多部字，夂爲端母多部字，聲母皆爲舌頭音，故音通可借。夊、夂爲終之借。

啓（楚簡本、帛書甲乙、漢簡本）——開（王弼本）

楚簡本：啓亓逸。（乙 13）

帛書甲：啓其悶。（30）

帛書乙：啓其垸。（14 上）

漢簡本：啓其脫。（41）

王弼本：開其兌。（12-285）

啓爲「启」字之繁寫，《說文》：「启，開也。从戶从口。」《廣雅‧釋詁三》：「啓，開也。」《六書故‧人八》：「攸，開戶也。」《書‧金縢》：「啓龠見書，乃並是吉。」段玉裁《說文解字注》：「後人用啓字，訓開，乃廢启不行矣。」啓爲溪母脂部、開爲溪母微部，脂、微旁轉，故音義借通，可互用。或因避漢景帝劉啓諱，故改「啓」爲「開」。

賽（楚簡本）——濟（帛書甲、王弼本）——齊（帛書乙、漢簡本）

楚簡本：賽亓事。（乙 13）

帛書甲：濟亓事。（30）

帛書乙：齊亓〔事〕。（14 上）

漢簡本：齊其事。（41）

王弼本：濟其事。（12-285）

賽在此當可用其本義，《說文‧貝部》：「賽，報也。」即「報其事」，明趙宧光《說文長箋》：「今俗報祭曰賽神，借相誇勝曰賽。」故賽有「競賽」之義，也可作「競其事」。其義皆爲「汲汲於功名利祿之事」。

「濟其事」與此無別，皆是追求功名也。「濟」爲成功之義，《左傳‧僖公二十年》：「以欲從人則可，以人從欲鮮濟。」如嚴遵《指歸》所說：「奮心

揚慮，顯逐功名（賽其事也）；名成功遂（濟其事也），禍至福終。」無論是奔走於名利場中，還是沉醉於富貴溫柔之鄉，皆爲伐性之斧，爲事所害，故曰「害之以事」。故「賽」、「濟」義通可借。「濟」從齊得聲，「濟」爲精母脂部，「棄」爲從母脂部，賽爲心母職部，聲母皆爲舌尖前音，職、脂旁對轉，音通可借。《風俗通‧山澤》：「濟者齊，齊其度量也。」《詩‧商頌‧常發》：「帝命不違，至於湯齊。」朱熹注：「蘇氏曰：『至湯而王業成。』」《荀子‧王霸》：「以國齊義，一日而白，湯武是也。」「不務張其義、齊其信，唯利之求。」楊倞注：「齊，當爲濟。」「齊」爲「濟」之假借。

　　　　㭗（楚簡本）——棘（帛書乙）——來（漢簡本）——救（王弼本）
　　楚簡本：夂身不㭗。（乙 13）
　　帛書甲：終身〔不救〕。（30）
　　帛書乙：〔終身〕不棘。（14 上-14 下）
　　漢簡本：終身不來。（41）
　　王弼本：終身不救。（12-285）
　　《老子》楚簡此字當從求從止，止與辶通，故當釋爲「逑」。戰國古文字「來」、「求」、「棘」字形相近〔註5〕。逑、棘、救三字皆爲舌根音，韻母相近。逑爲群母幽部，棘爲見母職部，救爲見母幽部，聲母皆爲舌面後音，「幽」、「職」旁對轉，故音通可借。
　　《說文‧辵部》：「逑，斂聚也。从辵求聲。《虞書》曰：『旁逑孱功。』又曰：『怨匹曰逑。』」《詩‧大雅‧民勞》：「惠此中國，以爲民逑。」毛傳：「逑，合也。」鄭玄箋：「合，聚也。」所謂「終身不逑」，即是身、心、神不能聚合、匹配，不能抱成一團。老子強調守一，即《子華子‧大道》所說：「謹窒其兌，專一不分，其氣乃存。」眞氣盈滿於身才不會有疲勞、耗損的現象出現。如嚴遵《指歸》所云：「故能塞其聰明，閉其天門，關之以舌，鍵之以心，非時不動，非和不然，國家長久，終身無患。」（此「國家」當指身國。）「復歸其內，神明不耗。」身、心、神分離，則必然損耗而無救了。「救」也有匹配義，與「仇」同，《管子‧中匡》：「安卿大夫之家，可以危救敵之國。」王念孫《讀書雜志》：「引之曰：『救敵』與『仇敵』同。《集韻》：『仇，讎也，

<hr>

〔註 5〕高明、涂白奎：《古文字類編》，上海：上海古籍出版社，2008 年，第 808、974、993 頁。

一曰匹也，或作（求九）。』是仇、執、救，古字通也。」救也有救護、援助之義，《廣雅・釋詁二》：「救，助也。」《廣韻・囿韻》：「救，護也。」《詩・邶風・谷風》：「凡民有喪，匍匐救之。」《漢書・蒯通傳》：「一日數戰，無尺寸之功，折北不救。」顏師古注：「不救，謂無援助也。」

故「逑」、「救」乃因義皆同互用，「棘」乃「求」之音形假借字，讀爲「救」或「逑」。

央（帛書甲乙、漢簡本）——殃（王弼本）
胃（帛書甲乙）——謂（漢簡本）——爲（王弼本）
襲（帛書甲、漢簡本）——習（王弼本）
帛書甲：毋遺身央，是胃襲常。（31）
帛書乙：〔毋〕遺身央，是胃〔襲〕常。（14 下）
漢簡本：毋遺身央，是謂襲常。（42）
王弼本：無遺身殃，是爲習常。（12-285）

央、殃皆爲影母陽部字，音同可借。央與殃通，《內經・素問・生氣通天論》：「味過於辛，筋脈沮弛，精神乃央。」高士宗注：「央作殃……筋脈阻弛，則陰經不濡於筋，神氣不充於脈，故精神乃殃。」

《說文・歺部》：「殃，咎也。从歺央聲。」「央」乃「殃」之假借。

胃與「謂」通，見第 1 章。「胃」、「謂」匣母物部，「爲」爲匣母歌部字，「物」、「歌」旁對轉，音通可借。王引之《經傳釋詞》卷二引王念孫云：「謂，猶『爲』也。《易・小過》上六曰：『是謂災眚。』《詩・賓之初筵》曰『醉而不出，是謂伐德。』是謂，猶是爲也。莊・二十二年《左傳》：『是謂觀國之光。』《史記・陳涉世家》作『是爲』，是其證也。」又王引之《經傳釋詞》卷二：「家大人曰：爲，猶謂也。」《荀子・勸學》：「蘭槐之根是爲芷，其漸之滫，君子不近。」《說苑・臣術》：「從命利君爲之順，從命病君謂之諛。」

襲，有因襲，照舊之義。《小爾雅・廣詁》：「襲，因也。」《禮記・曲禮》：「卜筮不相襲。」《史記・樂書》：「五帝三王，樂各殊名，示不相襲。」「習」與「襲」皆屬邪母緝部字，故音同可借。「習」通「襲」，亦有相因之義，《書・大禹謨》：「龜筮協從，卜不習吉。」孔傳：「習，因也。」孔穎達疏：「《表記》

云：『卜筮不相襲。』鄭云：『襲，因也。』然則習與襲同。重衣謂之襲。習是後因前……。卜法，不得因吉無所復枚卜也。」《左傳・襄公十三年》：「先王卜征五年，而歲習其祥，祥習則行。」杜預注：「五年五卜皆同吉，乃巡狩。」孔穎達疏：「歲因其善，謂去年吉，今年又吉也。」《說文・習部》：「習，數飛也。」郭沫若《卜辭通纂考釋》：「此字（甲文）分明從羽從日，蓋爲禽鳥於晴日學飛。」小鳥反復地學習飛行，亦含因襲之義；襲亦謂衣相重襲。故二字義同可通用。

由學習、衣之重襲引申爲因襲也。《韓非子・主道》：「故曰『君無見其所欲。君見其所欲，臣自將雕琢。君無見其意，君見其意，臣將自表意。』故曰：『去好去惡，臣乃見素；去舊去智，臣乃自備。』故有智而不以慮，使萬物知其處；有行而不以賢，觀臣下之所因；有勇而不以怒，使群臣盡其武。是故去智而有明，去賢而有功，去勇而有強。群臣守職，百官有常；因能而使之，是謂習常。」

本章整理：天下有始，以爲天下母。既得其母，以知其子；既知其子，復守其母，沒身不殆。塞其兌，閉其門，終身不勤。啓其兌，濟其事，終身不救。見小曰明，守柔曰强。用其光，復歸其明，无遺身殃。是謂襲常。

第五十三章　益　證

挈（帛書甲）──介（帛書乙、漢簡本、王弼本）

帛書甲：使我挈有知也。（31）

帛書乙：使我介有知。（14下）

漢簡本：使我介有智。（43）

王弼本：使我介然有知。（12-285）

從此句文上下文義來看，「介」在此當爲形容詞，修飾「知」，有獨特之義。

揚雄《方言》卷六：「介，特也。物無耦曰特，獸無耦曰介。」《廣雅·釋詁三》：「介，獨也。」《集韻·黠韻》：「介，特也。」《左傳·昭公十四年》：「養老疾，收介特。」孔穎達疏：「介亦特之義也。介特謂單身特立無兄弟妻子者。」《韓非子·外儲說下》：「夫介異於人臣之間。」《水經注·廬江水》：「又有孤石，介于大江中。」其知與眾不同，則必然爲道德之指。馬王堆漢墓帛書整理小組云：「挈即『挈』之異體。各本皆作『介』。」《集韻·黠韻》：「挈，《博雅》：『挈，㮤也。』或作挈。」方成珪《考正》：「案：獨僞㮤。宋本又僞揭。據《廣雅·釋詁三》正。」故挈、挈同，又可作「獨」解，與「介」義通。《正韻》：「挈，古屑切，音結。挈橰，汲水具也。」《方言》卷六：「挈，特也。秦曰挈。」《廣雅·釋詁三》：「挈，獨也。」王念孫《疏証》：「物無耦曰特，獸無耦曰介。挈亦介也，語之轉耳。」挈爲溪母月部，**挈**、介皆屬見母月部字，音同可借。故字當作「介」。

他（帛書乙）──蛇（漢簡本）──施（王弼本）

帛書甲：〔行於〕大道，唯〔施是畏〕。（31-32）

帛書乙：行於大道，唯他是畏。（15 上）

漢簡本：行於大道，唯蛇是畏。（43）

王弼本：行於大道，唯施是畏。（12-285）

《說文‧㫃部》：「施，旗兒。从㫃也聲。齊欒施（人名），字子旗，知施者旗也。」徐鍇曰：「旗之逶迤。」王筠《句讀》：「旗兒，謂旖施也。」旗幟迎風搖曳，有逶迤、屈曲之象。故有「邪」、「斜」之義。王念孫云：「施讀爲迤。迤，邪也。言行於大道之中，唯懼其入於邪道也。」《淮南子‧要略》：「接徑直施，以推本樸。」高誘注：「施，衺也。」衺即不正。《齊俗》：「去非者，非批邪施也，去忤於心者也。」高誘注：「施，微曲也。」《孟子‧離婁下》：「蚤起，施從良人之所之。」趙岐注：「施者，邪施而行，不欲使良人覺也。」

《正字通‧辵部》：「迆，同迤。」《說文‧辵部》：「迆，衺行也。从辵也聲。《夏書》曰：『東迆北，會于匯。』」《集韻‧紙韻》：「迤，《說文》：『衺行也。』」方成珪《考正》：「丁當依通例補『或作迆』三字。」

他、施、迆皆從「也」得聲，他爲透母歌部字，蛇爲船母歌部字，施、迆爲餘母歌部字，喻四歸定，聲母皆爲舌頭音，故音通可借。「他」、「蛇」爲假借字，當從通行本「施」，讀爲「迤」。

解（帛書甲）——儶（帛書乙）——街（漢簡本）——徑（王弼本）

帛書甲：〔大道〕甚夷，民甚好解。（32）

帛書乙：大道甚夷，民甚好儶。（15 上）

漢簡本：大道甚夷，而民好街。（43）

王弼本：大道甚夷，而民好徑。（12-285）

徑爲見母耕部，解、街爲見母支部，「支」、「耕」對轉，故徑、解音通可借。《說文‧彳部》：「徑，步道也。从彳巠聲。」徐鍇《繫傳》：「道不容車，故曰步道。」段玉裁注：「謂人及牛馬可步行而不容車也。」《玉篇》：「小路也。」《論語‧雍也》：「有澹臺滅明者，行不由徑。」

《說文‧角部》：「解，判也。从刀判牛角。一曰解廌，獸也。」《集韻》：「儶，舉蟹切，音解。」儶、解、街乃徑之假借字。

芜（帛書甲乙）——蕪（漢簡本、王弼本）

帛書甲乙：朝甚除，田甚芜，倉甚虛。（32，15 上）

漢簡本（43）、王弼本（12-285）：朝甚除，田甚蕪，倉甚虛。

《正字通‧艸部》：「芜，同蕪，俗省。」今「芜」為「蕪」的簡化字。《說文‧艸部》：「蕪。薉也。从艸，無聲。」徐灝注箋：「無蕪蓋本一字，因無借為語詞，又增艸作蕪耳。豐蕪與蕪薉兼美惡二義，猶亂訓為治，徂訓為存耳。」

采（帛書甲乙、漢簡本）──綵（王弼本）
帛書甲：服文采，帶利〔劍〕。（32）
帛書乙（15上）、漢簡本（44）：服文采，帶利劍。
王弼本：服文綵，帶利劍。（12-285）

綵從「糸」，故與絲帛有關。《玉篇‧糸部》：「綵，五綵備。」《廣韻》：「綵，綾綵。」《集韻‧海韻》：「綵，繒也。」《後漢書‧梁冀傳》：「賞賜金錢，奴婢，綵帛，車馬，衣服，甲第，比霍光。」采之本義為「捋取」，與「綵」音同，故可與「綵」借用。朱駿聲《說文通訓定聲‧頤部》：「采，字亦作綵。」《禮記‧雜記下》：「麻不加於采。」鄭玄注：「采，玄纁之衣。」《漢書‧貨殖傳》：「文采千匹。」顏師古注：「帛之有色者曰采。」從字的本義看，「綵」當為本字，「采」為文采之義乃後起字。

猒（帛書乙）──厭（漢簡本、王弼本）
齎（帛書乙）──資（漢簡本、吳澄本）
帛書甲：〔厭〕食，貨〔財有餘〕。（32-33）
帛書乙：猒食，而齎財有〔餘〕。（15上-15下）
漢簡本：厭食，資貨有餘。（44）
王弼本：厭飲食，財貨有餘。（12-285）

《說文‧甘部》：「猒，飽也。从甘从肰。猒，猒或从已。」段玉裁注：「『厭』傳行而『猒』廢矣……『猒』、『厭』古今字。」《玉篇》：「猒，足也。」《國語‧周語》：「豈敢猒縱其耳目心腹以亂百度》」韋昭注：「猒，足也。」

《集韻‧豔韻》：「厭，足也。」《書‧洛誥》：「萬年厭於乃德。」陸德明《經典釋文》：「馬云：厭，飫也。」《詩‧周頌‧載芟》：「有厭其傑。」毛傳：「厭，受氣足也。」《史記‧貨殖列傳》：「原憲不厭糟糠。」司馬貞《索隱》：「厭，飽也。」《漢書‧王莽傳》：「克厭上帝之心。」顏師古註：「厭，滿也。」

猒、厭皆爲影母談部字，音義通可借，當從今字「厭」。

齎、資皆爲精母脂部，音同可借。

朱駿聲《說文通訓定聲・履部》：「齎，叚借爲資。」《周禮・春官・巾車》：「毀折，入齎於職幣。」鄭玄注引杜子春云：「齎，讀爲資。資謂財也。」《周禮・天官・典枱》：「以待時頒功而授齎。」鄭玄注：「故書齎作資。」《漢書・霍去病傳》：「約輕齎，絕大幕。」顏師古注：「齎字與資同，謂資裝也。」吳澄等通行本有作「資材有餘」，與帛書本句型相同，故可從之。

杅（杇）（帛書乙）——竽（漢簡本）——夸（王弼本）

帛書乙：〔是謂〕盜〔杅或杇〕，非〔道〕也。（15 下）

漢簡本：是謂盜竽，非道也。（44）

王弼本：是謂盜夸，非盜也哉。（12-285）

通行本最後「盜夸」，帛書本殘，漢簡本作「盜竽」。嚴遵《指歸》云：「亂世高之，稱爲大人。」所謂「高之」，即爲「夸之」，「盜夸」即「世人夸之、稱之爲盜」。《韓非子・解老》作「竽」：「竽也者，五聲之長者也。故竽先則鐘瑟皆隨，竽倡則諸樂皆和。今大姦倡作則俗之民唱，俗之民唱則小盜必和，……是之謂盜竽也。」用這種樂器的唱和來比況世間浮誇之象。

《說文・竹部》：「竽，管三十六簧也。从竹亏聲。」又《亏部》：「亏，於也。象气之舒。」又《大部》：「夸，奢也。从大于聲。」《逸周書・諡法》：「華而無實曰夸。」孔晁注：「夸，恢誕。」《廣雅・釋詁一》：「夸，媱也。」王念孫《疏証》：「夸訓爲媱，與下媱、窕、劮、婸同義，皆謂婬泆無度也。夸、淫皆過度之義。」

「夸」從「于」得聲，「夸」爲溪母魚部、「竽」爲匣母魚部，聲母皆爲喉音，故音義皆通可互用。竽爲樂器，用作比喻，故當從「夸」。

從帛書乙本僅殘一「木」字旁來看，當作「杅」或「杇」，《說文・木部》：「杇，所以涂也。秦謂之杇，關東謂之槾。从木亏聲。」《論語・公冶長》：「朽木不可雕也，糞土之牆不可杇也。」杇爲粉刷、塗飾之義，「盜杇」爲粉飾其盜之義。杅爲匣母魚部字，杇爲影母魚部字，與「夸」、「竽」音義通可借。

本章整理：使我介然有知也，行於大道，唯施是畏。大道甚夷，而民好徑。朝甚除，田甚蕪，倉甚虛。服文彩，帶利劍，厭飲食，財貨有餘。是謂盜夸，非道也哉。

第五十四章　修　觀

朹（楚簡本）——拔（帛書甲乙、漢簡本、王弼本）

楚簡本：善建者不朹。（乙 15）

帛書甲：善建〔者不〕拔。（33）

帛書乙：善建者不拔。（15 下）

漢簡本：善建不拔。（45）

王弼本：善建者不拔。（12-285）

　　《郭店楚墓竹簡》釋作「拔」。註釋：拔，簡文字形與《古文四聲韻》引《古老子》「拔」字相同。〔註1〕

　　朹，從臼從木。《說文・臼部》：「臼，叉手也。从ㅌ彐。」《玉篇》：「臼，古文匊字。」《說文・勹部》：「匊，在手曰匊。从勹米。」徐鍇《繫傳》：「手掬米，會意。」

　　《廣韻・屋韻》：「匊，物在手。」《詩・小雅・采綠》：「終朝采綠，不盈一匊。」毛傳：「兩手曰匊。」故「臼」也當爲從兩手，朹爲兩手持木或持樹而拔之之形，會意字。夏竦《古文四聲韻》引《古老子》之朹正乃「拔」字，楚系文字也多作「拔」〔註2〕。又《說文・手部》：「拔，擢也。從手犮聲。」《小爾雅・廣物》：「拔根曰擢。」《易・泰》：「拔茅茹，以其彙，征吉。」王弼注：「茅之爲物，拔其根而相牽引者也。」許愼以爲拔從犮聲，則拔爲形聲

〔註 1〕　荊門市博物館：《郭店楚墓竹簡》，北京：文物出版社，1998 年 5 月，第 118、120 頁。

〔註 2〕　滕壬生：《楚系簡帛文字編》，武漢：湖北教育出版社，2008 年 10 月，第 1005 頁。

字，《說文・犬部》：「犮，走犬皃。从犬而」之。曳其足，則剌犮也。」段玉裁注：「剌犮，行皃。」《周禮・秋官・序官》：「赤犮氏。」鄭玄註：「赤犮，猶言捇拔也。主除蟲豸自埋者。」賈公彥疏：「赤犮猶言捇拔者，拔除去之也。」則「犮」與「拔」可通，朱駿聲《說文通訓定聲・泰部》：「犮，叚借爲拔。」「剌犮」許、段曰「行走」，「赤犮」、「捇拔」，鄭、賈曰「拔除」。《說文・又部》：「友⋯⋯从二又。」「又」古文爲手之形（《說文》：「又，手也。象形。」）。高鴻縉《中國字例》云：「（友）字從二又合作。」故「犮」當從「友」從「、」，爲指事字。「友」與「臼」同，爲兩手合作之形；「、」爲所去除、拔除之物。許愼或對「剌犮」理解有誤，或另有所據。後「犮」添一「扌」旁，義無別。故⿱臼木、拔乃一字之異體。

保（楚簡本）——抱（漢簡本、王弼本）

兌（楚簡本）——脫（漢簡本、王弼本）

楚簡本：善保者不兌。（乙 15-16）

帛書乙：善抱者不兌。（15 下）

漢簡本：善抱不脫。（45）

王弼本：善抱者不脫。（12-285）

《郭店楚墓竹簡》釋文隸作「休」。註釋：休，意是「保」字簡寫。今本此字作「抱」。「保」、「抱」音義皆近。〔註 3〕

保爲幫母幽部、抱爲並母幽部，故音同可借。本文義當作「持、守」。《說文・人部》：「保，養也。」唐蘭《殷墟文字記》：「負子于背謂之保，引申之，則負之者爲保；更引申之，則有保養之義。然則『保』本象負子于背之義，許君誤以爲形聲，遂取養之義當指耳。」負子于背則有「持」之義，故可引申爲「守」，《詩・大雅・崧高》：「南土是保。」鄭玄箋：「保，守也。」唐玄應《一切經音義》卷九：「保，守也。」「保」之本義爲負之於背，而「抱」之本義爲抱之於胸前，義相同，而所持之物一爲前，一爲後。《廣韻・晧韻》：「抱，持也。」《老子》第 22 章：「聖人抱一而爲天下式。」河上公注：「抱，守法式也。」

〔註 3〕 荊門市博物館：《郭店楚墓竹簡》，北京：文物出版社，1998 年 5 月，第 118、120 頁。

故保、抱音義皆同可通用。傅奕本作「褒」，《集韻·皓韻》:「褒，或作抱。」《說文·衣部》:「褒，褒也。从衣包聲。」段玉裁注:「《論語》:『子生三年而後免於父母之懷。』馬融釋以『懷抱』。即褒褒也。今字『抱』行而『褒』廢矣。」

兌爲定母月部；脫爲透母月部，聲母皆爲舌頭音，「脫」從兌得聲，故音通可借。帛書乙只殘留有右邊「兌」。

《說文·肉部》:「脫，消肉臞也。」故可引申爲「離」，《廣雅·釋詁三》:「脫，離也。」兌爲「脫」之假借字。范應元本作「挩」。《說文·手部》:「挩，解挩也。从手兌聲。」故「挩」爲用手強行解開之義，主觀義濃，意義狹窄；而「脫」有一個逐漸離開的過程，客觀性更強，使用義更廣泛。朱駿聲《說文通訓定聲》云:「經傳皆以說以稅以脫爲之。」結合本文之義，脫與抱相對應，「脫」非人爲主觀的「解脫」，而爲客觀「脫離」之義，文義爲善抱者不會讓它脫離，而「挩」是有意地解除之。

故字當從「脫」。

屯（楚簡本）──絕（帛書乙、漢簡本）──輟（王弼本）
楚簡本：子孫以亓祭祀不屯。（乙16）
帛書甲：子孫以祭祀〔不絕〕。（33）
帛書乙（15下）、**漢簡本**（45）：子孫以祭祀不絕。
王弼本：子孫以祭祀不輟。（12-285）

關於帛書甲本「祭祀」之「祭」，帛書整理小組註釋:「『祭』字上部誤從『肰』，與『然』字形近相混，帛書中或作『然』字用。」

屯，《郭店楚墓竹簡》釋文隸作「屯」。註釋:屯，簡文爲「屯」字的省形。《說文》:「屯，難也。」裘按:從字形上看，似爲「屯」字。〔註4〕

《說文·屯部》:「屯，艸葉也。从垂穗，上貫一，下有根。象形。」于省吾《甲骨文字釋林》:「甲骨文『亳』字所從之『屯』，與『宅』字所從之『屯』形同。」

〔註4〕 荊門市博物館:《郭店楚墓竹簡》，北京:文物出版社，1998年5月，第118、120頁。

宅，見高明等《古文字類編》第 298 頁。亳，見第 1280 頁，特別是「陶三 127」和「郭店語一」之「宅」下之「乇」形極其相同。滕壬生《楚系簡帛文字編》「宅」，第 680 頁，《郭店楚簡・成之聞之》第 34 簡：「所宅不陵矣。」《楚系簡帛文字編》亳，第 520 頁，《郭店楚簡・語叢一》第 33 簡：「樂生於亳。」屯，無論是甲骨文、金文還是楚系簡帛，都沒有如此與「乇」形相近的寫法。故當隸定爲「乇」。

乇爲章母鐸部字，輟爲章母月部字，「鐸」、「月」通轉，故音通可借。「乇」乃「輟」之假借字。《爾雅・釋詁下》：「輟，已也。」《玉篇・車部》：「輟，止也。」《增韻》：「輟，歇也。」徐灝《說文解字箋注・車部》：「輟，引申爲凡暫止止偁。」《論語・微子》：「耰而不輟。」何晏注：「鄭曰：輟，止也。」又《說文・糸部》：「絕，斷絲也。从糸从刀从卩。𢇍，古文絕。象不連體，絕二絲。」段玉裁注：「斷之則爲二，是曰絕。」由斷絕義引申爲「止」義。《呂氏春秋・權勳》：「子反之爲人也，嗜酒，甘而不能絕於口，以醉。」高誘注：「絕，止也。」故「輟」、「絕」都有「停止」之義，故義同可通用。

攸（楚簡本）——脩（帛書乙、漢簡本）——修（王弼本）
貞（楚簡本）——眞（帛書乙、漢簡本、王弼本）
楚簡本：攸之身，亓悳乃貞。（乙 16）
帛書乙：脩之身，亓德乃眞。（15 下）
漢簡本：脩之身，其德乃眞。（45）
王弼本：修之於身，其德乃眞。（12-285）

攸爲餘母幽部字，脩、修爲心母幽部字，舌尖中音和舌尖前音近，音通可借；《說文・肉部》：「脩，脯也。从肉攸聲。」《說文・彡部》：「修，飾也。从彡攸聲。」脩、修皆從「攸」得聲，故三字音通可借。

《字彙補・肉部》：「脩，與修通。」《詩・小雅・六月》：「四牡脩廣。」毛傳：「脩，長也。」屈原《離騷》：「路曼曼其脩遠兮，吾將上下而求索。」《集韻・尤韻》：「修，或通作脩。」

《正字通》：「《說文》：『脩，脯也。』『修，飾也。』分爲二。今脩修通。」

貞爲章母耕部字，眞爲章母眞部字，「眞」、「耕」通轉，音通可借，且皆有「正」義。《字彙・目部》：「眞，正也。」《漢書・景十三王傳》：「從民得

善書，必為好寫與之，留其眞。」顏師古注：「眞，正也，留其正本。」《廣
雅‧釋詁一》：「貞，正也。」《書‧太甲》：「一人元良，萬邦以貞。」孔傳：
「貞，正也。」《楚辭‧離騷》：「攝提貞于孟陬兮，惟庚寅吾以降。」游國恩
《纂義》引朱熹云：「其曰『攝提貞于孟陬』，乃謂斗柄正指寅位之月耳。」
故貞、眞音義皆通可借。

　　豪（楚簡本）──家（帛書乙、漢簡本、王弼本）
　　舍（楚簡本）──餘（帛書乙、漢簡本、王弼本）
　　又（楚簡本）──有（帛書乙、漢簡本）──乃（王弼本）
楚簡本：攸之豪，亓悳又舍。（乙 16）
帛書甲：〔修之家，其德有〕餘。（34）
帛書乙：脩之家，亓德有餘。（16 上）
漢簡本：脩之家，其德有餘。（45-46）
王弼本：修之於家，其德乃餘。（12-285）

　　古文「家」有「家」字，「宀」缺一點，且在中間。豪，或為「家」之古
文，戰國楚系文字多如此，更有在豪上再加「宀」的〔註5〕。

　　舍，與春秋《居簋》，戰國《鄂君啟舟節》、《中山王鼎》《嘉賓鐘》「余」、
「舍」字形同，上為「余」，下為口舌之形〔註6〕。《說文‧八部》：「余，語之
舒也。从八，舍省聲。」又《人部》：「市居曰舍。从亼屮，象屋也。口象築也。」
古文「余」亦象木支撐屋頂之形。《郭店楚墓竹簡》釋文隸作「舍」，讀作「餘」。
楚系簡帛余、舍互混〔註7〕。據文義，當作「余」。朱駿聲《說文通訓定聲‧
豫部》：「余，叚借為餘。」《周禮‧地官‧委人》：「凡其余聚以待頒賜。」鄭
玄註：「余當為餘。餘謂縣都畜聚之物。」余、餘皆為餘母魚部，舍為書母魚
部，聲母皆為舌頭音，音通可借，當作「餘」。

　　「又」與「有」古通。《漢書‧韓信傳》：「淮陰少年又侮信曰：『雖長大，
好帶刀劍，怯耳。』」王念孫《雜志》：「此又字非承上之詞。又，讀為有，言

〔註5〕滕壬生：《楚系簡帛文字編》，武漢：湖北教育出版社，2008 年 10 月，第 678
　　　～679 頁。
〔註6〕容庚編著，張振林、馬國權摹補《金文編》，北京：中華書局，1985 年，第
　　　53、364 頁。
〔註7〕滕壬生：《楚系簡帛文字編》，武漢：湖北教育出版社，2008 年 10 月，第 510 頁。

少年中有侮信者也。《古字通》以又爲有，《史記》正作『少年有侮信』者。」
《馬王堆漢墓帛書‧經法‧國次》:「功成而不止，身危又央。」「又央」即「有
殃」也。「有」與「又」通。朱駿聲《說文通訓定聲‧頤部》:「有，叚借爲又。」
《詩‧邶風‧終風》:「終風且曀，不日有曀。」鄭玄箋:「有，又也。」

　　王弼本「乃」字或承前後「乃」字誤寫作「乃」，但「乃」仍有「有」義，
表前後的承接關係，王引之《經傳釋詞》卷六:「乃，猶於是也。」「乃，猶
然後也。」《書‧堯典》:「乃命羲和，欽若昊天。」蔡沈《集傳》:「乃者，繼
事之辭。」「又」、「有」皆從「手」，音義通。（見第一章說解）「其德乃餘」
義爲「修之身，其德於是有餘」也。其義亦通，但不如「有」。楚簡、帛書前
後文皆「有」、「乃」分明，當從「有」爲是。

　　鄉（楚簡本）——鄉（帛書乙、漢簡本、王弼本）
　　楚簡本:攸之**鄉**，亓德乃長。（乙 16-17）
　　帛書甲:脩之〔鄉，其德乃長〕。（34）
　　帛書乙:脩之鄉，亓德乃長。（16 上）
　　漢簡本:脩之鄉，其德乃長。（46）
　　王弼本:修之於鄉，其德乃長。（12-285）

　　鄉，楚系簡帛一般作「鄉」、「嚮」、「卿」，如《郭店楚簡‧語叢四》第 11
簡:「不智（知）其鄉之小人、君子。」《郭店楚簡‧魯穆公問子思》第 3 簡:
「嚮者吾問忠臣於子思。」《上博竹簡（一）‧紂衣》第 13 簡:「毋吕（以）
辟士大夫卿士。」〔註8〕。郭店《老子》楚簡此字形，從兩人從甘。嚮即古文
向，《廣韻》:「嚮與向通用。」《易‧說卦》:「嚮明而治。」《集韻‧漾韻》:「嚮，
面也。或從向。」《書‧盤庚》:「若火之燎于原，不可嚮邇。」孔傳:「火炎
不可嚮近。」「嚮」與「鄉」、「卿」一樣，爲會意字，爲兩人相向而對飲對食
之義。容庚《金文編》引羅振玉說:「卿，象兩人相向就食之形。公卿之卿，
鄉黨之鄉，皆爲一字。」〔註9〕楊寬《古史新探》:「『鄉』和『饗』原本是一
字……整個字像兩人相向對坐，共食一簋的情況。其本義應爲鄉人共食」，「鄉

〔註8〕滕壬生:《楚系簡帛文字編》，武漢:湖北教育出版社，2008 年 10 月，第 682
　　　頁。
〔註9〕容庚編著，張振林、馬國權摹補:《金文編》，北京:中華書局，1985 年 7 月，
　　　第 645 頁。

邑的稱『鄉』……實在取義於共食」，「是用來指自己那些共同飲食的氏族聚落的」，「在金文中『鄉』和『卿』的寫法無區別，本是一字」，「『卿』原是共同飲食的氏族聚落中『鄉老』的稱謂，因代表一鄉而得名。進入階級社會以後，『卿』便成爲『鄉』的長官的名稱。」〔註10〕𨞔（嚮）也應如此，上部爲兩人相向而對飲對食之形，下部爲甘美之食物。《說文‧甘部》：「甘，美也。从口含一。」段玉裁注：「甘爲五味之一。而五味之可口皆曰甘。」從楚系簡帛用字例來看，𨞔乃楚國文字體系，與「鄉」、「嚮」、「卿」當爲一字之異體，《老子》本文之字當隸作「從兩人從甘」，讀爲「鄉」。

奉（楚簡本）──夆（帛書乙）──逢（漢簡本）──豐（王弼本）
楚簡本：攸之邦，丌惪乃奉。（乙17）
帛書乙：脩之國，亓德乃夆。（16上）
漢簡本：脩之國，其德乃逢。（46）
王弼本：修之於國，其德乃豐。（12-285）

「奉」與「逢」通。《馬王堆漢墓帛書‧經法‧四度》：「外內皆順，命曰天當。功成而不廢，後不奉央。」「奉央」即「逢殃」。夆亦與「逢」通。《說文‧夂部》：「夆，牾也。」徐鍇《繫傳》曰：「牾，相逢也。」《正韻》：「牾，逢也。」《楚辭‧九章》：「重華不可牾兮。」段玉裁《說文解字注》：「《午部》曰：『牾，逆也。』夆訓牾，猶逢、迎、逆、遇、遻，互相爲訓。」奉、夆、逢皆爲並母東部；豐，滂母東部，聲母皆爲脣音，故音同可借。《國語‧周語》：「道而得神，是謂逢福。」《說苑‧辨物》「逢」作「豐」；《淮南子‧天文》：「五穀豐昌。」《史記‧天官書》「豐」作「逢」，是其證。奉、夆、逢爲「豐」之假借字。

博（帛書乙）──薄（漢簡本）──普（王弼本）
楚簡本：攸之天下，〔其惪乃博〕。（17）
帛書甲：〔修之天下〕，亓德〔乃博〕。（34）
帛書乙：脩之天下，其德乃博。（16上）
漢簡本：脩之天下，其德乃薄。（46）
王弼本：修之於天下，其德乃普。（12-285）

《說文·十部》:「博，大通也。从十从尃。尃，布也。」《玉篇·十部》:「博，廣也，」《增韻·鐸韻》:「博，普也。」《墨子·明鬼下》:「雖有深谿博林幽澗，毋人之所施行不可以不董。」《論語·雍也》:「君子博學於文，約之以禮，亦可以弗畔矣夫！」《廣韻·姥韻》:「普，博也，大也，」《玉篇·日部》:「普，徧也。」《易·乾·象》:「見龍在田，德施普也。」《墨子·尚賢中》:「聖人之德，若天之高，若地之普。」博為幫母鐸部字，薄、普為滂母魚部字，聲母皆為唇音，「魚」、「鐸」對轉，音通可借。朱駿聲《說文通訓定聲·豫部》:「薄，叚皆為博。」薄為假借字，博、普音義皆同可通用。

虖（楚簡本）——吾（漢簡本、王弼本）
𢦏（帛書甲）——茲（帛書乙）——哉（漢簡本、王弼本）
楚簡本: 虖可以智天〔下之然哉？以此〕（乙18）
帛書甲:〔吾何以知天下之然〕𢦏？以此。（35）
帛書乙: 吾何〔以〕知天下之然茲？以此。（16下）
漢簡本: 吾何以智天下然哉？以此（47）
王弼本: 吾何以知天下然哉？以此（12-285）

虖，從壬虍聲。楚系簡帛多作「吾」、「乎」字〔註11〕。《說文·口部》:「吾，我，自稱也。从口五聲。」虍為曉母魚部，乎為匣母魚部，吾為疑母魚部。聲母皆為舌根音。故音通可借。

𢦏，當為𢦏之省。《說文·口部》:「哉，言之閒也。从口𢦏聲。」《說文·艸部》:「茲，艸木多益。从艸，茲省聲。」作語氣詞與「哉」通，《書·立政》:「嗚呼！休茲！」《說文·口部》:「哉，言之閒也。从口𢦏聲。」桂馥《說文義證》:「言之閒，即辭助。」《玉篇·口部》:「哉，語助。」《爾雅·釋詁》:「哉，閒也。」表疑問或反問，《詩·王風·君子于役》:「君子于役，不知其期，曷至哉？」茲、哉、𢦏皆為精母之部，茲、𢦏為哉之借。

本章整理: 善建者不拔，善抱者不脫，子孫以祭祀不絕。修之身，其德乃真；修之家，其德有餘；修之鄉，其德乃長；修之邦，其德乃豐；修之天下，其德乃博。以身觀身，以家觀家，以鄉觀鄉，以邦觀邦，以天下觀天下。吾何以知天下之然哉？以此。

〔註11〕 滕壬生:《楚系簡帛文字編》，武漢:湖北教育出版社，2008年10月，第489～490頁。

第五十五章　玄　符

酓（楚簡本）──含（帛書乙、漢簡本、王弼本）

楚簡本：酓悳之厚者，比於赤子。（甲33）

帛書甲：〔含德〕之厚者，比於赤子。（36）

帛書乙（16下）、**漢簡本**（48）：含德之厚者，比於赤子。

王弼本：含德之厚，比於赤子。（12-285）

酓爲影母侵部字，含爲匣母侵部字，聲母皆爲舌面後音，音通可借。

《集韻‧寢韻》：「歠，《說文》：『歠也。』或從食，古作酓。」《正字通‧酉部》：「飲，本作酓，別作歠。」《洪武正韻‧覃韻》：「含，容也。」「包也。」《書‧盤庚》：「惟爾含德。」《易‧坤‧象》：「含弘光大，品物咸亨。」又《文言》：「含萬物而化光。」「酓」乃「含」之借字。

蟲（楚簡本）──逢（帛書甲）──蠭（帛書乙）──蠭（漢簡本）──蜂（王弼本）

楚簡本：蟲蠆蚰它弗蓳。（甲33）

帛書甲：逢楋蝎地弗螫。（36）

帛書乙：蠭癘虫蛇弗赫。（16下-17上）

漢簡本：蠭蠆蚖蛇弗赫。（48）

王弼本：蜂蠆虺蛇不螫。（12-285）

《說文‧䖵部》：「蠭，飛蟲螫人者。从䖵逢聲。蠭，古文省。」《玉篇‧䖵部》：「蠭，螫人飛蟲也。亦作蜂。」《詩‧周頌‧小毖》：「莫予荓蜂，自求辛螫。」朱熹注：「蜂，小物而有毒。」《左傳‧僖公二十二年》：「蜂蠆有毒。」《爾雅‧釋蟲》：「蠭，醜螸。」《集韻》：「本作蠭，或作蠭、蚌。」《韻會》：

「蠭，又作夆。」故蠭、蟲、夆、夆、蜂，皆爲一字之異體。或省形；或一爲上下結構，一爲左右結構。蠭、逢、蜂皆爲並母東部，音同可借。「逢」乃「蜂」之假借字。

蠱，從二蟲，由聲。《說文・由部》：「由，鬼頭也。象形。」黃錫全云：「由屬幫母物部。蠭從夆聲，古屬並母東部。幫、並同屬脣音。由、夆一聲之轉。因此蠱可以讀爲蠭，而且有可能就是蠭字異體。」在古籍中「蜂蠆」二字連用，也作「蠭蠆」，多常見。如《左傳・僖公二十二年》：「蠭蠆有毒。」《國語・晉語九》：「蚋蟻蜂蠆，皆能害人，況君相乎！」《荀子・議兵》：「慘如蜂蠆。」《淮南子・俶眞》：「蜂蠆螫指。」《孝經緯》：「蜂蠆垂芒，爲其毒在後。」後便有成語「蜂蠆起懷」，比喻禍患侵身。從這些典籍所用例來看，蠱當爲「蠭」之借。

蠆（楚簡本）──徹（帛書甲）──癘（帛書乙）──蠆（漢簡本、王弼本）

《說文・虫部》：「萬，毒蟲也。象形。蠆，萬，或从蚰。」《廣雅・釋蟲》：「蠆，蠍也。」《詩・小雅・都人士》：「彼君子女，卷髮如蠆。」鄭玄箋：「蠆，螫蟲。尾末揵然，似婦人髮末曲上卷然。」蠱（蠭）爲會飛的尾部帶刺的昆蟲；蠆爲爬行類尾，部帶刺的蟲類，或即俗稱的蝎子。徹或即「蠆」之訛體，《廣雅・釋蟲》：「蠥，蠍也。」蠥與蠆義同。

《馬王堆漢墓帛書》（壹）《老子》甲注 22 云：「徹、蝲、癘、蠆古音近相通。螅即蜮，古虺字，見《莊子》及《韓非子》；乙本作『虫（帛書乙虫上有一撇）』，是虺之古文。」〔註1〕

《說文・疒部》：「癘，惡疾也。从疒，蠆省聲。」癘爲來母月部字，蠆爲透母月部字，聲母皆爲舌頭音，音通可借，「癘」爲「蠆」之假借字。《廣韻・曷韻》：「蝲，蝲蟽。盧達切。」《篇海類編・鱗介類・蟲部》：「蝲，蝲蟽。蟲名。」徹、蝲皆從剌得聲，故音通可借；蠆、癘皆從萬得聲，音同可借；剌爲來母月部字，與癘音同。故「徹、蝲、癘、蠆」音通可借。從文義分析，蠆當爲本字。

蠆爲「蠆」之繁寫。故字當作「蠆」。

〔註 1〕 馬王堆漢墓帛書整理小組編：《馬王堆漢墓帛書〈老子〉》，北京：文物出版社，1976 年 3 月，第 15 頁。

蚰（楚簡本）──蝘（帛書甲）── 虵（帛書乙）──蚖（漢簡本）──虺（王弼本）

《馬王堆漢墓帛書》（壹）《老子》甲注 22 云：「……蝘即蚖，古虺字，見《莊子》及《韓非子》；乙本作『虵』，是虺之古文。」〔註2〕

蝘爲影母微部，蚖、虺、虫爲曉母微部，聲母皆爲舌面後音，蚖爲疑母元部，微、元旁對轉。故音通可借。

虺與蚖通，《顏氏家訓‧勉學》：「吾初讀《莊子》『蚖二首』。《韓非子》曰：『蟲有蚖者，一身兩口，爭食相齕，遂相殺也。』茫然不識此字何音，逢人輒問，了無解者。……後見《古今字詁》，此亦古之虺字，積年疑滯，豁然霧解。」《一切經音義》引《莊子》此句作「虺二首」。《說文‧虫部》：「虺，虺以注鳴。《詩》曰：『胡爲虺蜥。』」段玉裁注：「上文『雖』下云『似蜥易』；下文『蜥』下云『蜥易』。則虺爲蜥易屬可知矣。」又孔穎達疏：「陸機疏云：虺蜴一名蠑螈，（水）蜴也。或謂之蛇醫，如蜥蜴，青綠色，大如指，形狀可惡。」《玉篇》：「蝘，音透。水蝘也。」蝘或爲此虺蜴。《述異記》：「水虺，五百年爲蛟。」蝘、蚖、虺音義皆同，或即爲一物也，當爲蛇之屬。

郭店楚簡此處，裘錫圭釋爲「虫（虺）它（蛇）」〔註3〕，當隸爲「虫」字。《說文‧虫部》：「虫，一名蝮，博三寸，首大如擘指。象其臥形。物之微細，或行，或毛，或蠃，或介，或鱗，以虫爲象。凡虫之屬皆从虫。許偉切。」讀音爲 hui，即「虺」字。《玉篇‧虫部》：「虫，此古文虺字。」《說文》所說「蝮」即「虺」，《爾雅‧釋魚》：「蝮，虺，博三寸，首大如擘。」郭璞註：「身廣三寸，頭大如人擘指，此自一種蛇，名爲蝮虺。」《楚辭‧招魂》：「蝮蛇蓁蓁。」《史記‧田儋列傳》：「蝮螫手則斬手，螫足則斬足。」裴駰《集解》引應劭云：「蝮一名虺。螫人手足，則割去其肉，不然則致死。」

《說文‧虫部》：「蚖，榮蚖，蛇醫，以注鳴者。从虫元聲。」《廣韻‧桓韻》：「蚖，毒蛇。」《新書‧耳痹》：「燕雀剖而蚖蛇生。」本草，蚖與蝮同類，即虺也。

以上蝘、蚖、虫、蚖、虺音義皆通可互用。當從「虺」。

〔註2〕 馬王堆漢墓帛書整理小組編：《馬王堆漢墓帛書〈老子〉》，北京：文物出版社，1976 年 3 月，第 15 頁。
〔註3〕 荊門市博物館：《郭店楚墓竹簡》，北京：文物出版社，1998 年 5 月，第 113、116 頁。

它（楚簡本）──地（帛書甲）──蛇（帛書乙、漢簡本、王弼本）

它爲透母歌部字，地爲定母歌部字，蛇爲船母歌部，聲母皆爲舌頭音，音通可借。《說文》：「蛇，它，或從虫。」邵英《群經正字》：「今經典凡『它』、『虫』字從或體作『蛇』。」《類篇·虫部》：「蛇，蟲名，蠵也。」《說文·它部》：「它，虫也。從虫而長，象冤曲垂尾形。上古艸居患它，故相問無它乎。凡它之屬皆從它。蛇，它，或從虫。」《玉篇·它部》：「它，蛇也。」《集韻·麻韻》：「它，虺屬。」「它」爲象形字，是「蛇」的本字，後叚借爲「其它」的「它」，另加與之義相通的「虫」旁作爲「蛇」。

《說文·土部》：「地，元气初分，輕清陽爲天，重濁陰爲地。萬物所陳剡也。從土也聲。墬，籀文地從隊。」《玉篇·虫部》：「虵，正作蛇。」地，或以爲「虵」之誤，然不太可能，前一字蝝正作「虫」旁，緊接之字「地」之「土」旁不可能誤寫。「地」爲「蛇」之音借。

蕫（楚簡本）──螫（帛書甲、王弼本）──赫（帛書乙、漢簡本）

蕫當爲「蠆」之省形，乃一字之異體。《詩·小雅·都人士》：「卷髮如蠆。」孔穎達疏：「蠆，螫蟲也。螫又作蕫。」《集韻·藥韻》：「蕫，蟲毒。」《漢書·嚴助傳》：「南方暑濕，近夏癉熱，暴露水居，蝮蛇蕫生。」又《崩通轉》：「故猛虎之猶與，不如蜂蠆之至蕫。」顏師古注引應劭云：「蕫，毒也。」蕫亦可作動詞，《漢書·田儋傳》：「蝮蕫手則斬手，蕫足則斬足。」一本「蕫」作「螫」，顏師古注應劭云：「蕫，螫也。」又《廣韻·藥韻》：「蕫，蟲行毒。」《山海經·西山經》：「有鳥焉，其狀如蜂，大如鴛鴦，名曰欽原，蕫鳥獸則死，蕫木則枯。」

《說文·虫部》：「螫，蟲行毒也。從虫赦聲。」《詩·周頌·小瑟》：「莫予莽蜂，自求辛螫。」《史記·淮陰侯傳》：「猛虎之猶豫，不如蜂蠆之致螫。」

蕫、赫皆曉母鐸部，螫爲書母鐸部，諧聲字中有章組與見組互諧的情況，如赤（昌）、赦（書）、赫（曉）、郝（曉），閩、湘方音中也有章組讀爲見組的，故蕫、赫、螫音通可借。蕫、螫義同可互用，「赫」乃「螫」之假借字。

攫（楚簡本、王弼本）──攉（帛書甲、漢簡本）──據（帛書乙）
猒（楚簡本）──猛（帛書甲、漢簡本、王弼本）──孟（帛書乙）

哺（楚簡本）——搏（帛書甲、王弼本）—— 薄（漢簡本）——捕（帛書乙）

楚簡本：**攫鳥猷獸弗哺。**（甲 33）

帛書甲：**攫鳥猛獸弗博。**（36）

帛書乙：**據鳥孟獸弗捕。**（17 上）

漢簡本：**猛獸攫鳥弗薄。**（48）

王弼本：**猛獸不據，攫鳥不搏。**（12-285）

《說文‧手部》：「攫，扚也。从手矍聲。」段玉裁注：「按：《眾經音義》卷五、卷十二引《說文》同，而注之曰：扚，居逆切。是所據《說文》作『扚』，轉寫偽作『扚』耳。扚者，持也。」「《倉頡篇》曰：攫，搏也……《淮南子》曰：鳥窮則搏，獸窮則攫。」《禮記‧儒行》：「鷙蟲攫搏。」孔穎達疏：「以腳取之謂之攫，以翼擊之謂之搏。」即為鳥獸用爪抓取之義。

《說文‧手部》：「擢，爪持也。从手瞿聲。」段玉裁注：「覆手曰爪，謂覆手持之也。」《集韻‧燭韻》：「擢，《說文》：『爪持也。』或作攫。」既然是用爪持物，當為攫義，乃攫字之省，「又」亦為「手」也，有「才」而省「又」，於義不誤。故「擢」與「攫」當為異體字。

擢、攫皆為見母鐸部，據為見母魚部，「魚」、「鐸」對轉，故音通可借。據亦有抓取義，《史記‧呂太后本紀》：「呂后祓，還過軹道，見物如蒼犬，據高后掖，忽弗復見。」故音近義通可通用。

猷，當隸作獷，從犬從需，或作獷。本作狑，《集韻‧青韻》：「狑，良犬也。秦有狑。」「狑，或作獷。」為來母耕部字。《說文‧犬部》：「猛，健犬也。」獷、猛義同互用。

猷，從丙，丙為幫母陽部字，孟與猛皆為明母陽部字，音同可借。朱駿聲《說文通訓定聲‧壯部》：「孟，叚借為猛。」《馬王堆漢墓帛書‧經法‧稱》：「虎狼為孟可揗。」義為虎狼雖猛也可用手撫摸也。《管子‧任法》：「奇術技藝之人，莫敢高言孟行，以過其情。」郭沫若等《集校》：「張文虎云：『孟』疑『猛』之借字。」

哺、捕為並母魚部，搏、薄為幫母鐸部字，聲母皆為唇音，魚、鐸對轉，故四字音通可借。

《說文‧手部》：「捕，取也。从手，甫聲。」《廣雅‧釋言》：「捕，搏也。」

《字彙・手部》：「捕，擒捉也。」《莊子・秋水》：「騏驥驊騮，一日而馳千里，捕鼠不如狸狌。」陸德明《經典釋文》：「捕，本又作搏。」

《說文・手部》：「搏，索持也。」《集韻・遇韻》：「搏，捕也。」《周禮・地官・司戲》：「若不可禁，則搏而戮之。」孫詒讓《正義》：「搏猶今言捕也。」《史記・李斯列傳》：「鑠金百鎰，盜跖不搏。」司馬貞《索隱》：「搏猶攫也，取也。凡鳥翼擊物曰搏，足取曰攫，故人取物亦云搏。」故捕、搏音義皆通，可通用。

哺，《郭店楚墓竹簡》釋文隸寫作「扣」。註釋：扣，疑讀作「敂」。《說文》：「擊也。」

搏也有擊打、拍打之義。《廣雅・釋詁三》：「搏，擊也。」《集韻・鐸韻》：「搏，拊也。」《史記・李斯列傳》：「彈箏搏髀。」《釋名》：「指廣搏以擊之。」《左傳・僖公十八年》：「晉侯夢與楚子搏。」杜預注：「搏，手搏。」《周禮・冬官・敘官》：「搏埴之工二。」鄭玄注：「搏之言拍也。」故扣、搏義同可通用。按《老子》本文之義，字當作「搏」。

簿之「竹」，與艸形義通，艸，篆文，隸變作⁺⁺，與薄當爲異體。《說文・竹部》：「簿，局戲也。六箸十二棊也。从竹博聲。古者烏胄作簿。」《廣韻・鐸韻》：「簿，《世本》曰：『烏曹作簿。』書本多單做博。」《楚辭・招魂》：「菎蔽象棊，有六簿些。」薄、哺爲借字。

菫（楚簡本）——筋（帛書甲乙、漢簡本、王弼本）
柔（楚簡本）——柔（帛書甲乙、漢簡本、王弼本）
捉（楚簡本）——握（帛書甲乙、王弼本）——摳（漢簡本）
楚簡本：骨溺菫柔而捉固。（甲 33-34）
帛書甲（36）、王弼本（12-285）：骨弱筋柔而握固。
帛書乙：骨筋弱柔而握固。（17 上）
漢簡本：骨弱筋柔而摳固。（48）

菫爲菫之異體。《說文・菫部》：「菫，黏土也。从土，从黃省。」菫、筋皆屬見母文部字，故音同可借。《說文・筋部》：「筋，肉之力也。从力从肉从竹。竹，物之多筋者」宋育仁《部首箋正》：「筋以束骨，故人力在筋、然不得離肉言之，故從肉。筋者，人身之物；取於竹者，所謂『遠取諸物。』」「菫」乃「筋」之假借。

《說文‧木部》：「柔，木曲直也。从木矛聲。」段玉裁注：「凡木曲者可直、直者可曲曰柔……柔之引伸爲凡耎弱之偁。」𣐆，或與「柔」形近，又皆從矛得聲，柔爲日母幽部、矛爲明母幽部、求爲群母幽部，韻皆爲幽部，（日母和明母有互諧例，如薾、彌），形音近而誤。故或爲誤寫。

《說文‧手部》：「捉，搤也。从手足聲。一曰握也。」徐灝箋：「握，猶搤也。」《廣雅‧釋詁三》：「捉，持也。」《左傳‧僖公二十八年》：「叔武將沐，聞君至，喜捉髮走出。」「捉髮」猶手握著長髮也。「搤」也是持、握之義，《史記‧周本紀》：「養由基釋弓搤劍曰：客安能教我射乎。」又《封禪書》：「莫不搤捥。」註：「滿手曰搤。」

《說文‧手部》：「摳也。一曰摳衣升堂。从手區聲。」朱駿聲《說文通訓定聲》：「摳，繑也。謂扣節所紐也。今俗紐扣字以扣爲之。」《集韻‧虞韻》：「摳，褰裳也。」《正字通‧手部》：「摳，曲指摳攬也。」即用手指抓緊之義，《禮記‧曲禮上》：「毋踐履，毋踖席，摳衣趨隅，必愼唯諾。」陸德明《經典釋文》：「摳，提也。」

故捉（莊屋）、搤、持、握（影屋）、摳（溪侯），侯、屋對轉，其音義相通，故可互用。

朼（楚簡本）──牝（帛書甲乙、漢簡本、王弼本）
戊（楚簡本）──牡（帛書甲乙、漢簡本、王弼本）
𠈃（楚簡本）──會（帛書乙）──合（漢簡本、王弼本）
𡰥（楚簡本）──朘（帛書乙）──㒸（漢簡本）──全（王弼本）
惹（楚簡本）──怒（帛書乙、漢簡本）──作（王弼本）
楚簡本：未智朼戊之𠈃𡰥惹，**精之至也。**（甲 34）
帛書甲：未知牝牡之〔會〕而〔朘怒〕，精〔之〕至也。（36-37）
帛書乙：未知牝牡之會而朘怒，精之至也。（17 上）
漢簡本：未智牝牡之合而㒸怒，精之至也。（49）
王弼本：未知牝牡之合而全作，精之至也。（12-285）
李零：「牝」，釋文直接作「牝」，但從照片看，原文從才從匕，乃「必」字的異體，這裡是借讀（「牝」是並母脂部字，「必」是幫母脂部字，讀音相

近）。參看《唐虞之道》簡 3、28，《忠信之道》簡 2 和《語叢》三簡 16、30 的「必」字。〔註4〕

另可參看滕壬生《楚系簡帛文字編》第 562 頁「朼」、94 頁「牛」字。

戊、牡皆爲明母幽部，故音同可借。《康熙字典》：「《集韻》：戊，莫後切，音牡。義同。」《詩・小雅・吉日》：「吉日維戊，既伯既禱。」朱熹《詩集傳》：「戊，剛日也。凡外事用剛日，宣王田獵，外事也，故用剛日。」剛日即爲陽日，牡，陽性也，有陽剛之義。《禮記・月令》：「（季夏之月）中央土，其日戊己、」鄭玄注：「戊之言茂也，己之言起也。日之行四時之間，從黃道，月爲之佐。至此萬物皆枝葉茂盛。其含秀者，抑屈而起，故因以爲日名焉。」故戊日（季夏）當爲至陽至剛之時，故爲陽剛也。《爾雅・釋天》：「歲在戊曰著雍，月在戊曰厲。」《淮南子・天文》：「午在戊曰著雝。」明郎英《七修類稿・天地一・歲月陽名》：「（太歲）在戊曰著雍。戊在中央，主和養萬物也。」「著雍」即歲之陽名；月亦如之，厲者，陰之亢也。

《黃帝內經・素問・金匱眞言論》：「陽中之陽，心也。」王冰注：「《靈樞經》曰：『心爲牡藏。』牡，陽也。」

故戊、牡音同義通，可通用。

「亼」爲「會」之古文；「畣」爲「答」之古文。《玉篇》：「亼，古文會字。」聞一多：「『屈原答靈氛曰』，卷作『亼』。案：亼，古答字。《爾雅》有之，然已僞作畣，從田，於義無施。他書用古字者莫不皆然，蓋習非勝是，沿誤久矣。」答有「合」義，《篇海類編・花木類・竹部》：「答，合也。」《書・洛誥》：「篤前人成烈，答其師，作周孚先。」孔傳：「當其眾心。」曾運乾《正義》：「答，合也。」

《左傳・宣公二年》：「既合而來奔。」杜預注：「合，猶答也。」《馬王堆漢墓帛書・戰國縱橫家書》：「奉陽君合臣曰……」《睡虎地秦墓竹簡・封診式》：「自殺者必先有故，問其同居，以合其故。」「合」皆作「答」。楚系簡帛文字「亼」多作「答」和「合」〔註5〕。

〔註 4〕 李零：《郭店楚簡校讀記》，《道家文化研究》第 17 輯，第 467 頁。
〔註 5〕 滕壬生：《楚系簡帛文字編》，武漢：湖北教育出版社，2008 年 10 月，第 509 頁。

　　《說文‧會部》：「會，合也。从亼，从曾省。」段玉裁注：「《禮經》：器之蓋曰會，爲其上下相合也。」《爾雅‧釋詁上》：「會，合也。」《書‧禹貢》：「雷、夏既澤，灉、沮會同。」孔穎達疏：「謂二水會合而同入此澤也。」《禮記‧王制》：「不能五十里者，不合于天子。」鄭玄註：「合，會也。」會爲匣母月部，合爲匣母緝部，緝、月旁對轉，音義通可互用。

　　廖名春：楚簡**夃**字爲上下結構，上爲「丄」，下爲「易」字下部。郭沫若認爲：「『且』實牡器之象形，故可省爲丄。」卜辭「牡」無定形，牛、羊、豕、鹿均（可）隨類賦形，而不盡從牛作。但它們皆從「丄」，以象牡器之形。疑**夃**爲表示牡器的專字，故不從「日」而從「丄」。後與「易」混。「易」即古「陽」字。《說文‧勿部》：「易，開也。从日一勿。一曰飛揚。一曰長也。一曰彊者，眾皃。」段玉裁曰：「此陰陽正字也。陰陽行而会易廢矣。」《漢書‧地理志》：「（交趾郡）曲易。」顏師古註：「易，古陽字。」故人們亦以陽表示牡器。顧況《囝》：「囝生南方，閩吏得之，乃絕其陽，爲臧爲獲。」「絕其陽」即絕其牡器。**夃**與「脧」一爲牡器，一爲「赤子陰也」，義同故能通用。〔註6〕

　　牡字甲骨文從「丄」，金文以後從「土」，牛、馬等形旁不定，爲會意字〔註7〕。**夃**爲戰國時期文字，不大可能用「丄」以象牡器之形。**夃**，疑當上從土下從月（肉旁），表示人之牡器（即陰莖也）；或從土從勿（下文「物壯則老」的「老」字所從之「土」即此形），讀作「圽」，《集韻‧沒韻》：「圽，埋也。」《正字通‧土部》：「圽，歿（沒）同，終也。」《史記‧白起王翦列傳》：「偷合取容，以致圽身。」裴駰《集解》引徐廣云：「圽，音沒。」圽亦可表示牡器，爲馬陰藏相也，及其「精之至」，則勃而雄起矣。圽爲明母物部、牡爲明母幽部，物、幽旁對轉，音近可借。故**夃**爲牡器，與「脧」義同。

　　《說文‧犬部》：「㺜，䝊，如貙貓，食虎豹者。从犬夋聲。見《爾雅》。」

　　脧爲精母元部字，全爲從母元部字，㺜爲心母元部，聲母皆爲舌尖前音，故音通可假，「㺜」、「全」爲「脧」之假借字。

〔註6〕　廖名春：《郭店楚簡老子校釋》，北京：清華大學出版社，2003 年 6 月，第 330 頁。

〔註7〕　見高明、涂白奎：《古文字類編》，上海：上海古籍出版社，2008 年 8 月，第 531 頁。

《集韻・莫韻》:「怒,古作忞。」楚系文字「怒」多寫作惹〔註8〕。怒有氣勢強盛、奮起、不可遏制之義,《莊子・外物》:「春雨日時,草木怒生。」又《逍遙遊》:「(大鵬)怒而飛,其翼若垂天之云。」「作」亦有「起」義,《國語・晉語八》:「趙文子與叔向遊於九原,曰:『死者若可作也,吾誰與歸?』」韋昭注:「作,起也。」《論語・子罕》:「子見齊衰者、冕衣裳者與瞽者,見之,雖少必作,過之必趨。」何晏注:「包曰『作,起也。』」故怒與作義同可通用。

　　唬(楚簡本)——號(帛書甲乙、漢簡本、王弼本)
　　愿(楚簡本)——妿(帛書甲)——嚘(帛書乙)——幽(漢簡本)——嗄(王弼本)
　　楚簡本:夂日唬而不愿,味之至也。(甲34)
　　帛書甲:終日號而不妿,和之至也。(37)
　　帛書乙:終日號而不嚘,和之至也。(17上-17下)
　　漢簡本:終日號而不幽,和之至也。(49)
　　王弼本:終日號而不嗄,和之至也。(12-285)
　　唬爲匣母幽部字,號爲匣母宵部字,「宵」、「幽」旁轉,音通可借。
　　《說文・号部》:「號,呼也。从号从虎。」段玉裁注:「嚘号聲高,故从号;虎哮聲厲,故从虎。号亦聲。」《左傳・宣公十二年》:「申叔視其井,則茅絰存焉,號而出之。」杜預注:「號,哭也。」
　　《說文・口部》:「唬,嚘聲也。一曰虎聲。从口从虎。讀若暠。」《集韻・豪韻》:「號,《說文》:『呼也。』或作唬。」「唬,呼刀切,音豪。」讀作hao(二聲)。《隸釋・漢郎中鄭固碑》:「俯哭誰訴,卬唬焉告?」故唬、號音義皆同可通用,現多作「號」。嚴遵本作「嗥」,朱駿聲《說文通訓定聲・孚部》:「嗥,叚借爲號。」《莊子・庚桑楚》:「兒子終日嗥而嗌不嗄。」陸德明《經典釋文》:「嗥,戶羔反。本又作號,音同。」

　　嚘you、憂、幽皆爲影母幽部字。

〔註8〕 見滕壬生:《楚系簡帛文字編》,武漢:湖北教育出版社,2008年10月,第69～70頁。

帛書整理小組：癹當爲「憂」之省，猶「爵」省爲尀（見前），此讀爲「嚘」，嚴遵本作「嚘」。《玉篇·口部》：「嚘，《老子》曰：『終日號而不嚘。』嚘，氣逆也。」帛書「憂」字常寫作「夏」，通行本《老子》此字多作「嗄」。《莊子·庚桑楚》引亦作「嗄」，司馬彪注：「楚人謂啼極無聲曰嗄。」

揚雄《太玄·夷》：「嬰兒于號，三日不嚘。」王涯注：「嚘，氣逆也。」嚴遵《指歸》：「啼號不嚘，可謂志和。」司馬彪所謂「啼極無聲」也就是「氣逆」之義。如《玉篇》釋爲「嗄，聲破」，或作「啞」，則於實際情況不符。老子於此處也不是說聲帶的沙啞，而是說因體內的和氣充足，沒有氣短而受阻停滯的情況；氣不充足，則會上氣不接下氣而出現氣逆哽噎的現象。既然帛書中「憂」字常寫作「夏」，則「嚘」字寫作「嗄」也是一樣的情況，只不過加口字旁以示聲也。故「嚘」、「嗄」在帛書中當爲一字之異體。《玉篇·口部》：「嗄，聲破。」《莊子·庚桑楚》：「兒子終日嗥而嗌不嗄，和之至也。」陸德明《經典釋文》引司馬彪注：「楚人謂唬極無聲爲嗄。」

憂，本作惪，《集韻》作慐。長箋：「惪與慐同。」《正字通·心部》：「惪，憂本字。」故惪、慐亦爲「憂」之省形。《說文·心部》：「惪，愁也。」朱駿聲《說文通訓定聲》：「經傳皆以憂爲之，而惪字廢矣。」心憂則氣逆而閉塞不通，如鯁在喉，《鬼谷子·權》：「憂者，閉塞而不泄也。」《韓詩外傳》卷五：「憂鬱而不得出。」嬰兒無憂無慮，和氣常在，氣運暢通自然。其「號」爲生理自然現象之反應，故「號而不嚘」，不像大人，皆爲俗務等憂愁之雜事而引起生理心理之病變，從而影響氣機的運行和短路，以致和氣漸漸消失。

如此則惪、癹、嚘、嗄 sha 爲異體字。《說文·丝部》：「幽，隱也。從山中丝，丝亦聲。」幽爲借字。

㝷（楚簡本）——常（帛書甲乙、漢簡本、王弼本）

楚簡本：和曰㝷，智咊曰明。（甲 34）

帛書甲：和曰常，知和曰明。（37）

帛書乙：〔和〕曰常，知常曰明。（17 下）

漢簡本：和曰常，智和曰明。（49-50）

王弼本：知和曰常，知常曰明。（12-285）

顏世鉉：原《釋文》隸作㝷，改釋爲「棠」（常），似視㝷乃「棠」的訛誤。此字別本都做「常」，釋爲「常」是可信的；然其上半所從字形卻與一般「尚」

字的寫法不同。……從《古文四聲韻》所引《古老子》的「當」字、《忠信之道》的「尙」字，而至望山、包山簡「尙祝」的「尙」字，正可看出「尙」和「同」字混同之迹。故郭店《老子》簡的票字，當可直接釋爲「裳」，讀爲「常」。〔註9〕

　　示之古文「兀」，與「巾」形近。與《老子》楚簡此處寫法同，「裳」當爲「常」之訛體。然楚系簡帛文字多如此，以兀爲巾；而作「示」符時，兀上多一橫。故可直接隸作「常」。

　　楚簡本作「和曰常，知和曰明」，帛書甲本、北大漢簡本與此同。但帛書乙本作「〔和〕曰常，知常曰明」，王弼等通行本如乙本。「和」描述的是本體內在的一種良好狀態，「常」是知常道、事物的規律性，是一種過程，「明」是守和知常的果，王弼注云：「物以和爲常，故知和則得常也。」和——常——明，是有前後順序的因果關係。《老子》第十六章帛書甲乙本作「知常明也」，王弼等通行本作「知常曰明」，正與此同義。所謂「歸根曰靜」，旨在培養一種和氣，這種和氣是爲生命之根，有了這種生命之根，才能走上命運之良好常態，故「復命曰常」，也就是「和曰常」的意思，只有知道了宇宙人生常道的規律性，才算作「明」。第52章所說的「復歸其明」，「襲常」，皆是對這種規律性的明確的肯定。故靜、和爲因，常、明爲果。簡本並非沒有訛誤處，如迷信於版本的古老即爲眞，則會失其常、失其明矣，或正因爲較早的古本有錯誤，後面抄寫者則跟著一錯到底了。

　　　　醓（楚簡本）──益（帛書甲乙、漢簡本、王弼本）
　　　　羕（楚簡本）──祥（帛書甲乙、王弼本）──詳（漢簡本）
　　　楚簡本：醓生曰羕。（甲35）
　　　帛書甲乙（37，17下）、**王弼本**（12-285）：**益生曰祥。**
　　　漢簡本：益生曰詳。（50）
　　　　《說文·皿部》：「益，饒也。」段玉裁注：「饒，飽也，凡有餘則饒。」「益生」即爲「饒生」、「厚生」，超過了生命的正常閾值，過猶不及，故夭祥生。王弼注云：「生不可益，益之則夭也。」此即第50章所說的「以其生生（之

〔註9〕　顏世鉉：《郭店楚簡散論（一）》，《郭店楚簡國際學術研討會論文集》，第102頁。

厚）也」。故《莊子・德充符》說：「當因自然而不益生。」「謚」僅僅作爲量詞用，與「益」音同，皆爲影母錫部字，故可借。「謚」乃「益」之假借字。

祥，從示羊聲，羊亦應爲義符，謂以羊祭祀也，本爲中性之詞。《說文・示部》：「示，天垂象，見吉凶，所以示人也。從二。三垂，日月星也。觀乎天文，以察時變。示，神事也。」因祭祀先人而可得福，故《說文・示部》云：「祥，福也……一云善。」王國維《觀堂集林》：「祥，古文作羊。」故「羊」當爲「祥」之福、善的本義。加「示」旁之後則以羊祭祀，作爲預示吉凶之兆。然其祭爲非類，時有其他吉凶氛圍出現，故有徵兆矣，既可爲吉，亦可指兇，故又爲妖氛之義。徐鍇《繫傳》云：「祥，祥之言詳也。天欲降以禍福，先以吉凶之兆，祥審告悟之也。」段玉裁注：「祥，凡統言則災亦謂之祥，析言則善者謂之祥。」祥之爲祭祀，目的在於祭先以致福，此爲析言之也；統言之則祭祀有不周之處，有可致禍矣。《左傳・僖公十六年》：「是何祥也？吉凶焉在？」杜預注：「祥，吉凶之先見者。」《周禮・春官・眡祲》：「以觀妖祥，辨吉凶。」鄭玄注：「妖祥，善惡之徵。」賈公彥疏：「祥是善之徵，妖是惡之徵。」又特指凶兆、妖異，《玉篇・示部》：「祥，妖怪也。」《書・咸有一德》：「亳有祥，桑穀共生於朝。」孔傳：「祥，妖怪。」孔穎達疏：「祥是惡事先見之徵，故爲妖怪也。」《左傳・昭公十八年》：「鄭之未災也，里析告子產曰：將有大祥，民震動，國幾亡。」杜預註：「祥，變異之氣。」孔穎達疏：「祥者，善惡之徵。中庸必有禎祥，吉祥也；必有妖孽，凶祥也。則祥是善事，而析以災爲祥者，對文言耳。」

《說文・言部》：「詳，審議也。從言羊聲。」朱駿聲《說文通訓定聲・壯部》：「詳，叚借爲祥。」《左傳・成公十六年》：「德、刑、詳、義、禮、信，戰之器也。」孔穎達疏：「詳者，祥也；古字同耳。《釋詁》云：『詳，善也。』」《易・大壯》：「不能退，不能遂，不詳也。」孔穎達疏：「詳，善也。」

《說文・永部》：「羕，水長也。從永羊聲。《詩》曰：『江之羕矣。』」羕爲餘母陽部字（喻四歸定），祥、詳爲邪母陽部字，根據錢玄同的「邪紐古歸定紐」，聲母舌尖前音和舌尖中音近；又羕、祥皆從羊得聲，故音通可借。「羕」爲「祥」之假借字。

高明：「心使氣曰強」，「強」字在此與「祥」字義近，亦指災異而言。猶如第四十二章「強梁者不得其死」，七十六章「堅強死之徒也」，意義相同。

迺謂心宜虛靜守柔，無思無欲，若因情而動，氣必非正；感物而欲，心使其氣，失於守柔，去靜離道，則陷入強梁，非災即禍，甚者至死。〔註10〕

　　叓（楚簡本）──使（帛書甲乙、漢簡本、王弼本）
　　燹（楚簡本）──氣（帛書甲乙、漢簡本、王弼本）
　　弜（楚簡本）──強（帛書甲乙、漢簡本、王弼本）
　　楚簡本：心叓燹曰弜。（甲 35）
　　帛書甲乙（37，17 下）、漢簡本（50）、王弼本（12-285）：心使氣曰強。

　　叓，楚系文字多作「使」〔註11〕。可隸作「叓」，古同「吏」。《玉篇》：「叓，古文事字。」《汗簡　古文四聲韻》引《石經》、《古孝經》、《古老子》使、事同。〔註12〕

　　《說文‧人部》：「使，伶也。从人吏聲。」本作倳。古文：㕜叓。桂馥《義證》：「伶也者，通作令。」《墨子‧經上》：「使，謂故。」于省吾《新證》：「使，金文使、事同字，此應作『事謂故』。」

　　《說文‧史部》：「事，職也。从史，之省聲。㕜，古文事。」古文：叓㕜。《廣韻‧志韻》：「事，使也。」《類篇‧史部》：「事，令也。」《墨子‧七患》：「民無食則不可事。」

　　《說文‧一部》：「吏，治人者也。从一从史，史亦聲。」徐鍇曰：「吏之治人，心主於一，故从一。」吏與「事」通，《管子‧大匡》：「從諸侯欲通吏，從行者令一人為負以車。」郭沫若等《集校》：「吏當為事，古字通用。」《韓非子‧孤墳》：「則修智之吏廢。」于省吾《新證》：「吏本作事。金文吏、事同字。」

　　《說文‧史部》：「史，記事者也。从又持中。中，正也。」《正韻》：「史，古作叓。」徐鍇曰：「記事當主于中正也。」

〔註10〕　高明：《帛書老子校注》，北京：中華書局，1996 年，第 97 頁。
〔註11〕　滕壬生：《楚系簡帛文字編》，武漢：湖北教育出版社，2008 年 10 月，第 287
　　　　　～288 頁。
〔註12〕　《汗簡　古文四聲韻》，李零、劉新光整理，北京：中華書局，2010 年，第 9、
　　　　　18、113 頁。

在甲文、金文等古文字中，史、事、吏、使字形同，皆同爲一字，後分化。史、使皆爲山母之部，事爲崇母之部，吏爲來母之部。使從吏得聲，故四字音通可借。從字書和部份用例來看也如此。史爲記事者，以其記事爲職業，故發展爲事；從記事中發展爲斷事兼治人，故有吏出現；吏又在治人中役使人，故有使。

《集韻‧未韻》：「气，《說文》：『雲氣也。象形。』一曰息也。或作氣、炁。」徐官《古今印史》：氣，小篆本作气；氣爲火所化，其出必炎上，故象炎上之形；凡求乞者必於上，因借爲求乞字；气、乞本同一字也；後世隸楷以二字易混，乃省一筆以別之。炁下的「灬」即同「火」，《正字通》：「灬即火字變體。凡四點在下者俱屬火部，猶水之從氵也。」道教《道藏》多用「炁」，或表示人體內的先天之元炁。《關尹子‧六七》：「以神存炁，以炁存形。」「以一炁生萬物。」《文子‧守弱》：「形者，生之舍也。氣者，生之元也。」《玉篇‧火部》：「炁，古氣字。」人生之後，由於食用五穀雜糧，從穀類之中吸收微量的精微物質，故又從「米」作「氣」。《說文‧米部》：「氣，饋客芻米也。从米气聲。《春秋傳》曰：『齊人來氣諸矦。』餼，氣或从食。槩，氣或从旣。」無論是從米還是從食，都是人體後天的吸收穀類中的精氣從而保持人體能量的來源。由於人食用穀類之後的消化是借助於外在的火使熟之，並在體內有溫度的消化之下而產生了體內所需的能量，故「氣」又從「火」，寫作「炁」，此字與「炁」一樣，亦爲古文之「氣」。故從「火」或從「灬」的「炁」或「燹」，皆應早於從「米」之「氣」。既然「火」、「灬」義同，「炁」應爲「燹」之省形。如同「炁」演變爲「氣」，「燹」演變爲「槩」。關於燹字之用例，楚系文字多有，可參見滕壬生《楚系簡帛文字編》第 53～54 頁，其中也有從「火」之「炁」。《漢簡》、《古文四聲韻》中有「槩」（見 21 頁《義雲章》）、「炎」（見 26 頁《淮南王上外記》，30、114《說文》）、「燹」（見 30 頁《碧落文》）。從以上所舉之例可得出一個規律，即古文「氣「一般皆從「火」從「旣」或「旡」。也說明了燹、「炁」要早於「氣」。

《說文‧虫部》：「強，蚚也。从虫弘聲。疆，籀文強从蚰从彊。」徐鍇曰：「弘與強聲不相近，秦刻石文从口。疑从籀文省。」弳當爲「勥」。《說文‧力部》：「勥，迫也。从力強聲。勥，古文从彊。」滕壬生《楚系簡帛文字編》

「強」字所從之「虫」皆以「=」代替，此或爲楚系文字之一特點〔註13〕。滕壬生認爲此字係《說文》「剛」字之古文，即「但」或「信」。「弓」旁或隸作了「亻」（人）旁，再加「力」而寫作弜。故弜或從剛（信）從力，有剛強之義，會意字也。疑當爲楚人所專造之字，以別於從「虫」之強也。弜、強或爲國別之異體字也。

　　臧（楚簡本）──壯（漢簡本、王弼本）

　　則（楚簡本、帛書乙、漢簡本、王弼本）──即（帛書甲）

　　楚簡本：勿臧則老，是胃不道。（甲35）

　　帛書甲：物壯即老，胃之不道，不〔道早已〕。（37-38）

　　帛書乙：物壯則老，胃之不道，不道蚤已。（17下）

　　漢簡本：物壯則老，謂之不道，不道蚤已。（50）

　　王弼本：物壯則老，謂之不道，不道早已。（12-285）

　　臧，楚簡《老子》此字不從臣，而從口。與「臧」字古文形同。《說文·臣部》：「臧，善也。从臣戕聲。臧，籀文。」臧在楚系簡帛中皆從口不從臣。《漢簡》第 4 頁所載「壯」（引張廷珪《劍銘》）、「臧」（引衛宏《字說》）皆從「士」，形幾同。臧爲精母陽部字、壯爲莊母陽部字，照三歸精，聲母皆爲齒頭音，故音通可借。《長沙子彈庫楚帛書》丙篇中「臧」即爲「壯」之假借字，《爾雅·釋天》：「八月爲壯。」〔註14〕

　　則、即作連詞、表示事物前後的因果、條件時，爲相承、相因之關係，義同可互用。《易·繫辭下》：「寒往則暑來，暑往則寒來，寒暑相推而歲成。」《韓非子·顯學》：「故明據先王，必定堯舜者，非愚則誣。」《書·大誥》：「紹無明即命。」楊樹達《積微居讀書記·尚書說》：「『即』與『則』同。命，謂命龜。」《史記·陳涉世家》：「且壯士不死即已，死即舉大名耳。」

　　又《易·蒙》：「再三瀆，瀆則不告。」《離·九三》：「日昃之離，不鼓缶而歌，則大耋之嗟。」《睽·上九》：「往，遇雨則吉。」《馬王堆帛書·六十

〔註13〕 滕壬生：《楚系簡帛文字編》，武漢：湖北教育出版社，2008 年 10 月，第 1111頁。

〔註14〕 饒宗頤：《楚帛書十二月名與爾雅》，《楚地出土文獻三種研究》，北京：中華書局，1993 年。

四卦》「則」皆作「即」。〔註15〕

　　本章整理：含德之厚者，比於赤子。蜂蠆虺蛇弗螫，攫鳥猛獸弗搏。骨弱筋柔而握固，未知牝牡之會而脧怒，精之至也；終日號而不嚘，和之至也。和曰常，知常曰明。益生曰祥，心使氣曰強。物壯則老，謂之不道，不道早已。

〔註15〕 高亨、董治安：《古字通假會典》，濟南：齊魯書社，1989 年，第 425、587頁。